重庆市教育科学研究院"十四五"规划重点课题成果

U0729379

励耕——中学教师教研能力提升实践探索

周亚军　编著

吉林大学出版社

·长春·

图书在版编目(CIP)数据

励耕：中学教师教研能力提升实践探索／周亚军编

著.--长春:吉林大学出版社,2023.10

ISBN 978-7-5768-2491-9

Ⅰ.①励… Ⅱ.①周… Ⅲ.①中学教师－教学能力－

研究 Ⅳ.①G635.1

中国国家版本馆 CIP 数据核字(2023)第 214547 号

书 名	励耕——中学教师教研能力提升实践探索	
	LIGENG——ZHONGXUE JIAOSHI JIAOYAN NENGLI TISHENG SHIJIAN	
	TANSUO	
作 者	周亚军	
策划编辑	王宁宁	
责任编辑	王宁宁	
责任校对	赫 瑶	
装帧设计	繁华教育	
出版发行	吉林大学出版社	
社 址	长春市人民大街 4059 号	
邮政编码	130021	
发行电话	0431-89580028/29/21	
网 址	http://www.jlup.com.cn	
电子邮箱	jldxcbs@sina.com	
印 刷	三河市腾飞印务有限公司	
开 本	787×1092 1/16	
印 张	14.25	
字 数	250 千字	
版 次	2023 年 10 月 第 1 版	
印 次	2023 年 10 月 第 1 次	
书 号	ISBN 978-7-5768-2491-9	
定 价	39.80 元	

编委会

学校简介

  重庆市青木关中学校是一所具有悠久历史的市级重点中学。1946年,在原中大附中、社教附中基础上建立,学校先后10次更名,筚路蓝缕,直至今日之青中。学校先后获评为重庆市文明单位、重庆市安全文明校园、重庆市读书育人示范学校、重庆市文明礼仪教育示范学校,是重庆南开中学教育集群成员学校。

  学校占地5.67公顷,现有"一校两点",校本部草木青青、欣欣向荣,毕业年级部环境优雅、安静宜学;教职工228人,市、区级骨干教师29人,高级教师58人,59个教学班,在校生2900余人。

  在七十多年的发展历程中,"天下无不是的学生""以生为本,人人成功""成全每一个人的成长与发展""尚责育人,责在吾人"的育人理念在承袭中不断创新,既继承传统,又与时俱进,成为青中人艰苦奋斗的印迹,凝结成了"负重实干,奋进不止"的青中精神,铸就了"育人育己,实干豁达,德高艺精,爱满青中"的青中师魂;形成了以美术、音乐、舞蹈、播音、体育为主的"多元异步"培养模式,让每一个青中学子都绽放出了独特的光彩。

  教育部颁布"双减"政策后,青中更是不断提高教育质量,追求卓越的育人效果,坚持制度引领,形成"四三二二"校本教研新常态;以目标为导向,构建"五维三层"队伍建设新模式;促进课程改革,塑造"四类六域"校园生活新面貌。多管齐下,高效高质,打造了沙区西部中学教育新生态。

  2020年以来,青木关中学作为重庆南开中学集团核心成员校,与南开中学展开了全方位深度合作,充分发挥区内优质学校的教育引领和资源优势,确立了"立足校情,放眼未来,改革创新,互融互鉴"的发展思路,进一步发挥教育集团校的整体优势,提高学校工作的针对性、实效性。

  三年来,青中人团结协作,开拓进取,使学校整体发展迈上了一个新台阶。学校办学质量稳步提升,在同类学校中名列前茅。近三年来,学校、教师及学生获得国家、市、区级荣誉共计200余人次。

  未来,青中将持续乘借国家打造成渝经济圈的东风,借助科学城建设的契机,借力南开中学集团的力量,脚踏实地,稳步向前,向重庆一流名校奋进。

序言 PREFACE

　　教研队伍时常被窄化为"教研员队伍",是"来自一线教师又高于一线教师"的"学科教学中坚骨干分子",其职责和任务不同于任课教师;从这个角度来讲,去探索"教研队伍"建设应该是区域教研机构的事。

　　教研本身是一种扎根实践的运用研究,"总结教学经验,发现教学问题,研究教学方法"是其主要活动内容;按组织主体分类,教研可以分为"学校、学校联盟、区(县)教研部门"对应为"校本教研、校际教研及区域教研"。由此,教研队伍不应该被窄化为"教研员队伍",而应该是全体教育"钻研者"构成的教师群体。

　　为此,根据学校发展需要和工作实际,我们选择了"'U-S'协同模式下中学校本教研队伍建设实践研究"这一课题,作为近三年来学校教师队伍建设、教研队伍打造的主要抓手。

　　什么是"'U-S'协同模式下中学校本教研队伍建设"?

　　这里的"U"即 University,指大学及科研机构,"S"即 School,指中学;"U-S"协同模式,是以习近平新时代中国特色社会主义思想为指导,聚合高校力量,整合多方资源,以协同育人为根本、机制创新为关键、提升水平为核心,组建中学与高校共创共享的教育共同体的协同教育模式。"U-S"协同模式是以实现资源互补推动"U-S"中学教研和高校科研为主要方式,协同打造高水平教研队伍为根本目的的实践研究。

　　为什么要进行"'U-S'协同模式下中学校本教研队伍建设研究"?

　　首先,是学校发展的现实需求。对于学校而言,教研队伍专业水平的高低,直接影响到学校教师的专业发展水平、科学育人管理水平、品质提升特色形成,以及现代办学理念和教育思想的不断更新,是学校生存发展、质量提升的关键所在;然而,由于学校本身的硬件设施、培训资源和师资力量的限制,学校教师队伍建设进程缓慢,远不能满足学校发展的需要,这就需要我们走出去寻找资源,以突破校本局限,创新教师专业发展途径。

其次,是教育规律的必然要求。长期以来,中学教师教研能够立足课堂实践找问题,但理论基础不够扎实、理念更新不够及时、研究方法不够丰富等情况不同程度的存在,这些情况综合表现为"教研能力不足";随着教育改革的不断深入,要求教师在教育观念、教学方式、师生关系和知识结构等方面要作出相应转变,以适应新的要求,这就需要教师进行教学实践的理论寻根,而高校及科研院所的专家资源能够为教师提供高端理论引领。相应地,从事教育前沿理论研究的专家也需要实证基础。

第三,是区位优势的综合利用。学校毗邻重庆大学城,周边地区是众多的高等院校和科研院所,这是得天独厚的区域优势,也是学校与高校进行教研合作、开展理论与实践研究的天然平台。当然,在"信息技术发展日益蓬勃,互联网深度融入工作生活"的今天,一种教研新模式的建立,只要是成功的,其推广应当不受物理距离的约束和限制。

怎么进行"'U-S'协同模式下中学校本教研队伍建设研究"?

教研队伍建设促进教师专业成长,教师专业成长充实教研队伍力量,这两者之间共生共长,密不可分;但长期以来,中小学校本研修存在"形式大于实质、供应需求失衡、理论实际分离"等问题。学校按照"校本教研要立足学校实际,以实施新课程新教材、探索新方法新技术、提高教师专业能力为重点,着力增强教学设计的整体性、系统化,不断提高基于课程标准的教学水平"指导要求,就近挖掘资源,开发"青木讲坛、特色三课、送培到校、卓越计划、双导师制"等实践探索项目,让学校周边资源成为学校研修空间的有力延展;同时,学校立足实际,在制度建设、课程设置和方式创新方面下功夫,与高校和科研院所深度合作,优化实施教育教学这一主体和本职工作,让课题探索与学校工作相统一。

加强校本教研队伍建设是教师专业成长的保障,也是为教育教学质量提供的保障。我们进行"'U-S'协同模式下中学校本教研队伍建设研究",旨在探索校本教研队伍建设新路径,建立"知行统一,高基协调"的教研队伍新模式,以此推动学校发展,助力教育优质均衡发展。

我们将课题阶段探索成果收集整理成册,并命名为"励耕";或许我们的探索还不够深入、全面,但我们不会停止追求优质的脚步,励志耕耘,我们将会在探索的道路上不遗余力、奋勇前行!

　　在课题立项和实践探索过程中,得到了北京师范大学、重庆大学、西南师范大学、重庆师范大学、重庆市教育科学研究院、重庆市教育学会、沙坪坝区教师进修学院、沙坪坝区教育学会等高校和教育科研机构各位专家的悉心指导;同时,也离不开沙区教育委员会各位领导的指导、关心和帮助,在此表达诚挚谢意!

目 录 CONTENTS

1

第一章

新时代新阶段新模式

不闻不若闻之，闻之不若见之，见之不若知之，知之不若行之。

——《荀子·儒效》

第一节　教学改革催生新模式

教育是国之大计、党之大计；教师是立教之本、兴教之源。　——习近平[①]

党的十九大报告指出，中国特色社会主义建设事业进入了新时代，而新时代的主要矛盾与过去相比发生了根本变化，由改革开放初期的"人民日益增长的物质文化需要同落后的社会生产力的矛盾"转变为"人民日益增长的美好生活需要和不平衡不充分的发展之间的矛盾"。

教育是社会的重要组成部分，社会主要矛盾在教育领域具体表现为，人民对更好更公平教育的需要和教育不平衡不充分的发展现实的问题，这是我国当前教育领域必须着力解决的主要矛盾。

在新时代，教育面临实现高质量发展，加快推进教育现代化，建设教育强国的重任。随着国家的发展和进步，教育基本矛盾已经转化为人民群众对教育的多样化、个性化需求与教育的单一、粗放供给之间的矛盾。破解教育基本矛盾，必须加快建成适合每个人的教育，努力使不同性格禀赋、不同兴趣特长、不同素质潜力的学生都能接受符合自己成长需要的教育。与此同时，教育主要矛盾已经转化为教学育人与全程育人之间的矛盾。

对学校教育而言，主要矛盾从原来量的供应与需求不对等，转化为质的不均衡、不充分，从而造成对优质教育资源的追捧，这与社会主要矛盾是相吻合的；究其根本，是教师在数量上的增长没有与素养提升同步，教师队伍成长的步伐没有跟上学生的个性、心理、认知方式等的变化。

一、新时代呼唤新模式

当前，我国正处于实现中华民族伟大复兴的关键时期，教育的基础性、先导

[①] 人名日报. 教育是国之大计、党之大计——论学习贯彻习近平总书记全国教育大会重要讲话[J]. 教育文化论坛，2018(5)：137.

性、全局性地位和作用更加突显，教师作为教育之本、兴教之源的重要性也更加突显。党中央和习近平总书记关于教师队伍建设的重要批示，深刻揭示了教师职业发展的内在规律，为加强新时代教师队伍建设指明了方向。

在新发展阶段，中国基础教育肩负时代重任，迫切需要在新的历史起点上全面推进高质量教师队伍建设。教育实践以及教育发展先进地区的经验也表明，教育教学质量的提升关键在于教师的专业素养。那么，如何提升教师的专业素养？教研活动是促使教师专业化发展最有效的途径。然而，"新课程"及"双减"背景下，旧的教研体制、教研文化、教研方式等已不能满足新时代的要求，面临挑战，唯有守正出新，不断改革，不断创新教研新模式，方能满足教师专业化发展的需求，进而建立一支理论素质高、实践经验丰富、教研能力强的专兼职教研队伍，为学校教育教学质量持续快速提升提供保障。

二、旧的教研模式面临的挑战

重庆市青木关中学校是一所市级重点高中，长期以来，学校一直致力于打造一只"高素养、高品质"的教师队伍，但是，很多在职教师受制于工作环境、自主程度及理论指导等因素，在专业发展过程中面临着诸多困难和问题，具体表现在：教师个体生存环境较为封闭，使得教师专业发展的内在动力不强；日常教学课时繁重，教学压力大，导致职业倦怠感严重。更为突出的是，中小学普遍存在教研队伍学段分布不均、专业引领不够、教研条件不足、关注前沿不够等问题，这些问题的存在阻碍了教师的专业成长，迟滞了课改进程。然而，由于学校本身的硬件设施、培训资源和师资力量的限制，旧的教研体制已经不能满足教师专业发展的需求，学校教师队伍建设进程缓慢，远不能满足学校发展的需要。旧有教研体系一般由多个方面组成，其中最主要的是教研部门（进修学院）组织的教研和学校组织的教研。归结起来，旧的教研模式存在以下两个方面的问题。

（一）学校日常教研形式化、空洞化现象突出

学校教研大多采取学习新课程理论、听课评课或研讨等方式。学习新课程理论一般就是请专家讲授、解读，教研组组织学习、讨论。教研组内的教师或轮流或被指定开设公开课，大家一起听课、评课。还有很多学校的教研活动局限于每学期上公开课、示范课或同课异构。

由学校教研组组织的每周或每两周一次的教研原本应该是最接地气、最有实

践意义、最能解决问题的教研，但由于教研组长的水平、态度以及管理体制等原因，导致普遍出现为教研而教研的现象。

以高中语文学科为例。"新课程"背景下，随着核心素养培育要求的提出和统编高中语文教材、课程的实施，教师需要提升教学设计的站位，从关注单一的知识点、单篇课文与课时，转变为重视大单元设计，以整合的思想组织单元教学，用真实情境下的大任务学习作为课程组织方式，把学习者引向课程实施和评价的主体。只有这样，才能改变学科知识点与单篇课文的碎片化教学，真正实现教学设计与素养目标的有效对接。

在此背景下，高中语文的日常教研活动至少应该有以下内容：一是研读教材的逻辑与内容结构，厘清课程标准的相关要求，分析学生的认知准备与心理准备，利用可得到的课程资源等，按照规定的课时，确定单元教学的整体设计；二是依据学科核心素养的相关要求，厘清大单元逻辑以及单元名称，如到底是以大任务或大项目来统率，还是以大观念或大问题来统率？按照一种逻辑还是几种不同的逻辑？三是一个单元至少要对接一个学科核心素养，依据某个核心素养的要求，结合具体的教材，按某种大任务（或观念、项目、问题）的逻辑，将相关知识或内容结构化。

而现实中，语文教研大多是就各篇文章的教学内容准备材料，对整个单元或多篇文章整合设计得相对较少，对整本书或者整个高中教材统筹考虑得比较少，教学的系统性和统筹安排较差，所谓只见树木不见森林。由于整体安排和筹划需要大量的时间，也需要对教材非常熟悉，所以做起来还是有一定难度的，教学中即使有这样的想法，也难以付诸具体行动。而基础较好的学校，个别优秀教师开展单元整合教学，或自主开发专题教学，但这些做法年轻教师难以效仿。相当一部分学校的日常教研就是完成任务式的听评课，由于教师所选择的往往是自己擅长或熟悉的内容，导致教研内容集中在某些课型、内容上，教研没有系统性；备课组的教研大多是教学资料的交流，对教学策略的研讨高度不够。

总的来说，在旧的教研体制下，学校的日常教研活动有的流于形式、有的形式较为单一，缺乏对教学真正深入地研究，对教师专业发展作用不大。

（二）教研缺乏针对性，难以真正解决问题

传统的教研主要有三种形式：一是由上级教研部门（教师进修学院）的学科教研员组织的区域性教研活动；二是每位教师都必须参加的继续教育课程；三是教

师自主申报的各级课题研究。

统一的、面上的教研往往不能针对具体学情而满足实际需求；零散的、即时的主题式教研，能够深入分析当下热点问题，但系统性和深入程度不够。此外，教研组织人员的个人素养不一也直接影响教研活动的成效，组织者有较高的研究能力，有丰富的一线教学经验，才能根据教学实际需要组织系统化的教研活动；反之，则形式大于实质。

自教育部发布《中小学教师继续教育规定》后，中小学教师继续教育工作进入了全方位推进的新阶段，为教师的专业发展提供了更多的平台和机会，但在具体落实过程中也存在些许困惑。

一是层次不分明。继续教育是教师提升教研能力的有效途径之一，但继续教育往往忽略年龄、学科和既有能力的不同，采用一刀切、齐步走的方式，听了和没听一样，一会儿就烟消云散，缺乏针对性。

二是内容不系统。每次教学教研培训必然会邀请培训者或主讲专家落实，在培训内容上大多迁就专家，但邀请的培训者或主讲专家都有自己的专业和研究方向，要么是这个方面讲一点、那个方面说一下的"散点式"，要么今天这个专家讲一次、明天那个专家再讲一次的"平面式"，内容不系统，培训不深入。

三是供需不对等。很多培训课程设置，通识性课程居多，空洞的大理论狂轰滥炸，严重脱离课堂教学实际；有些课程内容陈旧，跟不上时代发展步伐，缺乏实效性。这些实际指导意义不足的课程，教师迫于学分又不得不参与。

四是教研不落地。教师申报的各级课题研究普遍存在学院化、重开题结题轻过程研究等问题，对促进教学实践作用十分有限。一般说来，中小学一线教师能够成功申报市级、国家级课题的可能性非常小，因为绝大多数的高端课题都被高等院校拿走了。加之学校和教师的研究能力参差不齐，导致很多一线教师对课题研究缺少兴趣。

事实上，教师培养也需要"因材施教"。校本研修和教师继续教育工作落实过程中，如果能充分考虑教师发展阶段、年龄阶段、成长需求的不同，在课程目标定位、课程内容设计、课程实施策略选择等方面，充分体现"个性化"与"选择性"，教师一定会更积极主动参加。例如，我校所在地区近几年来组织开展的"教师成长科研课题"实践研究，提倡一线教师立足教学实际进行微专题研究，在发现问题、研究问题、解决问题的过程中体会"问题即课题，对策即研究，收获即成果"，大大提升了一线教师的科研热情，参与人数连年递增。

三、教师的自我发展呼唤新模式

随着新课程改革的不断深入，一线教师面临新课改的困惑，一定程度上延缓了新课改的实施，不利于改革持续深入推进；如何让教师迅速明确新课程观念，把握新教材特点，从而立足课堂实践，积极探索新的教学方法，推动教学改革的深入发展，是每个学校不可回避的问题。要实现教师教学理念的更新、教学方式的丰富、专业能力的提升，需要高质量新教研的引领、支撑和推动。

（一）新课程改革给教师带来的挑战

无论是《义务教育课程方案和课程标准（2022年版）》的颁布，还是2017年普通高中新课程标准（2020年修订）和统编教材的实施，这些变革都对教师的教学理念、教学方式、作业设计、教学评一体化设计等带来新挑战。相当一部分教师陷入焦虑之中，其整体焦虑指向理想的新课标理念与教学实践的矛盾冲突问题。

这里以高中语文学科为例。一开始新的统编教材的教学，很多教师都会陷入迷茫：教材的学期教学布局中，内容量大与课时少的问题如何有效解决；如何对新教材常见的操作进行梳理及正确示例，解决新教材老操作问题；教考结合怎么落地、怎么实施；语文教学中生拉硬拽的大单元大整合设计如何破解，无意义或虚假的情境设计活动怎么改变；整本书阅读的策划与课型课例如何研制等。

在此同时，教学评价越来越重要。新课程改革所提倡的教学评一体化以及考试改革同样给一线教师带来了许多新挑战、新问题。

如：终端评价和过程性评价如何结合；怎样发挥监控教学过程和效果的重要作用；如何引导学生在评中学，在学中评，不断纠正自己的学习行为；高考的教考衔接具体怎样实现；教考结合如何在日常教学中落实；教学过程性评价怎样与教学有机融合又不影响教学进度；不同学科、不同单元内容如何进行过程性评价，等等。

（二）面对新挑战，教师需要教研新模式的支撑

新课程改革和考试改革带来了如此众多的变化，一线教师往往难以应对这种变化，迫切需要破解拿新书上老课、拿到新书一脸茫然的问题。然而，所有一线教师面临的问题不仅仅是对课程标准的学习和对教材与时俱进变化的理解，更大的问题是，无论是国家级网络培训还是各地教研部门的培训都停留在理念更新和

教学思路层面，很少有针对不同情境的不同课堂案例。

一线教师需要让自己的教学实践与前沿的教育理论有"第三类接触"，即让理论与实践"面对面"，进而实现教学水平与理论创新的双促。对于教师而言，不仅需要懂得"为什么"，还要理解"怎么做"；最直观、最需要的是经过实践验证的典型课例，而不是期刊中的"人造课例""模型课例"，只有实证前提下的现实案例对教师才有引领作用且具有可操作性；最希望看到的是一节节落实了新的教育思想理念、可以借鉴推广的优质课例，而不是空洞的理论文章和课题研究；我们需要的不是单纯的方向性指导，而是针对不同学情不同策略的指导、同一教学内容不同案例的指导……在一线教师最需要教研培训支持的时候，教师教研能力提升不到位，往往存在依旧"空对空"或"新瓶装旧酒"的现象，在新课程、新教材背景下，面对新时代青少年，固守旧观念不改，沿用旧办法不变。

归根结底，是在新背景下，教研组织的"供"没有满足教师的"需"，没有充分考虑教师发展阶段、年龄阶段、成长需求等多方面因素的不同，没有根据深入分析教师个体成长的需要，没有在教师培养上体现因人而异。因此，面对新挑战，教师需要新教研的支撑。故此，新教研，绝不是单纯追求新形式的教研，而是能帮助教师应对新问题、解决新问题的教研，是切实指导教师既能解决当下问题、又能应对未来发展的教研。

四、教育改革呼唤教研新模式

新课程背景下，教研如何为不断变化的教学实践服务、为教师专业化发展服务，无疑是当下重要的课题。面对急剧的教育变革，教师需要真正有效的新教研，以在"纷繁复杂"的观念中找到并坚持走正确的路，在"良莠不齐"的模式中坚持因材施教，在"无穷无尽"的策略中坚持优质高效。

随着教育改革发展的不断深入，教育将会从迟钝的层级结构过渡到灵活的网状结构，教研也一样，但是我们未必准备得好，无论是教研体制、教研文化，还是教研方式都面临挑战，唯有守正出新，不断改革、优化或转型，才能更符合改革要求、满足教师需要。

（一）创新机制，调动教师参与教研的积极性

以科学的评价机制为引力，促进教师教研的积极性、参与度、实效性。一般来说，教师管理尽量避免硬管理，应多采取巧引导、巧激发的方式。学校评价要

能发挥促进教师教研积极性的功能，发挥每一位教师的主观能动性，鼓励、促进教师进行自发性、自主式教研和随时发生在活动现场的微教研。以有针对性、有价值、能促进教师专业化发展的教研吸引教师参与教研，以深度"参与式教研"取代流于形式的"留痕教研"，变"要我教研"为"我要教研"。如果教研能帮助教师每学期都能获得某一方面的突破，如教学设计、论文撰写、课型开发或问题解决，教师一定会享受到教研的美好。

教研部门与学校应以强大的助力系统为教师参与教研提供推力，帮助教师解决教研中遇到的各种困难，提供资源保障，为教师自主实验研究提供空间。以教研帮助教师专业发展，引导教师做好教研规划与自我发展规划，培养自我规划能力。

（二）整合资源，多方助力学校教研

长期以来，部分基层学校受本身的硬件设施、培训资源和师资力量的限制，教师队伍建设进程缓慢，远不能满足学校发展的需要。所以，必须突破校本局限，整合资源，多方助力学校教研，创新教师专业发展途径。

以重庆市青木关中学校为例。该校毗邻重庆大学城，具有得天独厚的区位优势。基于教育规律以及教师阶段发展的特点，为突破校本局限，聚合高校力量，整合多方资源，学校成立"'U-S'协同模式下中学校本教研队伍建设实践研究"课题小组，力求突破高校与中学教学教研藩篱，借助大学城高校的优质专家资源，建立教师终身成长培养模式，实现了中学教师与高校专家的教研合作，为高校专家教育前沿理论研究提供实证基础，为中学教师教学提供高端理论引领。通过学校与高校在课程开发、师资交流、资源互补等方面的深度合作，加强学校教研队伍建设，拓展教师专业发展路径，进而助力教师综合能力提升，为学校教育教学质量持续快速提升提供保障。

（三）以需求为导向，优化学校教师培训内容

转变教研观念、提升教研意识、满足教师需要、解决教学和教师发展问题、最大程度提高参与度和获得感的教研，才是符合新课程改革需要的研教一体化的个性化新教研。

符合实际、满足教师需求的教研往往是最实用、获得感最大化的教研。

仍以重庆市青木关中学校为例。学校积极对接沙坪坝区教师进修学院红岩党

建之紫色阳光行动，推行"送训到校，精准施培"教师培训活动，开展菜单定制式专项培训行动。该项目立足学校教师群体专业发展，以需求为导向，优化学校教师培训内容，重点抓好了三个方面的工作：一是围绕学校定制，立足校情，做好全校综合培训；二是以学科定制为重点，注重教学，做好本区学科培养推进工作；三是注重师资个性化，以人为本，做好自信心培养分层培养。

该项目以课题为引领，以项目管理、任务驱动为抓手，加强党员人才队伍、骨干教师队伍建设，致力于打造一支"尚责育人"的高素质教师队伍，进而解决学校教师培养效能不足的问题，改善校本研修质量，提升教师培训效果。

（四）创新思路，开展解决问题、赋能教学的系列化深度主题教研

无论是学校教研组、备课组还是教研部门组织的教研活动，无论是继续教育课程还是日常观课、评课，无论是集中教研还是分散教研，教师都希望教研有深度、理论有高度，以接地气的实践课例为支撑；教研课例极其丰富，又能适应不同学情、校情；教研主题有针对性、体系性，真正解决教学问题、困惑，一个周期下来能基本涵盖教材体系，形成具有学科共性和个性的教学案例。不同教研系统各有侧重，共同构成系列化的深度教研主题，避免重复化、浅表化，最好能做到全年体系化、每月重点化、每次可操作化。

具体开展时，首先是梳理教学教研中遇到的问题。例如，单元教学、专题教学理念下，一节课已经难以展示整个教学设计和实施过程了，听评课方式就要优化和改进，那么可采取集中教研方式开展单元课堂观察和研讨，这可能需要学校教研方式的变革；又如，教、学、评一体化实施要求日常教学评价、过程性评价和学期末市区评价之间的协调，这更是需要多方位发力。其次要以问题为导向，设计系列化的教研主题来解决真实问题。每学年、每学期、每个月教研主题要有侧重，教研活动有深度，结果要形成操作策略。

第二节　学校发展呼唤新模式

教研即教育研究，是指总结教学经验、发现教学问题、研究教学方法。教研工作是保障教育质量的重要支撑，教学质量的提高是学校发展的根本保证。长期以来，教研工作在推进课程改革、指导教学实践、促进教师发展、服务教育决策

等方面，对学校的发展发挥了十分重要的作用。由此 2019 年教育部贯彻落实全国教育大会、全国基础教育工作会议精神，出台了《关于加强和改进新时代基础教育教研工作的意见》，为深化教育教学改革、全面提高基础教育质量、进一步加强和改进新时代基础教育教研工作提出了指导意见，为学校教研工作提出了明确的目标和要求。教研是教育科研在基层学校的具体体现，在课程改革的背景下，呈现出了其他科研方式不可替代的积极作用，对于推动基础教育的发展具有十分重要的意义。

一、教研是促进学校发展的主要途径

内涵发展是学校发展的必由之路，推进学校内涵发展必须以师生发展为永恒主题，以课堂教学为核心要素，以立德树人为根本任务，努力创建具有内在品位、特色、魅力、活力和教育理想的现代学校。

具体而言，学校的发展根本目标是提高办学水平，实现学生"质"的发展；办学水平包括办学理念、课程结构、教师队伍、校园文化、教学设备、信息化等方面；学生的"质"指的是全面发展、个性发展、健康发展、持续发展。而学校发展的核心是关注人的发展，科学的发展是"以人为本"，就是要把学生和教师的利益作为学校工作的出发点与落脚点。由此，学校要发展则需要关注师生的生存条件；需要关注师生的发展条件，以实现教师的专业化发展和学生的个性化发展；需要关注师生的精神和心理需要以及生命的质量。促进教师的专业发展的主要途径是教研，《关于加强和改进新时代基础教育教研工作的意见》中指出，教研工作在推进课程改革、指导教学实践、促进教师发展、服务教育决策等方面，对学校的发展发挥了十分重要的作用。具体包括以下四点：

(1)有利于转变教育思想，确立新的教育理念。思想是行动的先导，有了正确的教育思想，才能产生正确的教育行为。在社会进步的同时，要改变以往的教育思想，与社会连接才能进步。通过开展教育研究，确立现代的办学理念和教育思想，把握正确方法、措施、途径。

(2)有助于解决教育实践中的问题，提高科学育人、科学管理的水平。当今社会要求把学生培养成为德、智、体、美全面发展的人，具有创新精神和实践能力的建设者和接班人。在教学的过程中，必然会遇到各种矛盾和问题，通过教学研究促使人们自觉地钻研教育理论，运用理论去了解、分析、研究各种教育现象。

（3）有助于形成学校的学术文化，提高办学品位，形成学校特色。一个学校的发展必须重视学术文化的建设，形成学校浓郁的文化氛围，学术的形成和发展教育研究具有不可代替的作用。通过教育研究，不仅可以出科研成果，更重要的是能增强师生员工的科研意识，提高他们的科学精神，使学校不断提升学术文化的水平。

（4）有助于校本培训，提高广大教师的专业水平。教师要具有精深的学科专业知识和比较广博的基础知识，而且要具有教育专业化的素养、现代教育理论的素养和创造地实践的能力。参加教育研究本身就是一种培训教师的有效途径，可以说是一种"校本培训"。

在这样的大背景下，许多基层学校的领导和教师越来越重视教育科研的作用，将教研视为推动学校发展的动力源，因此教研活动在各基层学校盛行。但是进入新时代，面对发展素质教育、全面提高基础教育质量的新形势新任务新要求，教研工作还存在机构体系不完善、教研队伍不健全、教研方式不科学、条件保障不到位等问题，同时学校的教研也存在教师认知偏差、活动缺乏创意、组织保障乏力等问题，这些问题急需加以解决。当前，在新一轮课程改革如火如荼开展起来的过程中，为改进和加强教学研究工作，教育部下发了《教育部关于进一步加强和改进基础教育教学研究工作的意见》，提出对现行教研活动模式进行思考、创新校本教研模式，帮助学校规范教研活动过程，提高教研活动水平，促进教师专业发展，提高教育教学质量。

二、创新教研模式，促进学校发展

基于学校实际情况的校本教研对于基层学校来说，具有其他科研方式不可替代的积极作用，对于促进基础教育的发展有着十分重要的意义。但纵观当前校本教研活动模式，基本停留在集体备课、赛课准备、专家讲座以及领导和骨干教师的现身说法上，缺少借鉴和开发创新的能力，教学研究的力度很弱。教师们对学校的活动设计与安排总觉得单一、浅薄，缺乏多形式的综合活动来促进教师专业发展，由此导致教师参与不广，积极性不高。教研活动形式化，教研活动停留在表面，难以深入。为此，对教研活动模式的改革和创新需要做一些实践与探索，需要以新课程精神为指导，立足实际，立足学校，以提高教师教学科研能力为落脚点，建立高效的可持续性的校本教研新模式。如何创新校本教研的模式，2019年教育部发布的《关于加强和改进新时代基础教育教研工作的意见》从教研体系、教研工作改革、教研队伍建设和教研保障体系等方面提出了如何加强创新教研模式的要求。

（一）完善教研工作体系，建立新型教学格局

按照《中共中央 国务院关于深化教育教学改革全面提高义务教育质量的意见》要求，进一步完善国家、省、市、县、校五级教研工作体系，有条件的地方应独立设置教研机构，暂不具备条件的地方应在相对统一的教育事业单位内独立设置教研机构，形成上下联动、运行高效的教研工作机制。各级教育行政部门要加强对教研机构的组织领导，上级教研机构要加强对下级教研机构的业务指导，教研机构要加强与中小学校、高等学校、科研院所、教师培训、考试评价、电化教育、教育装备等单位的协作，形成以教育行政部门为主导、教研机构为主体、中小学校为基地、相关单位通力协作的教研工作新格局。

教育部基础教育课程教材发展中心在部内有关司局指导下，组织开展基础教育教研工作，发挥专业引领作用，组织实施重大教学改革研究项目，建设基础教育教研基地，指导各地教研工作。地方各级教育行政部门要进一步明确教研机构的工作职责，充分发挥教研机构在推进区域课程教学改革、教学诊断与改进、课程教学资源建设、培育推广优秀教学成果等方面的重要作用。省级教研机构要加强对教研工作的统筹指导，市、县级教研机构要重心下移，深入学校、课堂、教师、学生之中，紧密联系教育教学一线实际开展研究，指导学校和教师加强校本教研，改进教育教学工作，形成在课程目标引领下的备、教、学、评一体化的教学格局。

（二）深化教研工作改革，创新教研工作方法

突出全面育人研究。聚焦构建德智体美劳全面培养的教育体系，健全立德树人落实机制，围绕如何突出德育实效、提升智育水平、强化体育锻炼、增强美育熏陶、加强劳动教育等方面重点问题，强化学科整体育人功能，深入开展内容、策略、方法、机制研究，指导学校将德智体美劳全面培养的要求有机融入教育教学全过程，促进学生德智体美劳全面发展、健康成长。

加强关键环节研究。加强对课程、教学、作业和考试评价等育人关键环节的研究。强化国家课程研究，指导学校和教师准确把握国家课程方案和课程标准，做好课程实施工作。加强地方课程和校本课程开发研究，丰富学校课程体系，满

足学生多样化发展需求。加强综合性和实践性教学研究，指导学校和教师不断创新教学组织形式和教育教学方式。加强作业设计研究，指导学校和教师完善作业调控机制，创新作业方式，提升作业设计水平。加强考试评价改革研究，提高考试命题质量，推动建立以发展素质教育为导向的科学评价体系。创新教研工作方式。要根据不同学科、不同学段、不同教师的实际情况，因地制宜采用区域教研、网络教研、综合教研、主题教研以及教学展示、现场指导、项目研究等多种方式，提升教研工作的针对性、有效性和吸引力、创造力。积极探索信息技术背景下的教研模式改革。各地要对教师每学期到学校讲授示范课、公开课，组织研究课，开展听评课和说课活动等提出明确要求；建立教师乡村学校、薄弱学校联系点制度，组织教师到农村、贫困、民族、边远地区学校和薄弱学校持续开展教学指导，帮助乡村学校和薄弱学校提升教育教学质量。

三、基于校本实际需求，创设教研新模式

创新教研模式以教师的教学问题为核心，充分发挥教师教学研讨中的创新精神和实践能力，让教师在多样化的教学研讨交流与实践中探索、发现、创新，从教学的实践问题出发，分析解决教学过程的问题，促使问题的解决和教学能力的提升。新课程改革实施以来，本着"问题即课题，教学即研究，成长即成果"的指导思想，以全方位提升教师专业素质为根本，以促进师生和谐健康成长为目的，深入开展教学改革，优化校本教研模式，引领教师在有效教研中幸福成长，从而促进学校教育教学工作有内涵地发展。伴随着新课改而诞生的校本研训机制是一种富有生机与活力的新型培训模式，是促进教师专业发展的有效途径，是学校发展的必由之路。基于学校的自身情况和实际需求，结合《关于加强和改进新时代基础教育教研工作的意见》，从健全制度、开放形式、构筑平台和优化评价等四个方面创设教研新模式。

（一）健全制度，为校本研训提供组织保障

不断提高教师实践新课程的能力是提高教学效率、提高教育质量的根本。学校贯彻落实课改核心理念的同时，应逐步形成以下三种校本研训制度：（1）建立听课制度，着眼整体，"视""导"结合。即普通指导撒网听、重点指导研究听、扶持指导跟踪听、示范指导观摩听。（2）分层推进，整体提高；建立研究课制度，推动专题研究，形成研讨互动风气；建立拜师制度，教学相长，互通有无，共同

提升教学能力；建立信息技术培训制度，促进人力资源现代化的实现；建立灵活机动的培训制度。(3)开展教学沙龙、微格教学、微格诊断等多种形式的培训，搭建教师成长平台。以此抓住了不同层面的教师，有针对性地进行教学研讨，使教学研究活动有的放矢，有效地促进了教师群体能力的提高，为更高的教师专业发展提供了研究平台。相关制度的建立为创新校本研训的活动模式提供了有力的保障，为教师的自主学习自主发展起到强大的促进作用。

(二)开放形式，营造学习型的校园氛围

学校在人才培养模式、课堂教学模式、学生学习方式、日常教育教学管理等领域应进行一系列革新。在校本研训中努力做到"形式新""方法活""内容实"。

1. 形式新。校本培训形式打破了以往"你说我听"古板的培训形式，开展以自学式培训、交流互动式培训、参与研究式培训等多种新形式培训。自学式培训即根据不同时期的教育改革形势，定期印发各种教育教学资料和文章提供给教师学习，采取问卷式和提问式对教师自学情况进行检查，促进教师实现教学观念更新。交流互动式培训即定期聘请市、区有关领导、专家到校辅导，针对教师教学实际现身说法，使教师不断吸收新信息。举办各种类型的"教改沙龙"，彼此交流教学经验。参与研究式培训就是结合学校科研实验课题，对教师进行新课程的全员培训。以"现场观察分析—参与分享—集体评议—研讨交流—总结提炼"模式进行研究活动。通过培训教师认识到，要适应新课程必须树立新理念、提高专业技能、改变工作方式。

2. 方法活。定期邀请市、区教研部门和有关专家来校听课、评课，发现问题，共同研讨，及时解决，努力为教师学习交流开辟空间。建立学年、学科组长月工作例会制，共同研讨不同阶段的教育教学任务，交流科(组)内教学的"得"与"失"，增强教师的自我学习意识和参与意识。在校本研训过程中，有教、有练、有赛、有评、有奖，将促进教师教学观念的更新和各种教学基本功的夯实，在学校营造良好的学习氛围。通过开展结对帮扶、跟班听与教、同上一节课、骨干教师(学科带头人、特色教师)与青年教师对话、课题组研究、问题会诊、教学新秀献课等多元化的校本研训活动，为教师搭建交流、对话、协作、互助的平台。通过"手拉手"校际的即时交流、实话实说等大型宽松式教研活动，增强了教师间的合作与互助，使校本培训成为一个开放、民主、有效的教研机制，在互动中促进教师个体的发展。

3. 内容实。首先，校本研训内容要讲求实际，具有较强的操作性。围绕常规教学的各环节开展以"全面优化，多点一线，努力提高常规效率"为主线进行系列研讨。其次，过程追求实效，在专题研讨中，教师在互动讨论中有意识地习得他人的经验，以受训者的角色分析诊断自己的教育教学现状。在反思的基础上，教师借自我分析和他人对自己行为的分析评价，形成问题解决的实施方案，形成"百花齐放，百家争鸣"的活动局面，为教师新思想、新观念、新做法的思维碰撞构筑平台，提升教育品位。最后，专业引领要落到实处。学校要与市、区专家构建密切联系的通道，培养一批原生态的"土专家"，使校长、主任、骨干教师、学科带头人、特色教师在课改中脱颖而出，成为专业引领的力量之一。

（三）构筑平台，加速专业素养的生成

在校本研训过程中学校应加大投入，为教师提供大量新课程学习资料，尽量满足教师的"充电"需求。除学校订阅大量教学资料外，教师每人至少保证 $1\sim2$ 份教学刊物。在信息时代，现代教育信息技术的普及应用是教师必备的基本功，学校要通过参与省、市计算机等级培训，提高教师的计算机应用能力，能结合实际独立操作计算机编制简单的教学软件，能在教学中熟练借用多媒体手段辅助教学，能够将现代教育技术与学科实现有机整合乃至深度融合。学校形成"教师备课网上行、校园信息网上载、学籍管理网上查、各类信息网上找"的管理和教研的新局面。学校可利用课余时间组织全校教师学习网上操作、制作课件，收集优质的教育资源，真正实现由单一媒体技术向多媒体技术综合应用研究的过渡，努力在课堂上建立新型的教学模式。

（四）优化评价方式，实现名师效应

在校本培训中，学校对教师的评价是多元的、发展的，主要分师德、课堂教学、学科质量、科研能力四个维度。对每名教师的评价来自教师自我评价和学年组同事、学生、家长等多方面，教师既是评价者又是被评价者。评价以诊断问题为重点、以指导方法为手段、以激励发展为目的，鼓励教师充分展示自我，激活教师自我发展、自我实现的热情。学校应注重过程性发展评价，建立教师成长档案，设立"教育叙事""采撷札记"等专用本，引领教师回忆工作的点滴，不断反思、提高。始终立足于学生和教师创造力的培养，坚持全员、全程、全方位构建教师终身学习体系，通过"名师工程"建设，着力提高教师整体素质。

　　总之，教研的开展，一促进了学校的可持续发展，使学校成了学习、实践、研究的学习共同体；二促进了学生全面发展，使校本教研的落脚点定位于发挥学生学习主体作用上；三促进了教师的专业发展，使教师的教学智慧得以激发，教学才能得以显现，教学水平得以提升，一批中青年骨干教师脱颖而出，有效推进了新课改的深入。因此，我们要以教师和学生的发展为根本，进一步完善校本教研的文化建设，校本教研的科学化、制度化和规范化建设，不断探索提高校本教研的有效性，坚定不移、扎扎实实地搞好校本研修，进一步推进新课程改革，促进教学质量的不断提高。

第二章

累标定尺度新景

第一节　健全机制，校本教研步入新常态

道有因有循，有革有化。因而循之，与道神之。革而化之，与时宜之。

——扬雄《太玄经》

校本教研不仅是促进教师专业发展的有效途径，更是学校教育教学质量与核心竞争力提升的关键要素。然而，在学校实际的教研工作中，却存在着这样那样的问题，主要包括以下三个方面：

一是认识不到位。目前，相当数量的老师对学校教研的重要地位和作用认识不到位，思想上重视不够。相当一部分学校仍然存在"决策在前，研究在后"的现象，用传统的、经验性的模式从事教育教学；教师受传统思维定式的影响，存在研究上的惰性和工作上的惯性，教学观念落后，难以适应教育事业发展的需要。

二是力量不够强。专业的引领是顺利开展学校教研的一个重要条件，参与研究的人员不能完全局限于本校教师，还必须借力校外专业研究力量，如高校、教育集团、进修学院、教科院等的教育专家、学者、大学教师、各级教研员和学科名师。专业引领的实质是理论对实践的引导，是理论与实践之间的对话，中学教师可以从专业研究人员中获得直接的指导。若缺少了专业研究人员的参与，则会导致学校的教研迈不开实质性的步伐。但在实际的教研活动中，一线中小学很少获得这方面的资源，教学研究工作缺少高端理论的引领和指导，导致方向不明确，取得的研究成果多局限于一般性的经验总结和概括，即使有好的经验，也往往不能及时得到理论上的提升；同时，对研究成果的分析论证比较薄弱，层次不高，影响不大，难以转化和推广。

三是体制不完善。校本教研机制不够健全，导致教研活动的序列性、针对性、实效性不强。很多学校缺少完善的校本教研管理实施机制，使得学校教研活动的序列性、针对性、实效性不强。不能做到先确定本月或本学期也就是近期的研究主题，再围绕阶段性研究主题确定每一次教研活动所要解决的具体问题，进而围绕问题展开教研。具体表现为，在校本教研活动中，泛泛而谈较多，解决实际问题较少；一事一议多，研究的内容形成序列、层层深入少；研究教材教法多，研究学情学法少；低水平重复、低档次循环研究多，前沿性课题研究少。这些问题的存在，严重影响了教学研究的深度和实效性。

由此可见，制定合理的教研制度、培养学校的研究文化、不断创新教研新模式，已迫在眉睫。唯有如此，方能满足新时代的要求，满足教师专业化发展的不断需求，进而建立一支理论素质高、实践经验丰富和教研能力强的专兼职教研队伍，推动教学改革，助力教育品质提升。

一、建立健全校本教研管理机制

（一）建立学校校本教研领导小组

学校校本教研领导小组以校长为组长，并要对领导小组的职责予以明确。校长是制定并落实校本教研制度的第一责任人；学校校长和班子其他领导成员实行分工责任制，全面组织、参与学校校本教研的各项活动、各个环节，切实解决教师在研究过程中遇到的困难和问题，提供必要的经费保障，努力营造良好的校本教研环境和氛围。

（二）建立学校校本教研指导小组

分管副校长为学校校本教研指导小组组长，科研主任、教导处主任、各教研组长为成员。校本教研指导小组负责制定切实可行的校本研修方案和计划；具体指导校本教研工作，对于校本教研取得的经验、做法以及存在的问题进行及时总结。

（三）科学合理地组建教研组和备课组

在学校发展的总体规划中，要把建设优秀的教研组和备课组置于重要的位置，做到老、中、青教师合理搭配，并任命那些业务能力强、教学水平高、责任心强、有一定的研究和组织管理能力，具有号召力和凝聚力的教师担任教研和备课组长，并切实明确他们的工作职责，同时在政治和经济待遇方面予以适当的倾斜。

二、建立健全校本教研实施机制

（一）明确职责，加强教研组织建设

学科教研组、年级学科备课组是集教学、教研、科研、培训于一身的实体，也是学校学科教学教研的基本专业组织。加强教研组、备课组建设，是学校教学工作和教研要求得以落实的关键因素，也是教学质量提升的根本保障。

为此，学校高度重视并持续加强教研组织建设。

一是选配强负责人，每学年伊始，精心挑选教学经验丰富、掌握教学规律、吃透学科标准、熟悉学科教材的骨干教师担任学科教研组、备课组的"领头羊"，并与岗位职责一起全校公示。

二是自主管理，在学校明确教研常规的基础上，将教研活动组织与实施下放到教研组、备课组，以便教研组长、备课组长根据教学实际需求组织教研活动，确保教研活动形式多样，经常开展。

三是跟进指导，实施自主管理不是放手不管，而是要以适当的方式对组长进行针对性培养，提出工作要求。

四是评价反馈，以先民主后集中的方式，制定教研组、备课组工作考核方案，以学期为单位对教研组的工作态度、学习培训、活动开展、分享交流、成果呈现以及学生评价等方面进行考核，并及时表彰先进，逐一反馈不足，以此督促教研组长和备课组长切实承担起自己所肩负的责任。

（二）明确要求，优化校本教研生态

一般来说，教师管理尽量避免硬管理，应多采取巧引导、巧激发的方式；但是，学校应该在尊重自主的基础上，明确教研工作的基本要求。

青中根据教育教学教研工作实际，制定"教研活动常规"，明确"定时间、定地点、定主题、定中心发言人""有备案、有实效、有成果""教学资源能分享，教学质量能提升""促进师生共同成长"的"四定三有两能双促"教研常规，使教研活动进一步规范，校本教研生态持续优化，形成"规定动作不走样，自选动作很多样"的教研活动开展新常态。

（三）调配资源，优先保障活动开展

每学期初进行常规教研经费拨付时，应以上一学期的考核结果为参照标准，按照甲、乙、丙三个等级进行拨付；依据学年度对教研组的考核结果，评选出优秀教研组和优秀教研组长；根据学年度对备课组的考核结果，评选出优秀的备课组和优秀备课组长。在对优秀指导教师、优秀青年教师和校本教研先进个人进行评选时，也要参考学年度的考核结果，对各优秀教研组、备课组及先进个人的奖

励既要有精神鼓励的认同，也要有物质奖励的肯定。

科学合理的评价激励能激发教师教研的积极性，发挥每一位教师的主观能动性，鼓励、促进教师进行自发性、自主式教研和随时发生在活动现场的微教研。以有针对性、有价值、能促进教师专业化发展的教研吸引教师参与，以深度"参与式教研"取代流于形式的"留痕教研"，变"要我教研"为"我要教研"。如果教研能帮助教师每学期都能获得某一方面的突破，如教学设计、论文撰写、课型开发或问题解决等，教师一定会对教研产生更大的热情。

三、建立健全校本教研评价机制

校本教研评价目的是在对教师的教研工作进行综合评价的基础上，激励教师去反思自身的教学实践活动，帮助其明确自己在校本教研活动中的优势与不足，推动教师的校本教研能力不断提高。

（一）建立校本教研评价制度

用好"评价－反馈－改进"闭环，起点是评价，为充分发挥评价的诊断、解剖、激励和导向的功能；学校组织全体班子成员、中层领导、教师深入研讨、反复修订各种考核制度和标准，制定完善了"学校校本教研组、备课组考核标准""学校校本教研指导教师考核标准""学校青年教师专业发展考核细则""优秀教研组、备课组奖励办法""教学改革和研究成果奖励办法""学校课堂教学评价标准""教学改革和研究先进个人奖励办法"等校本教研评价制度，并严格执行。

值得注意的是，学校制度体系的完善，不能只针对学校某方面的工作，要与学校其他制度相协调，评价依据相互支撑、评价结果相互认同、表彰激励标准一致的学校制度体系才具有生命力，这也是逐步完成学校制度拼图，建立现代学校治理体系至关重要的一环。

（二）科学选择评价指标的内容

一般而言，评价指标内容即为校本教研活动的目标。在教研和备课组的考核标准的评价指标选择方面，我们既选择了如"教研组、备课组和教师个人的学期计划与总结，活动的主题和小结，组织教研活动的数量"等过程性硬指标，也选择了如"教研、备课组开展课堂教学经验交流活动，教育理论的学习情况，开发校本课程，课题或专题研究成果与推广，教师专业成长成效"的形成性软指标。

多维评价，能激励教师进步。让老师们知道在校本教研评价工作中坚持"行之有效"，只要积极行动，踏出的每一步、取得的每一点成绩，都能被看到、被尊重；也让老师们体会到正是因为每个人的努力，学生在成长、自己在进步、学校在发展，还有什么激励比这份感受更有效、更真切、更幸福呢？

（三）发挥在评价过程的诊断作用

在评价的操作过程中，如果仅仅进行优劣的判定，是不可能使评价的激励导向和鉴定作用得以切实发挥的，而是要注重评价过程的诊断功能。通过对各教研组、备课组及教师个人进行评价，能够及时发现校本教研中存在的问题，同时要以组为单位做好记录工作。

（四）科学合理使用评价的结果

在评价的过程中，要对照既定的目标进行逐项统计，在定量和定性分析后，给出每一项的评语。在这一基础上，产生优秀教研组、优秀备课组以及教研先进个人；然后要在专门召开的全校师生大会上对其在精神与物质上给予相应的表彰奖励。同时，要将考核的结果计入教师个人成长档案，并作为评选先优个人、年度考核、评职晋级的重要参考依据。通过上述激励手段，在参与教研活动的过程中，教师们的积极性和创造性能够被充分激发出来，进而在各教研组、备课组之间，在教师之间，形成"在合作中竞争"的良好教研氛围，合作是为资源共享、取长补短，竞争是为各尽其能、携手共进，共同为营造浓厚的校本教研氛围、促进学校发展贡献力量。

四、推进活动常态，搭建成长阶梯

（一）畅通交流渠道，拓宽成长途径

学校如何走内涵发展之路，关键在于厘清办学思路、拓宽交流渠道、搭建分享平台，从而提高各学科的人才培养水平和学术水平。

重庆市青木关中学校毗邻重庆大学城，具有得天独厚的区位优势。基于教育规律以及教师阶段发展的特点，为突破校本局限、聚合高校力量、整合多方资源，学校成立"'U-S'协同模式下中学校本教研队伍建设实践研究"课题小组，力求突破高校与中学教学教研藩篱，借助大学城高校的优质专家资源，建立教师终

身成长培养模式，实现了中学教师与高校专家的教研合作，为高校专家教育前沿理论研究提供实证基础，为中学教师教学提供高端理论引领。通过学校与高校在课程开发、师资交流、资源互补等方面的深度合作，加强学校教研队伍建设，拓展教师专业发展路径，进而助力教师综合能力提升，为学校教育教学质量持续快速提升提供保障。

2017年1月，我校与重庆师范大学签订协议，成立"重庆师范大学卓越班实习基地"，与重庆师范大学文学院协同，参与重庆市"中学语文卓越教师人才培养模式创新试验区"项目。

该项目直击高校职前语文教师培养以知识传授为中心缺乏职业核心素养发展的"痛点"，突破乡镇中学职后语文教师缺乏生涯发展和专业成长停滞的"难点"，打破校本局限，创新性地聚合高校力量，发掘与整合了区域性教育资源。

经历了五年的探索和实践，形成了"'U-S'协同模式下中学语文卓越教师双效培养实践研究"的教研成果。它包含一个明确的中学语文卓越人才培养的职业核心素养内涵和规格，一个"U-S"协同兼顾职前职后操作性强、行之有效的"2+2"卓越教师人才培养与成长模式，一个"U-S"协同的卓越教师人才培养支持平台。力求突破高校与中学教学教研藩篱，借助高校的优质专家资源，打造卓越教师人才培养支持平台，优化职前教师与职后教师培养机制，打通职前、职后衔接阻碍，助推高校人才培养的同时，也拓展了在职教师专业发展路径，实现教师职前职后"双效"一体化发展，建立教师终身成长培养模式；同时，充分运用高校"三路合一"的优质师资，与高校协同开展实习老师指导、专家讲座、微型课题研究、教研活动等项目合作，解决了一线教师发展能力不强、发展环境欠佳的问题，突破了在职教师专业成长的困境。

（二）设立专家讲坛，搭建学习平台

随着信息技术的飞速发展，立足当前，面对未来，迎接挑战，坚持创新、勇于创新、能够创新至关重要。

学校是培养人的场所，立德树人是根本任务。"教学生三年，想学生三十年，想国家民族三百年"，这是教育人的情怀与担当，更是光荣使命。为了深入贯彻落实中共中央办公厅、国务院办公厅《关于进一步减轻义务教育阶段学生作业负担和校外培训负担的意见》及国务院教育督导委员会办公室印发的《关于组织责任督导学进行"五项管理"督导的通知》文件精神，学校依托"'U-S'协同模式下中学校本教研队伍建设实践研究"课题探索，整合多方资源，设立"青木讲坛"，邀请行业名家、高校专家、教育大家进校为师生开办专题讲座，以此开拓师生视野、培育创新意识、提升综合素养，搭建助力"学生健康成长，教师专业发展"新平台。

（三）借力送训到校，落实精准施培

转变教研观念、提升教研意识、满足教师需要、解决教学和教师发展问题、最大程度提高参与度和获得感的教研，才是符合新课程改革需要一体化的个性化新教研。符合实际、满足教师需求的教研往往是最实用化、获得感最大化的教研。

青木关中学校积极对接沙坪坝区教师进修学院红岩党建之紫色阳光行动，推行"送训到校，精准施培"教师培训活动，开展菜单定制式专项培训行动。该项目立足学校教师群体专业发展，以需求为导向，优化学校教师培训内容，重点抓好三个方面的工作：一是围绕学校定制，立足校情，做好全校综合培训；二是以学科定制为重点，注重教学，做好本区学科培养推进工作；三是注重师资个性化，以人为本，做好自信心培养、分层培养。

该项目以课题为引领，以项目管理、任务驱动为抓手，加强党员人才队伍、骨干教师队伍建设，致力于打造一支"尚责育人"的高素质教师队伍，进而解决学校教师培养效能不足的问题，改善校本研修质量，提升教师培训效果。

（四）打造特色三课，浓郁科研氛围

无论是学校教研组、备课组还是教研部门组织的教研活动，无论是继续教育课程还是日常观课、评课，无论是集中教研还是分散教研，教师都希望理论引领有高度、教研探讨有深度、能针对实际问题，能指导教学实践；这就需要教研主题有针对性，直面教学问题与困惑，避免"不痛不痒""简单重复化""形式单一"；在教研活动设计上，最好能做到全年系统化、每月重点突出、每次目标明确。

学校在教育教学实践过程中，紧盯课堂教学主渠道，完善并长期坚持开展"骨干教师示范课""常规教学研究课"和"青年教师优质课"特色三课，全科引领、全面参与、全员发展的"三课"通过点面结合、分层实施、多维考评的方式，按学期对教师进行教学改革实践，落实校本研修和综合能力提升等情况，为浓郁学校学术氛围、优化教学生态奠定坚实基础。

总之，学校教研机制的健全与创新，能够有效提高教师教育教学水平，推动学校教育教学改革发展。学校要加强管理机制建设，科学谋划、创新机制、锐意改革，激发教师内在动力，深化校本教研内容，通过引领、链接、创新赋能，给予教师专业发展的内生动力和外部支撑，给学生、教师提供更加宽松的空间、更充足的阳光和养分，助力学校教育质量和教育品质快速提升，助力师生幸福成长。

第二节　优化评价，教师成长有了新动力

制度名言事将为，其赏罚之数必先明之。
——《管子·立政》

中共中央国务院关于《全面深化新时代教师队伍建设改革的意见》强调，百年大计，教育为本；教育大计，教师为本。坚持兴国必先强师，要深刻认识教师队伍建设的重要意义和总体要求。故学校课题"'U-S'协同模式下中学校本教研队伍建设实践研究"，通过"University-School"的协同教研，高校专家为中学教师教学提供高端理论引领，中学教育为高校的前沿理论研究提供实证基础，实现高校与中学在课程开发、师资交流、资源互补等方面深度合作，形成了现在的教研新模式。面对"U-S"教研新模式，学校在教研时有专家引领，同伴互助，可是怎样激励教师扎实教研工作，实施教研常态，增强教研队伍的学科素养和集体合力，评价就是工具，然而学校又用怎样的评价方式、怎样优化旧的评价方式才能推动新教研模式下的教研工作落实落地，真正地促进教师专业成长？下面谈谈学校的认识和做法。

一、优化教研新模式评价激励的背景

（一）新时代新要求

2019 年，《教育部关于加强和改进新时代基础教育教研工作的意见》明确要求：学校要健全校本教研制度，开展经常性教研活动，充分发挥教研组、备课组、年级组在研究学生学习、改进教学方法、优化作业设计、解决教学问题、指导家庭教育等方面的作用。可见社会发展和课程改革进入了新的阶段，对人才的培养有了新的现实要求。

随着系列改革举措落地，教育改革进入新阶段，对学校教育提出了减负提质、整体均衡、全面优质的新要求；教师是落实立德树人根本任务的责任主体和实施主体。在新背景下，教师如何把握教书育人基本面，在课堂教学中将规定、要求、标准做到位，以确保教学效率和质量？如何实现教学设计科学合理，选择适当的教学方式，引导学生掌握适合的学习方式，组织开展深度学习活动？如何发挥教研制度优势，以帮助教师实现群体素养提升，助力教学回归本位、提高教学质量？一系列问题都需要深入研究，明晰要求，明确方向，较之以往，教研显得更为迫切和重要，学校如何建立健全评价体系，充分发挥其导向功能、激励功能、管理功能是亟待解决的问题。

（二）目前存在的问题

一是存在群体性成长困惑。现实与理想的差距、教育教学工作缺乏信心、人际关系不和谐、生活压力大等诸多因素，导致一部分教师在面临教育改革新形式、教育发展新要求的当下，出现群体困惑，产生职业倦怠。

因为对工作缺乏激情，自然不会主动投身于改革实践，体验不到自身工作的价值和意义感，把工作当成一种苦役，能逃避则逃避，不能逃避则消极对待。评职晋级的供需矛盾，导致一部分教师在职称道路上有一个漫长的等待期，久而久之，职业动力不足，工作热情不高，只想躺平、摆烂。额外负担是教师对教研力不从心，大量非教学工作让教师在教学之余静不下来、沉不下去。中老年教师受体力、精力、家庭生活、职业期待等因素的影响，对工作提不起兴趣，对职业充满了厌倦情绪，工作绩效明显降低。

二是评价激励机制不完善。面对教师群体性困惑和职业倦怠，评价激励是引导教师积极参与教学教研、持续提升自身能力、保持专业成长的重要举措。然而，学校评价激励体系大多不完善，甚至没有单独建立。

在很长一段时间内，在"应试教育"的影响下，多数学校普遍以学生成绩作为教师工作的主要指标，甚至是唯一指标，教师评价好坏变成了只看升学率高低。这种简单化的评价，与教师工作性质完全不符，也严重违背了教学改革发展规律，教师在这样的评价导向指引下，一门心思钻研"题海"，专心致志培养"刷题机器"，在素质、素养、创新能力、全面发展等改革要求和教学实践研究方面，自然就"事不关己高高挂起"。

"发现问题、提出问题、分析问题、解决问题"贯穿教学与实践活动的始终，教师队伍建设、学校改革发展、教育创新发展也是一样。科学合理的评价机制的建立，能够化解以上种种问题，学校必须组织力量去研究，进行必要且必须的改革创新，使教师工作有激情、职业成长有期待、教学质量有保障、学校发展有力量。

二、优化教研新模式评价激励的做法

（一）制度先行，优化评价支撑

为贯彻落实党中央重大决策部署以及市委、区委对教育系统工作的要求，使教育体制、机制改革的各项要求在学校教学工作中落地生根。2020 年以来，学校党委班子坚持以人为本，以校发展为原则，着力抓好制度建设，聘请高校专家指导，在整体构架下多维度思考，注重制度之间的关联性，着实优化了学校分配、评职晋级、过程管理等各方面制度。

在教研管理板块，学校制定并实施《重庆市青木关中学校教研活动常规》《重庆市青木关中学校教学常规管理规范》，建立健全"定时间、定地点、定主题、定中心发言人""有备案、有实效、有成果"，要求教研组、备课组严格按照规范进行每一次的行之有效的教研活动。经过常规管理优化，老师们带着目的、带着思考进行教研互动、教学研讨、课堂教学，极大地提高了教学的有效性。

同时，学校加强教学教研督导，制定《重庆市青木关中学校教学"三级督导"实施方案》，进行课堂教学和教研活动督导巡查，夯实了课堂教学教研过程管理。

加之实施《重庆市青木关中学校教育教学研究与成果考核奖励办法》，对取得教育教学成果的集体和个人进行考核，并给予适当奖励，鼓励学校教职工积极开展教育教学研究、改革与创新，优化教学实施，提高专业素养、教学水平和教育质量。

学校通过一系列的制度保障，从常规管理规范到督导巡察督促，再到优化评价激励，让老师们在工作中能够切实感受到学校的改变，改变旧的评价机制，打造可以激励老师们积极工作、努力追求的教育教研新生态，以适应新时代教育评价改革的新要求。

（二）课程落实，打造校本精品

在完善和优化学校制度特别是评价制度的建立之后，教师的积极性得到了认可，学校初中选修、高中选项课程建设开始启动。

学校充分发挥"U-S"课题功能，由课程中心牵头，深入高校取经，学习高校已经很系统很完备的选修、选项课程经验，包括校本选修、选项课的课程建设开发目的到如何实施规划等各个方面。学校先后召开选修、选项课程会议，组织全校教师积极参加课程申报，详细进行课程申报书填写，明确教师申报课程的课程概述、课程目标和课程内容及节次，随后组织高校专家和校内经验丰富的教师组成评审团队进行该课程实施可行性和有效性评价，最终课程得以开设。同时，做好课程制度、后勤、物资等保障，同常规教学课堂一样接受三级督导评估和考核，确保了该课程顺利、有效实施。

学校充分挖掘、整合现有校本资源，组织开发了"先修、特长、活动、传统文化"四个类别，涵盖人文素养、科学探索、学科拓展、健康生活、艺术修养、实践活动等多个领域形式多样、内容丰富的选修课程，"文化传承、知识整合、知识应用、方法探究"四类高中选项课程，与国家课程互促、互补、互融。通过课程开发实践，促进教师队伍教研能力提升，让"人本理念"扎根教育教学实践，师生校园生活呈现出新面貌。

对于主动参与并成功开设校本课程的教师，学校给予适当的政策倾斜，进行一定的工作量认定，对教师群体产生了积极的影响，因为有了好的评价激励，老师们从跃跃欲试变成了主动参与，从愿意开课变成了乐于开课。

（三）教研辅助，夯实提质根基

在学校教研的实际工作中，要充分发挥教研组长、备课组长的示范引领作用，他们是学校教学研究的中流砥柱，要敢于担当、勇于作为，不断学习创新和激励。学校优化评价方式，对教研组和备课组管理实施过程性加结果性评价，三年来，学校初、高中英语教研组、物理教研组等多个组别获得区级优秀教研组、备课组称号。

学校各教研组、备课组要在教学设计、教学反思、教学检测和教学有效性等方面广泛深入开展研讨交流，在"集智凝心、分工协作、优势互补、资源共享"上下功夫，要以"齐心协力开创新局，共同成长不少一人"的集体意识和"工匠精神"涵养学校教育教学质量。教研、教学活动应坚持"以生为本、以学为本"的原则。集体备课时应该做到备教材、备知识，以大单元视角整体把握每节课的节奏和知识语言技能各项目标；同时备学生、备学情，教师在实施教学行动之前应分析学生、了解学情，根据学生的知识状况、学习能力、学习习惯、学习兴趣等确定课堂教学内容和教学目标。课后反思，结合学生的课堂学习表现、作业完成情况、知识掌握漏洞、考试成绩分析、思想行为习惯等情况，确定帮培辅导的不同对象和具体内容，开展答疑辅导、培优补差活动，进行二次备课。引领同组教师创新教学方法，教要有法、教无定法、贵在得法。

抓好"特色三课"，将"青年教师优质课、骨干教师展示课、教学常规研究课"活动序列化，充分调动"青年教师、骨干教师、中坚教师"的积极性。课前聘请高校专家落实专题培训，课中邀请名家进行现场把脉，课后由名家进行点评指导。经过教研组、备课组打磨筹备，细化每一个步骤，由浅入深，层层递进，让教师在课堂教学实践中增强教研意识、提升教研能力，为学校高质量发展提供智力支持和人才保障。

（四）培训加强，助力教师成长

学校将教师队伍建设作为学校经费投入的重点予以优先保障。用足用好学校年度公用经费总额5％的教师培训经费。建立和完善"教师培训由教师做主，教师培训让教师受益"的经费使用管理机制，按比例分拨给教师职工个人名上，教师个人主动选择培训项目，按相关规定报销使用个人培训经费。

学校修订完善《重庆市青木关中学校青年教师带教制度》，优化实施以促进青年教师专业成长为目的的"青蓝工程"和以提升教师队伍综合素养为导向的"青秀工程"，旨在实践研究和制度建设两端用力，实现前沿理论研究与中学教学实践的深度融合。在充分尊重教师意愿基础上，青年教师与校内责任心强、经验丰富的市区级骨干教师、学科带头人或学科组长、备课组长结对，在师德师风、学科教学、教改实践、教学科研等方面予以指导；同时，全面整合校外专家资源，聘请区进修学院学科教研员担任成长导师，合力助推青年教师成长；这既是学校"青蓝工程"的优化实施，也是教研队伍建设的具体实践。

搭建"青木讲坛"平台，引进院士专家进校园，促进教师专业能力提升，学生全面健康发展，是学校提升教育教学质量和课后服务水平的重要途径，也是学校探索新型教研模式、打造专兼结合教师队伍的重要抓手。全校师生在专家、大家、行家的智慧中汲取营养，在践行"尚志、博学、慎思、笃行"校训中感悟，全面激发学习内驱力，共同促进学校转型升级。

借力市区级各类平台，鼓励动员老师们积极参加各项活动，如优质课大赛、说课比赛、新课程新教材研讨、同课异构、教研活动展示、论文大赛等，在活动中为学校擦亮名片，增光添彩，收获成长。学校保护每一位教师接受培训的权利，教与学，相互成就，变"教师被培训"为教师主动学习、终身学习、善于学习。

（五）量化考核，规范评价体系

学校坚持量化过程、考核常规，教师评价由粗放操作到精细管理，管理只有责任到人，才能落实目标。

学校把教师素养提高的切入点放在激发校长抓教学的积极性上。根据《重庆市青木关中学校教学"三级督导"实施方案》，每学期对各个教研组、备课组教学教研常规管理进行逐项打分，量化考核，其中教师队伍管理是考核的重要内容。通过教学视导和教学巡察，教学教研在学校工作中的主体地位得以突现、学校抓教师队伍建设的积极性得以激发。

学校每学期进行学生评价、教师自评、同行评价、督导评价、效果评价等多种方式，根据教学任务、教学过程、教学业绩、教学荣誉等多项指标，建立定性与定量相结合的教学质量综合评价体系，让考核评价更具指导性、激励性、可行性和科学性。每学年度评出全校教师的教学质量综合等级，将教师教学质量评估成绩纳入教师业务档案。

为提高办学质量，学校调动财力物力资源，全力改善教师专业成长环境。教师感受到领导的尊重和关爱，其工作积极性和创造性得到激发和释放。学校举办最美学生笔记、最美学生答卷评选等学生活动，促进教师对学生的要求及过程性监督，通过评奖提高教师的职业获得感和幸福感。

（六）适岗用人，革新用人评价

学校要改革用人评价，营造教育发展良好环境，树立正确用人导向。

学校党委坚持党管干部原则，坚持德才兼备、以德为先，坚持任人唯贤，坚持事业为上、公道正派，把好干部标准落到实处。在干部任用基本条件基础上，根据不同岗位特点，按照不同职务干部职责要求，综合考虑干部的专业、经历、性格、能力与岗位匹配度，增强选人用人的准确度；坚持把功夫下在平时，注意掌握干部的一贯表现和群众口碑，广泛听取各方面意见，尊重了解情况的少数人的意见，保证选人用人工作的纪律性、规范性、严肃性。一是突出政治标准，坚持树立正确用人导向；二是建立干部管理有效机制，促进干部担当作为；三是严格执行干部选拔任用工作政策，探索优化学校工作机制；四是完善干部监督机制，促进干部履职尽责。根据学校发展和岗位需要坚持"岗位管理、按岗取酬"的原则，规范岗位管理，以岗定薪，形成激励，优劳优酬。

　　总之，优化教师评价激励，才能更好地推进践行教书育人使命。要坚决克服重科研、轻教学现象，各学科要"守住常规，适度创新"，立足教学实际，以研促教，科学制定教学常规，为教师入场教学提供服务与指导；坚决克服重教书、轻育人现象，教师在课堂上始终要以"立德树人"为根本宗旨，不能仅仅停留在书面上的知识教授与演练，牢记"为党育人，为国育才"的光荣使命；强化教师思想政治考察，推动师德师风建设常态化、长效化，"加强师德师风建设，培养高素质教师队伍"是党的二十大立足新时代教育高质量发展作出的重大部署，也是教师教育应有的使命担当；健全荣誉制度，发挥示范引领作用，学校对优秀教师、骨干教师、优秀党员等进行定期评选，充分展示榜样的力量。

第三章

新模式实践探索

博学之，审问之，慎思之，明辨之，笃行之。   ——《礼记·中庸》

第一节　经典养德 筑牢教育情怀

德高为师，身正为范。   ——陶行知

"捧着一颗心来，不带半根草去"，新时代的广大教师要自觉加强师德修养，着力提升职业道德水平。为了提高师德师风建设工作的针对性和实效性，重庆市青木关中学校为全面落实《中共中央国务院关于全面深化新时代教师队伍建设改革的意见》、教育部等部门印发的《关于加强和改进新时代师德师风建设的意见》的通知等文件精神，积极参与"北京师范大学师德涵养（沙坪坝）实验区建设"，主动申报"中华文化涵养师德"特色实验学校。

在北京师范大学项目专家的引领下，学校探索以校为本、整体联动，推进文化涵养师德。以中华经典学习为载体，全员开展师德研修；师生联动共读经典，滋养生命；家校携手强化生命自觉。通过重点推进干部教师修身养德，积淀更新学习策略，以点带面，促进修己达人，实现与经典同行，涵养品德。坚持不断更新观念，推进工作，与时俱进，打造师德涵养特色学校。

一、更新观念，全面推进经典养德

学校注重强化干部教师对经典涵养师德的理解认同，经过深入学习经典，深刻地领悟习近平总书记强调的"中国共产党人始终是中国优秀传统文化的忠实继承者和弘扬者"，自觉传承中华优秀传统文化，正是坚定文化自信、知行合一的具体行动。坚持学习中华经典，涵养中国人的精神气质，帮助教师和学生打好人生的底色，促进养德工作的深入推进。

（一）立足修己，经典养德

多年来，青木关中学校积极推进中华经典涵养师德，经典学习融合进入书香校园建设等活动。坚持开展教师共读《论语》，推荐阅读《大学》《中庸》等经典书籍，优化校园文化建设等方面工作，让教师们学有所得、得有所践、践有所悟。

（二）专家引领，强化自身

整合多方资源，得到专家团队的持续引领，充分利用线上与线下学习资源，聆听专家讲座、参与读书会、分享交流等，激发教师的学习热情，提高学习的参与度，完善师德师风建设的体系化。

（三）干部带头，深入自修

学校领导干部率先垂范，学习经典，深入自修；和教师们一起，参与到《论语》学习等行动中，主动分享诵读音频、学习心得。结合坚持内心自省，积淀了修身成长的力量，有较多的体悟收获，学校干部多次在经典养德省市区级交流会议上发言，激励带动伙伴，又促进了对项目策略的深入把握与思考。部门干部积极自修和组织协调，通过强化内在需求，加上外在的任务驱动，有效地提升了学校干部教师的文化影响力和道德领导力，展现出"温良恭俭让"的仁德的干部教师气质。

（四）学以致用，修己达人

干部教师深入学习感悟，诵读经典，书写心得，注重引发内心的力量，在学习中自我对照完善，结合工作和生活实践，成为行动习惯，带动伙伴学习成长。同时，做到真学、真用、真行动。在学校决策过程中，校级领导班子注重运用经典养德策略，共同追求君子之道，坚持真诚坦荡，促进了团结合作。在管理中，践行君子之道，善为德政，服务育人，建设好以人为本的、具有浓厚传统文化气息的学校。

（五）更新观念，学思践悟

师德需要教育培养，更需要教师们的自我修养。因此，学校要加强引领，教师们在经典养德中要逐步积累，掌握修养方法。

（六）强调自我反思，引发内心感悟

通过学习，明确了经典养德不只是学习文字，关键要有自省反思才能够促进修身养德。组织干部教师撰写心得，每周一读，每月一分享，寒暑假集中研习经典等，通过共读交流等方式，自我对照思考感悟，增强了养德效果。

（七）重视伙伴互动，促进学习分享

注重在经典学习中的激励引导，发挥骨干教师学员带动作用；开展教研组、备课组、工会小组教师优秀诵读和心得分享，促进团队内互动感悟生成，强化教师们经典学习的信心和行动，促进了反思感悟。

二、以校为本，整体联动开展经典学习

2022年学校成为北京师范大学师德涵养（沙坪坝）实验区文化养德实验学校，经典养德工作推进更加系统深入。学校加强组织保障，以此推进师德师风建设。创新工作机制，通过组建核心小组，引领经典学习；完善学习组织，建立学习团队；强调干部带头，通过以身示范保证学习的持续性与深入性；搭建学习平台，引领君子之风。同时，注重积累有效的工作策略，在实践与认识的相互作用中促进提升，借力专家团队，实现校内外联动，经典养德。

（一）师生联动，经典共读进课堂

发挥经典的凝聚作用，滋养师生生命。通过经典学习，建设师生学习共同体。结合开展建设书香校园、艺术节等活动，打造国学氛围浓厚、书香浓郁的校园。

各班利用每天早读时间，开展经典晨读；利用班会活动时间，开展诵读《论语》主题班会；利用学科教学时间，语文教师带领学生开展课堂诵读；利用学校艺术节展演，让《论语》中的经典问答句子活起来，激励师生学习；年级还利用每周的自习时间，开展师生《论语》"双语"书写展示等活动。

（二）课内外贯通，强化生命自觉

通过经典养德教育体验活动，给孩子们留下了生命成长的印记，增强了文化认同与自信。在清明节之际，开展清明传统文化主题活动，强化学生"慎终追远"的意识，通过追思先辈，引导孩子们铭记先辈；通过追思先贤，激发学生生命自觉，树立文化自信。

在"世界读书日"之际，开展师生、家校共读《论语》活动，大家诵读经典、展示表演，以中华经典浸润心灵，促进校园文化建设，深入推进了经典养德工作。

（三）家校携手，经典共读进家庭

教师在引领中提升自我，组织开展亲子共读《论语》活动，在家长群内开展亲子共读和听讲解，用照片、视频等方式记录，线上与线下联动学习。教师示范，协同家长行动，营造家庭经典学习氛围，体验文化涵养家风，促进了经典学习的拓展。

三、与时俱进，提炼更新策略，深入涵养师德

结合实际内化积淀，持续更新策略，不僵化教条、不故步自封。关注教育新形势和文化涵养师德工作新动态，结合师生实际情况调整策略，在实践运用中发展。加强与其他省市地区学校的交流，促进学习借鉴，提炼工作经验，增强师德师风建设的实效性。

（一）强化对经典作用的认识，积淀教师修身的力量

经典养德历来都是中国文化人修身齐家治国的利器，也是当代教师修身治学的宝典。通过深入学习经典，修学养德，带动教师们全面理解、认同并落实行动，努力成就教师队伍发展。注重学习反思，干部教师在心上用功、事上磨炼，促进立己达人。

在学习体验中增强对经典涵养师德重要性的认同。通过教师寒暑假共读和日常经典学习活动，了解其作用机制和内在规律，增强学习的自信心和自觉。持续采用听专家引领，教师诵读感悟强化认同；伙伴互动，展示学习成果收获，互相促进；在教师集体学习中展现收获，以学习氛围感染强化，引发学习热情。

（二）以一域带全局，坚持读经典与学校工作有机结合

整合促进经典养德工作，力求提升教师学习的实效性，从体验走向深入推进。注重师德师风建设学习与常规教研活动的结合，开展经典养德校本研修，分享交流、评比展示，增强学习系统性。开设教师文化素养课，如国学茶艺、太极拳、书法等，助力强化经典学习，促进师德师风建设。

（三）学校全员互动，整体推进经典养德

学校干部积极践行，骨干教师在组织工作中积极担当，在协调经典学习中展

开；教师全体参与学习，在教育工作中运用，展现出智慧和方法；在教育活动中引导学生，师生互动推进学习，实现教学相长。通过干部教师学生各层面工作，构建工作体系，形成校园风气，发展成为一种整体的强劲推动力，形成自然浓厚的经典文化氛围，激发文化环境育人的内在力量，起到滋润心灵、涵养德行的作用。

四、持续推进，全面开展，经典养德常态化

在全面实施的实践中，坚持立足本校实际，与学校各方面工作整体联动，强调注重过程体验。与党建引领教师队伍建设紧密结合、与教育教学工作紧密结合、与书香校园建设紧密结合、与学习型组织建设紧密结合，持续深入推进经典养德项目工作。

（一）注重推进经典养德与学校各方面工作的融合

我们以全局谋一域，全过程实施，让读经典成为全校的文化习惯，成为校园文化特色标志之一。同时，以一域促全局，通过师德师风建设方面工作，带动宵夜文化、教师队伍等多方面、多角度联动，开阔到带动新时代"四有好老师"队伍建设。让经典养德工作不只局限在提供思想学习素材方面，而是成为促进教师通过学习修养仁爱之心，通过学习打开大智慧，丰富扎实学识，促进教育教学水平的综合发展的举措，成就学校优质发展和区域教育新发展的大格局。

（二）探索实施经典学习课程化，逐步构建校本课程

在前阶段工作的基础上，初步形成经典涵养师德校本课程，成为本校师德教育特色课和教师传统文化修养课。将课程涵盖全体教师，着力于职初教师和青年教师学习，拓展中老年教师学习，有区分、有层次地让不同年龄的老师参与适合他们需求的经典涵养学习。

（三）丰富活动内容

深入开展《论语》学习进课堂、进班级、进家庭活动。在前阶段全校教师体验式线上学习的基础上，每学期启动一轮规范的《论语》线上学习活动。持续开展经典读书沙龙、日常教师会议学习分享、师生共学经典，亲子课堂互动等学习活动。创新学习形式，线上线下结合，将沙龙活动与国学茶艺课程融合；创新传承

形式，打造经典"书香"校园；以点带面，全面推行，汇聚学习骨干，培育"关键少数"，助力"种大树"。

经典养德强化了教师的人文情怀，修养了仁爱之心，学校师德师风建设成效显著。在持续工作中，注重骨干引领，完善教师学习经典与实践，在行动中立德树人，全面唤醒生命自觉，建设师德高尚的教师队伍，促进教师成长和学校高质量发展。

第二节　青木讲坛 开拓研修新视野

海纳百川，有容乃大。

——林则徐

高质量教师是高质量教育发展的中坚力量。要全面贯彻《关于整体规划大中小学德育体系的意见》《全面推进"大思政课"建设的工作方案》《教育部办公厅关于开展大中小学思政课一体化共同体建设的通知》《中共中央国务院关于全面深化新时代教师队伍建设改革的意见》《新时代基础教育强师计划》等文件的精神和要求。

契合新时代新要求，学校以"'U-S'协同模式下中学校本教研队伍建设实践研究"为统领，以"双减"任务落地落实为着力点，整合多方资源，设立"青木讲坛"，以邀请行业名家、高校专家、教育大家进校为教师开办专题讲座为主要方式，搭建助力"教师专业发展"新平台。

一、着眼时代发展，回应学校教师队伍建设需求

（一）应对基础教育改革发展的需要

2018 年，中共中央国务院《关于全面深化新时代教师队伍建设改革的意见》明确指出了："百年大计，教育为本；教育大计，教师为本，……把全面加强教师队伍建设作为一项重大政治任务和根本性民生工程切实抓紧抓好。"党的二十大报告指出，"培养造就大批德才兼备的高素质人才，是国家和民族长远发展大计。"需要通过建设从学前教师教育、中小学教师教育、职业学校教师教育到高等学校教师教育全覆盖的教师教育体系，而培养造就大批德才兼备的高素质教师是教育强国、科技强国和人才强国的长远大计。

教师的培养关键在于教师专业素养的提升，教师专业素养的提升关键在于教

研水平。加强教研队伍建设，是对教师专业成长给予支持，是为教育教学质量提升提供保障；因此，建立一支理论素质高、实践经验丰富和教研能力强的专兼职教研队伍是提高质量的关键。

（二）推进学校教育优质均衡发展的需要

重庆市青木关中学校是一所市级重点高中，长期以来，学校一直致力于打造一支"高素养、高品质"的教师队伍。然而，由于学校本身的硬件设施、培训资源和师资力量的限制，学校教师队伍建设进程缓慢，远不能满足学校发展的需要。所以，必须突破校本局限，创新教师专业发展途径。

学校毗邻重庆大学城，具有得天独厚的区域优势，周边地区有众多的高等院校，为我校与高校进行教研合作，开展理论与实践研究提供了丰富的资源和平台。青木讲坛的开设，正是我校与高校实现资源互补，提升学校教研水平的一次有益尝试。我们将依托高校的知识资源和科技优势，基于教育规律以及教师阶段发展的特点，努力突破校本局限，聚合高校力量，为高校专家教育前沿理论研究提供实证基础，为中学教师教学提供高端理论引领，在课程开发、师资交流、资源互补等方面深度合作，通过开展"U-S"协同模式，推动"U-S"双向教研，创新学校教研活动，提高学校教师的教研水平，进而优化校本教研文化，改善基础教育生态，促进学校教育优质均衡发展。

（三）促进教师专业成长的需要

随着课程改革的不断深入，对落实"双新"理念、加强课堂实践改革、提升教师专业能力、聚焦学科教学关键问题、推进教学改革走实走深的要求越来越高。然而，现实中很多在职教师受制于工作环境、自主程度及理论指导等因素，在专业发展过程中面临着诸多困难和问题，具体表现在：教师个体生存环境较为封闭，使得教师专业发展的内在动力不强。日常教学课时繁重，教学压力大，导致职业倦怠感严重。更为突出的是，中小学普遍存在教研队伍学段分布不均、专业引领不够、教研条件不足、关注前沿不够等问题，这些问题的存在阻碍了教师的专业成长，迟滞了课改进程。

二、整合多方资源，探索"青木讲坛"建设路径

（一）强化校地融通，邀请高校专家

教育、科技、人才是全面建设社会主义现代化国家的基础性、战略性支撑。要坚持以习近平新时代中国特色社会主义思想为指引，坚持科技是第一生产力、人才是第一资源、创新是第一动力，坚持教育优先发展、科技自立自强、人才引领驱动。因此，学校高度重视科学教育，用科技赋能教育，助力教师专业发展，推进教育现代化。

学校通过"青木讲坛"充分利用区域优势，积极与周边地区众多的高等院校对接，进行教研合作，挖掘丰富的资源，搭建教师学习平台，改进教师教学方法与手段，鼓励教师"探索创新"。例如"青木讲坛"第一期中，杨院士在《大哉，数学之为用》专题讲座中，紧扣"数学是什么、数学有用、加强数学研究、重庆国家应用数学中心"四个方面，向与会师生展示数学之美、介绍数学之用、分享数学之悟、提出数学之思考；杨院士强调，数学特别是理论数学是我国科学研究的重要基础，无论是生产生活还是经济国防、无论是人工智能还是量子通信、无论是民族复兴还是人类进步，都与数学密切相关；加强数学理论发展和应用研究，是催生各领域重大原创性科研成果、解决"卡脖子"问题的关键一环。

（二）聚焦教育需求，邀请行业名家

学校贯彻落实"立德树人"任务，积极响应教育部关于抓好落实中小学生"作业、睡眠、手机、读物、体质"管理的号召，切实提升学校教师育人水平，有效减轻义务教育阶段学生过重的作业负担。在"青木讲坛"建设中，学校将落实"双减"政策，扎实推进落实"五项管理"，积极践行"以生为本"的理念，五育并举，促进学生德智体美劳全面发展。同时持续在队伍建设上下功夫，持续实施教师成长计划，全面提升教师综合素养，促进"四有好老师"队伍接续培育。

例如，学校《青木讲坛》在第二十七届"关注普遍眼健康，共筑'睛'彩大健康"全国爱眼日来临之际，积极行动，开展爱眼、护眼系列活动。特邀重庆星辉眼科近视矫治中心的首席专家、院长汪辉教授作《珍爱双眼，才能展望未来》的专题讲座。也邀请过书法名家官玉安作《人生就是坚持——书法燃烧人生》的专题讲座，官先生用六十年如一日的实践证明了"坚持就是成长的诀窍"这一真理，引导教师

以"长、宽、高、深"的"四度眼光"，踏上"成长·成才·成功"的生长路径。学校依托"青木讲坛"指导教师深刻挖掘德育资源，不断开发与实施蕴含丰富课程育人因子的校本课程，使"言传"意义上的"教"与"身教"意义上"育"在学科教学和课程实施中真正得到融通，渗透到日常教学之中。

（三）坚持专业引领，邀请教育大家

高校是引领教育高质量发展的聚集地，学校紧紧依托高校优势特色专业，以"青木讲坛"为着力点创新推进人才大中小一体化培养模式。学校整合高校和校内资源，打通高等教育与基础教育贯通渠道，发挥高校专业优势，推进学科衔接，探索建设高等学校与基础教育育人共同体，进一步推进教师队伍建设。

学校邀请顶尖名师、教育大家分享对于所在学科领域的深入认识，将其学术理解和研究心得润及全体教师。例如，重庆大学化学化工学院范兴教授带来题为"化学到智能电子——一个南开学子的不务正业"的讲座。范教授重点给同学们介绍了"AI电子与中心科学问题"。他用一张元素周期表向教师描述了未来美好的AI生活，启发教师从化学中发现世界的神奇与美丽。平日生活中看似普通的一件衣服、一个枕头，都能与化学、智能电子产生密切联系；一块小小的电子芯片背后蕴含了宏大的"建筑"结构。化繁为简，化难为易，范教授用幽默睿智的语言将"薄膜电子器件、纤维电子器件"等专业研究成果与教师们分享，拓宽了教师们的眼界。范教授以自己读书和科研工作的经历，激励教师开拓自己的科研之路，提升学校教育教学质量和课后服务水平，探索新型教育教学模式，砥砺前行。

三、强化科普赋能，助推"青木讲坛"提质增效

（一）回溯发展轨迹，盘点多维优势

1. 完善组织管理，形成规范活动机制

学校以"'U-S'协同模式下中学校本教研队伍建设实践研究"课题研究为引领，立足学校实际，设立"青木讲坛"项目实施工作小组。项目小组以校长为总负责人，负责总体统筹部署；以教学分管校级领导为副组长，负责具体指导带动；以课程中心为牵头部门，负责全方位行动协调工作；以各部门为整体联动，负责落实具体工作。从2021年12月开始我校"青木讲坛"系列课程，共开展6场，截

至目前已经有近 2000 人次参与。

2. 提升专业引领，丰富校本课程建设

"青木论坛"的设立，是立足于完善学校标准化课程体系和校本研修体系，是作为教育教学改革探索的有益尝试。"青木论坛"牢牢把握教师这一主体，以邀请行业名家、学校专家、教育大家来校举办专题讲座为主要方式，加快教师理念更新、加强技术培训，促进教师专业成长，强化学校教书育人主阵地作用，促进学校转型升级。教师将所感所悟运用到校本课程建设中，例如在选修课程发展过程中，学校通过"向内挖潜、向外借智"，全力开发初中选修课程和高中项目式学习。目前，我校开设了以涵盖传统文化、特色、活动、先修四个类别共 20 门选修课程和文化传承、知识整合、知识应用、方法探究四个类别共 12 门项目化学习课程。

3. 搭建交流平台，培养教师科学素养

我们深知科学研究思维对于教师专业发展具有重要作用。因此，想要创新教育必先让教师树立科学创新教育的理念，而"青木讲坛"是我校培养教师研究精神、研究思维、研究方法的有效途径之一。培养教师的研究精神，引导教师深刻领会学科前沿信息，立足学科要求，深入分析教材改革的内容，在参与中思考、探究、创新、合作，使之养成不懈探索的习惯和兴趣，确立符合素质教育要求的教学观；培养教师的研究思维，以新颖独到的方式解决问题，帮助教师突破常规思维的界限，经常反思自己教育教学实践中的问题，研究自己感到困惑的问题，养成对自己的教学与教育活动进行评价与反思的习惯。培养教师的研究方法，诸如课堂观察、问卷编制、案例研究、行动研究、校本研究等，引导教师从理论研究走向实践运用，并将研究方法运用到物理、生物、化学、地理等学科研究中，进行教学创新，不断地提升自己的教学水平和研究水平，成为一名名副其实的研究型教师。

（二）优化服务举措，助力教师发展

1. 培训对象要具有针对性

我校"青木讲坛"是面向学校教师的成长培训，课程中心要在充分调研的基础上，了解教师专业成长需要，设置培训目标；依据培训目标制订年度培训计划、月度培训安排，开展培训活动；制定活动安排，尊重老师任教学科、年龄阶段、个人爱好等客观需求，邀请主讲专家，设置培训内容，分层分类安排专题培训，

使培训效果最大化。

2. 培训时间要具有灵活性

教师教学工作任务重、工学矛盾一直是校本研修不可回避的问题，学习安排既不能与教学时段冲突，也要避开其他重要工作安排，还要协调授课专家的时间。在确保每月举办一次"青木讲坛"的前提下，具体时间安排上遵循灵活性原则，注重培训实效，争取受众最大化。

3. 培训地点要具有固定性

氛围营造也是学校主题活动必不可少的部分，因为氛围本身也具有育人功能，也是课程的一部分。学校将条件最好、设备最全的多功能厅确定为开展"青木讲坛"的固定场地，并为活动设计制作专属标识，在现有条件下，尽可能做到阵地有保障、设备有档次、组织有章法。同时，在学校微信公众号开辟专版，专门配备宣传队伍，对"青木讲坛"主题活动进行全方位记录，让师生能通过不同视角看到自己的成长收获。

在后续活动推进过程中，学校将进一步重统筹，抓好嘉宾邀请，强化沟通联系、精准对接，切实提升论坛层次和权威性；抓细节，组织好论坛活动，做到提纲挈领，突出重点、统筹兼顾，确保各环节衔接得当；聚合力，强化氛围营造，坚持"线上线下一盘棋、对内对外齐发力"，周密谋划新闻宣传报道工作，提升"青木讲坛"的影响力、美誉度。

我校会持续深化教室队伍建设，充分利用校内外优质教育资源，邀请行业名家、高校专家、教育大家进校园，开设"双减"背景下的科普和科技创新项目系列学习课程，多措并举推进"双减"工作落实的效度，满足教师成长需要，切实提升教师专业素养，加强教师队伍建设，丰富学校育人方式，扩大学校辐射力，推进沙坪坝区教育优质均衡发展，办老百姓家门口的优质学校，办人民满意的教育。

第三节　名师领航 精准帮扶促成长

人非生而知之者，孰能无惑？惑而不从师，其为惑也，终不解矣。——韩愈

有高质量的教师队伍，才会有高质量的教育。教师队伍建设的高质量，是学校持续优质发展的基础，也是更好贯彻落实立德树人根本任务的重要条件。

一、"名师引领项目促进计划"实施背景

2022 年 4 月，教育部等八部门联合发布《新时代基础教育强师计划》，分别规定了 2025 年和 2035 年前的基础教育强师计划，为基础教育学校品牌打造中的师资队伍建设指明了方向。重庆市青木关中学校党委坚持以党建引领学校发展，落实抓党建带队伍促发展，直面新时代教育改革发展新形势、新任务、新要求，以"'U-S'协同模式下中学校本教研队伍建设实践研究"课题为统领，以任务驱动为抓手，寻求破解教师队伍建设的深层次矛盾的途径，解决培养层次不高、培训针对性不强、管理体制机制不够顺畅等问题，力求提升我校教育内涵发展。因此，学校结合本校师资队伍实际情况，特制订"名师引领项目促进计划"，实施教育大家、名家、专家引育行动，加强引领力度，致力于打造一支"尚责育人"的高素质教师队伍。

二、"名师引领项目促进计划"实施任务

"名师引领项目促进计划"是一项系统工程，要立足学校教师队伍建设，结合"'U-S'协同模式下中学校本教研队伍建设实践研究"，聚焦重点环节，搭建关键平台，依托名师工作室、名师工作站、名师工作坊、名师论坛、导师制等，激发教师内生动力，并采取多种举措。强培养，健全学校教师队伍发展体系；重引领，完善高层次教师人才培养机制；抓改革，提升教师队伍治理水平；赋动能，推进教师队伍数字化建设。"名师引领项目促进计划"以高素质教师人才培养为引领，以高水平教师教育体系建设为支撑，以提升教师思想政治素质、师德师风水平和教育教学能力为重点，使学校教师队伍建设筑基提质、补短扶弱、做优建强。

三、"名师引领项目促进计划"实施原则

（一）有针对性

"名师引领项目促进计划"旨在搭建我校教师与名师之间的交流、互动、分享的平台，形成学习共同体。名师是我校教师队伍建设的培训师，负责对教师进行示范与指导，开展教育教学研究，建设学科课程体系内容，提升教师队伍的教育教学能力。

（二）有协作性

优秀的教师必然来自优秀的团队，优秀的教师也善于打造优秀的团队。优质师资的引领是提高"名师引领项目促进计划"质量的必要条件，我校通过"名师工作室""名师工作站""名师工作坊"等，吸引志趣相投的教师组成研究团队，通过合作、反思、共享，促进深度研修，产生建设教师队伍发展的新能量，推动协作一体化发展，促进学校教师教育与教学的融合、拓展和互补。

（三）有实践性

实践是创新的关键，学校依托学校教学研究平台，聘请名师或者成员对项目组教师进行指导，开展课堂教学研究、科研课题研究、教学育人经验分享等活动。同时，开展我校骨干教师展示课、青年教师赛课活动、全校教师研究课活动，加强对教师队伍的建设，提高教师队伍的整体素质。

四、搭建多维平台，丰富专业发展机会

教师是学校"名师引领项目促进计划"的重要主体，教师队伍建设是学校高质量发展的必由之路。学校要帮助教师立足教育教学实际问题，为教师拓展多方资源，搭建多种平台，为教师在教育理论及研究方法等方面提供支持与指导，在"实践问题—课题研究—成果生成—实践改进"的研究链条中全面提升教师队伍的研究能力。

（一）名师工作室

名师工作室是一个由"名师"和"工作室"组成的复合概念。"名师"通常是指在某一区域具有一定知名度和影响力的教师。"工作室"通常是指由名师领衔主持的基于教师专业发展而组成的学习实践共同体。目前，我校通过名师工作室引领的方式有两种：

1. 参与市区级名师工作室。通过行政组织遴选，参与市、区级工作室，如政治组孙华老师参加的"王小欧名师工作室"、化学组官玲老师参加的"龙运海名师工作室"、英语组王发燕老师参加的"肖力名师工作室"等，通过名师工作室为学校教师交流搭建了平台，促进了教师专业知识与经验的共享，为教师专业发展提供了学习资源，有力地提升教师专业发展的自主性。

2. 建立本校"铸秀"班主任工作室。本工作室成员人数为名师工作室顾问 1 人、名师工作室主持人 1 人、名师工作室骨干教师 6 名、研修学员 8～15 人。"铸秀"班主任工作室根据学校教育发展规划，结合我校德育现状，总结优秀班主任成功经验，提炼优秀班主任的教育思想，促进其专业能力不断提高。发挥优秀班主任的示范引领作用，及优秀班主任资源的凝聚、辐射、指导作用。推动优秀班主任队伍建设，培养年青班主任教师有效成长，促进我校德育教育的提升。以优秀班主任敬业的精神和精深的造诣，进行面对面的传帮带和现场诊断、个性化指导，辅以博采众长的专家讲座和课题案例研究，发挥为人师表、言传身教的引领力和感召力，探索出一条"名师带教，传真经"的班主任培训的新途径与新方法，促进班主任教师的全面成长。

（二）名师工作站

名师工作站是指以一位或几位名师为主导，以学校为主阵地，形成教师成长发展共同体，其主要任务是推动教学改革、提升教学质量、提高教师教学水平、培养优秀的教师队伍。我校搭建发展平台，设立了"王小欧名师工作室——青中思政工作站""石飞名师工作室——青中体育工作站""博爱校医务室"工作站等。

"青中思政工作站""青中体育工作站"等学科工作站以"名师引领、同伴互助、传承创新，资源共享，辐射带动"为宗旨，坚持"理论与实践相结合，自主与互助相结合"的工作原则，通过线上线下渠道，参加献课磨课，研讨讲座，为本校教师搭建学习、交流、成长的平台，力求以点带面，发挥示范引领，以促进教师专业化发展，为学校打造一批师德高尚、业务精湛的教师队伍，赋能学校教育高质量发展。

（三）名师工作坊

工作坊是一种以实践为导向，以问题为导向的教学法。主要通过教师自主探究、实践、交流的方式，帮助教师理解学科知识，培养教师的教学能力、创新思维、团队合作等综合素质。我校陈林老师参加了"经典诵读工作坊"，李亚老师参加了"古诗文工作坊"，王俊、李莉、肖源、王婧等 10 位老师参加了"蒙学工作坊"，陶菊、喻红、杜熙等 8 位教师参加了"中学经典教学工作坊"。

在此学习过程中，我校坚持"以校为本，整体联动"，推进文化涵养师德项目工作。创新工作机制，通过组建核心小组，引领经典学习；完善学习组织，建立学习团队；强调干部带头，通过以身示范，保证学习的持续性与深入性；搭建学习平台，引领君子之风。并建设国学书吧、走廊图书馆、班级图书角，创设"处处可读"的校园阅读环境。无论是经验丰富的资深教师还是青年教师，都获取了前进的动力、坚定了成长的方向。我们坚信在工作坊的孵化引领下，会以点带面，面面开花，会将名师由"一"变"四"，由"四"变"四十""四百"……生生不息，源源不断。

（四）名师论坛

"名师论坛"是学校聚焦一流师资培育、涵育优良育人文化的重要平台，也是学校教育高质量发展的重要"助推器"。学校论坛的开展，立足于"五个一"，即对标一个教育热点、探究一种教学现象、邀请一位著名专家、凭借一次专业引领，实现一回业务提升。通过论坛，充分展示教育名师、专家、大家风采，推动教学经验交流互动，促进学校整体教育水平的提升。

例如南开中学卓峻峭老师，为我们作了一堂"青年教师成长之——如何打造一堂优质课"的专题讲坛，分享了学科新课标背景下，立足新颁课标，探索高效课堂的做法，为参会教师提供可鉴可学的经验。重庆市"谢菁菁班主任工作室"主持人谢菁菁老师以《向着未来 共同成长》为题，就班主任工作室的定位、目标、措施和未来方向等做了经验介绍。在校内论坛活动中，多次组织优秀教师代表分享教育教学管理经验。例如，丁伶俐老师从"规矩"与"陪伴"两个关键词入手，分享了其在班级常规管理方面的心得体会，尤其重视对起始年级学生文明行为习惯的培养；曾小燕老师以班级篮球赛为例，详实地分享了班级活动策划、服道准备、报名组队、正式比赛、颁奖仪式等各个环节。

（五）导师制

"导师制"是各学科组秉持通过培养优秀教师去培养更优秀的学生的理念，以成就教师、成长学生、发展学校为目标，组织学员开展教育教学研究活动，碰撞思维，生长智慧，促进发展。

1. 沙坪坝区各学科"导师制"

沙坪坝区"导师制"是由沙坪坝教育党工委牵头，由沙坪坝进修学院负责，在全区遴选优秀年轻教师，涵盖中小学、学前教育、中职 20 个学科，在导师引领下开展三年一周期针对性、实效性强的个性化培训，助推优秀骨干教师成长。例如，沙坪坝区第七届"导师制"培训，我校有4位教师加入其中，分别是高中语文李莉老师、高中数学组兰长乔老师、高中化学张娅琼老师、初中道德与法治李亚老师。在培训活动中，高中数学导师吴家全组织展示活动，研讨基于学科大概念的高中数学单元教学和青年教师成长问题。外聘导师重庆市教科院中学数学教研员张晓斌老师作专业指导。他以赛课为例，告诉学员们在经历稿纸处理—视频磨课—上课互动设计—语言淬炼的过程中，教师需要思考如何把设计好的内容让孩子在课堂上实践淬炼，运用数学语言技巧让学生生龙活虎地学习。高中化学导师郭仕文通过腾讯会议举行以"聚焦大概念、指向主题单元"为主题的培训活动。外聘导师重庆市教科院中学化学教研员钱胜老师作专业点评。钱老师指出，在新高考背景下，老师们要学会自己做加法、给学生做减法，要加强学习和反思，精心设计课堂以培养学生高阶思维。

2. 校内青年教师"双导师"带教工作

为了引领青中教师成长，探索教师队伍建设新路径，青木关中学在"'U-S'协同模式下中学校本教研队伍建设实践研究"课题的引领下，对教师队伍建设进行专题研究，修订完善了《重庆市青木关中学校青年教师带教制度》，优化实施以促进青年教师专业成长为目的的"青蓝工程"和以提升教师队伍综合素养为导向的"青秀工程"，旨在实践研究和制度建设两端用力，实现前沿理论研究与中学教学实践的深度融合。

以2022—2023学年青年教师"双导师"带教工作为例，我校在充分尊重教师意愿基础上，10个学科的25位青年教师与校内责任心强、经验丰富的市区级骨干教师、学科带头人或学科组长、备课组长结对，在师德师风、学科教学、教改实践、教学科研等方面予以指导，发挥辐射引领作用，帮助青年教师树立正确的价值观、育人观、学生观，共同成长为会教、会研、会写、会讲的经师、人师，做好学生成长的引路人；同时，全面整合校外专家资源，聘请区进修学院学科教研员担任成长导师，合力助推青年教师成长。这既是学校"青蓝工程"的优化实施，也是教研队伍建设的具体实践。

学校通过以上平台，坚持以学科名师为引领，以教学为主阵地，以教学科研为主线，以网络为交流载体，立足教学实际，深化教师、教材、教法"三教"改革，促进教师专业成长，形成一支有坚定理想信念、先进教育理念、厚实学科功底、高超教学技能和鲜明教学风格的优秀骨干教师团队，以提高我校整体教育教学质量，在一定程度上引领并促进了区域教育教学水平的全面提高。

五、互助交流活动，构建教师专业生活

（一）开展专业阅读

阅读是教师专业成长的前提和基础，既包括专业书籍的阅读，又包括有利于教师学科专业和教育专业发展的阅读。在内容上，教师的专业阅读不仅要读学科专业的书籍，也要读教育学、心理学、管理学等与教育相关的"有字书籍"，还要学会读人、读心、读社会等教育实践相关的"无字之书"。学校高度重视读书活动，通过打造"书香校园"环境、营造"人人读书"氛围、开展项目式阅读等途径切实浓厚读书风气。本学期，校党委组织各年级、各部门分组学习，开展共读活动，诵读《论语》，共读一本书《醒来》。

（二）开展专业实践

教育教学实践是教师专业成长的核心环节，对教师来说，主要是指教育、教学和教研等工作。教育、教学和教研三者之间相辅相成，共同组成教师实践的主体，是教师最本质、最核心、最重要的专业工作，是教师专业成长的主渠道。教师专业成长最重要、最有效的成长是实践成长，即在工作岗位上的成长。例如，学校开展第三届"青木杯"青年教师优质课大赛活动，鼓励青年教师紧紧围绕"新教材、新课标、新技术"的三新主题，在教研组、备课组的共同打磨下，落实课标精神、指向核心素养、聚焦情境设置、关注高效学习，呈现出一堂堂优质高效的"铸秀"课堂，促进教师课堂创新与专业成长。

（三）开展对话交流

对话交流是教师专业成长的必要条件，是指教师和同事、同行、学生和家长等不同人员的生命对话。教师应积极参加各种教育教学研讨或交流活动，主动分享做法和想法，让彼此的光芒相互照亮。每学年，沙坪坝区进修学院教研员们都会对初、高三年级教育教学进行集体视导，各学科教研员结合听课情况对年级备课组进行即时反馈，深入浅出地对老师们的教学进行点评，并围绕复习备考的方向给老师们予以指导，肯定优点，指出问题，旨在促进老师们的教学方式，提升课堂质量，优化备考方案，全面提高备考效益。在持续的交流与合作中，青中教师能够迸发潜能，齐心合力助推青中教育教学质量提升。

（四）开展专业引领

专业引领，是教师专业成长的重要契机，主要是指教师得到名师、专家、大家等重要人士在专业上的引领，从而在专业成长上取得更好的发展的过程。这些教学名师在课堂教学中积累的宝贵经验，名班主任在班级管理和育人工作中取得的实践探索，专家学者在教育教学理论上的研究成果等都能赋能教师的专业成长。例如乔正蓉、陈晓梅、解传江、张光年、罗其茂、姜亚西、甘永红、李晓莉八位南开学区共同体"银龄视导计划"专家深入我校课堂，对各学科研讨课中的教师素养、学生学习、师生互动等多方面进行了全面、深入、细致的评价。同时对如何落实课堂、如何挖掘教材、如何激发学生兴趣等问题，提出指导性的意见。

六、发挥项目作用，促进教师专业法治

（一）示范辐射作用

当今教师的职业倦怠感已成为影响教师工作态度和工作绩效的重要因素，改变这一现状是教育发展的重大挑战。因此，我校在实施过程中将着重发挥"名师引领项目促进计划"的示范辐射作用，带动一群追求专业发展的教师群体，改善教师工作职业倦怠感，增强教师职业幸福感，培育积极的职业热情。学校可以借助"名师工作室""名师工作站"等示范辐射平台，组织教师参与观课、教研、课题研究等活动，学习工作室主持人及其成员的先进教育理念和教育科研成果、经验。

（二）专业引领作用

"名师引领项目促进计划"的引领效果在教师的专业成长过程中具有明显的作用。一是对相关学科的教师传播先进的教育教学理念、课程改革理论和教师必备的教育学、心理学等理论素养内容；二是对相关学科发展的前沿信息，以不同形式的活动，组织本学科教师掌握学科最新的研究成果和研究动态；三是我校教师应不断总结自己丰富的职业技能经验，通过学习示范课、听课评课等同伴互助式的活动，转化学习成果，内化为教师自身职业技能的专业发展，促进学校教师快速成长，优化教师队伍建设。

笃定目标踔厉奋发，不惧风雨从容前行。青中党委高度重视教师工作，把教

师队伍建设作为党建统领的一项重点工作来抓，着力开展"名师引领项目促进计划"，力求通过示范引领、系统培训和自主探究，全面夯实校本研修，促进质量提升，建设高素质专业化创新型教师队伍，向着更优资源、更宽路径、更高质量迈步前行，共同谱写新的教育华章！

第四节　双导师制 青蓝工程新气象

十年树木，百年树人。

——《管子·权修》

党的十九大报告及中共中央、国务院发布的《关于全面深化新时代教师队伍建设改革的意见》《关于深化教育教学改革全面提高义务教育质量的意见》等重要文件都强调了要建设高素质专业化的教师队伍，对青年教师的培养也提出了更高的要求。"U-S"协同模式主张中小学教师与相关专家，共同促进教育理论与实践的发展和教育研究的发展。"双导师制"是"U-S"协同学习模式的一种实践方式，有效应用于教师教学方法的交流与协作，对提高青年教师队伍的教研能力与教育素质具有重要作用。针对此，本小节将在"双导师制"的实践中，探讨"U-S"协同模式下教师双导师制的开展策略。

一、"U-S"协同模式下的双导师制的概念和实践

（一）"双导师制"的概念和历史背景

"双导师制"是指由两位经验成熟的专家型教师引领青年教师的发展模式。青年教师被称为职初教师，"双导师"被称之为教师教育者。国内学者胥明雨认为新教师或者初任教师亦可称为新手，新手教师是指全部完成职前教育课程，被某所学校聘任且从事教学工作，入职三年内（包括三年）的教师。[1] 康晓伟对中小学教师教育者概念界定为："基础教育阶段的教师教育者主要包括指导师范生教育实习或指导新手教师专业发展的有经验的中小学教师。"[2]

在美国，"双导师制"活动从 20 世纪 70 年代开始引起了广泛的重视和应用，

---

[1]胥明雨.新教师专业发展现状及影响因素调查研究[D].上海：华东师范大学，2013：67.
[2]康晓伟.教师教育者：内涵、身份认同及角色研究[J].教育科学文摘，2012(2)：34-38.

国内的"双导师制"源于一种古老的教育传统，被称之为"师徒结对"，是指师傅对徒弟提供帮助和支持。樊陈琳指出：作为"做中学"的最早形式和最古老的专业技能培训方式之一，学徒制是早期师资培训机构中最主要的培训方式，至今在教师职后培训方面也发挥着难以替代的作用。① 可见，在青年教师与资深教师合作的形式下，通过新手教师对资深教师教学实践的观察、模仿和资深教师的具体指导，逐渐领悟职业的隐性经验或缄默知识，不断掌握专业技能和智慧的培训方式。综上，"双导师制"是青年教师培养的一种特殊模式，通过合理的组织和规划，该模式既可以用于传承文化技能，也可以用于培养青年教师的品格和素质。

基于此，我校的"双导师"是指每位被帮带的青年教师拥有两位指导老师，即校内导师和外聘导师。校内导师是本校某学科经验丰富的骨干教师或其他优秀教师；外聘导师是沙坪坝区教师进修学院高中各学科教研员。为青年教师提供高端理论引领，在师德师风、学科教学、教改实验、论文撰写等方面予以全方位的指导和督促，以促进青年教师在教学实践上的快速成长，提升青年教师教育研究的能力，进而实现青年教师全方位的专业成长。

（二）"U-S"协同模式下"双导师制"的教育教学特点

"协同"是指协调，更加强调合作双方或多方协作基础上的协调，需要协同各方做出同步努力和付出。"U-S"协同模式，是指聚合高校力量，整合多方资源，以协同育人为根本、机制创新为关键、提升水平为核心，组建高校与中小学共创共享的教育共同体的协同教育模式。"U-S"协同模式在教育领域中可以应用在教学设计、教师评价、课程开发、师资交流、资源互补等方面，双方或多方开展深度合作，协同打造高水平教研队伍。因此，"U-S"协同模式下的教师"双导师制"活动是一种教师专业发展的形式，其目的是将具有丰富经验的骨干教师及理论知识丰富的高校专家与学校青年教师结对，共同解决问题和分享经验，从而帮助青年教师提高教育教研能力。"双导师制"作为"U-S"协同学习的重要组成部分，其特点与框架如下：

1. "双导师制"的特点

"双导师制"合作互补。"双导师制"作为一种师徒关系，不同于校园教学中的教师与学生之间的纯粹教育关系，它更像是一种传帮带、传承的关系。在"双导

---

① 樊陈琳. 现代学徒制：我国教师培训的重要途径[J]. 教育导刊：上半月，2003(4)：39-41.

师制"活动中,从学术指导到课程开放,密切的师徒互动使青年教师不仅可以得到师傅的教导,还可以从中感受到师徒之间的互动和沟通,这种关系可以让青年教师更好地接受知识、学习相关技能。

(1)"双导师制"经验传承

"双导师制"活动强调的是实践和经验的传承。在师徒之间,师傅会把自己的教育经验和专业技能传授给青年教师,青年教师往往会通过学习、模仿、实践、反思等多项互动活动来完成帮带活动。与此同时,教师"双导师制"强调教师之间在教育经验、学术知识的互相补充,以达到更全面、更深入和更系统的教学,从而提高学校教育质量。

(2)"双导师制"汇集资源

"双导师制"具有很强的灵活性和个性化,实现了智力资源的汇集。青年教师通常较为精通专业知识领域,但教学经验上较为欠缺。而"双导师制"活动中的师傅们往往是来自教学实践和教育科研一线的精英,有着丰富的资源和经验,这些资源往往可以优化青年教师的学习,甚至可根据青年教师个人成长需求搭建不同平台,从而促使青年教师加速成长。

2."双导师制"的基本框架

"双导师制"的基本框架强调的是组成人员结构的多向化。在成员组成上,采取"校内外结合"的"一对多"和"多对一"组成方式。"一对多"即一名教研员(校外导师)同时负责指导和培养多名青年教师,"多对一"即一名青年教师可以得到多名导师(即教研员与校内优质师资导师队伍)的共同指导和培养。

二、"U-S"协同模式下双导师制的实践

(一)指导原则

双向选择,尊重自愿。指导教师有选择指导对象的自由,被指导对象有认可或弃权的权力,被指导教师在学校提供的同学科指导教师中选择指导教师。

过程监控,结果核定。整个指导重在过程落实,所规定环节双方务必认真履行,指导结果的优劣归属双方。

责利一体,奖优惩劣。指导教师的专项津贴与本项活动开展挂钩,奖惩办法另行规定,被指导对象依据任务完成情况作为是否成为校内合格、骨干教师和区级骨干对象的标尺。

目标引领，跟踪督导。校内骨干，周期三年，年年审核。以指导教师任期作为一个周期，指导教师指导年青骨干教师的终极发展目标，以三年为期限实现，每学年结束，教务处和课程处会依据实情核定指导关系是否继续或更改。

（二）实施策略

1. 确定内容

在"双导师制"活动开展前，应根据青年教师的成长需求制定相应指导内容，以帮助青年教师提升技能或素质，便于青年教师成长过程中更好地规划活动内容和时间，清晰地认识到活动的意义和价值(表3-1)。

表3-1 "双导师制"指导内容

项目	内容
师风师德	指导教师要关心被指导对象的思想，铸造良好的师风师德
学科教学	包括传承教育教学理念和教育教学基本功；备课、上课、辅导、作业批改、测试命题等学科教学的全过程，重点指导教学、学法；说课、评课的方法和策略；现代信息技术等教学手段，并向被指导教师提供相关资料
教改实验	指导教师要积极创造条件，对被指导对象参加课题实验和教改科研，从课题选项、立项、拟写方案、过程实施、结果整理等全程指导
论文撰写	指导教师要协同被指导对象选好题目，认真查新，深入研究，积极撰写。指导教师要对论文质量负责，积极推荐参赛和投稿

2. 实施路径

（1）前期准备

根据学校实际情况，确定需要实行"双导师"制的学科及相关青年教师。此外，还需征求教师的意见和建议，为实施双导师制做好铺垫和准备。在相关准备工作完善后，"双导师制"模式主要通过以下四个环节，开展三年为一个周期的青年教师培养历程。

（2）实施过程

①导师的选聘。导师的选聘主要强调师德和专业能力两方面。青年教师"双导师"帮带工作首次采用了"双导师"模式——校内导师和外聘导师，校内导师由我校具有较高政治素质与高度责任心的骨干教师或其他优秀教师担任；外聘导师是沙坪坝区教师进修学院高中各学科教研员。根据青年教师的发展需求和专业特

长，在平等自愿、双向选择的基础上为每位青年教师至少确定一名教研员导师和一名校内导师。

②明确职责。为保证培养工作落实到位，我校建立了完善的培养制度，明确对导师和青年教师的制度约束、职责要求和工作安排。在具体职责上，教研员导师重在专业技能和教科研的引领，挖掘青年教师的发展潜力，拓展青年教师的发展空间，促进青年教师提升专业能力；校内导师重在师德师风和教学常规的引领，以促进青年教师形成良好的职业道德，尽快熟悉并胜任教学工作。

③发放聘书。为促进"双导师制"模式的推行和落实，我校要求分别给导师、教研员发放聘书，开展启动仪式，明确各自职责、工作目标，以增强各方的责任感和重视程度。

④培养实施。培养实施是"双导师制"模式的主体部分，直接影响和决定了导师职责的履行、培养内容的落地和青年教师专业成长的效果。"双导师制"模式围绕师德师风、学科教学、教改实验、论文撰写等方面的内容，充分发挥团队优势和集体智慧，以课堂为核心，以课堂观察和课例研磨为主要方式，在观察与被观察、追踪与被追踪、评议与被评议的过程中，促进青年教师转变教学理念，提升教学水平，提高专业素养。

⑤后期考核。制订考核评价细则，对导师和青年教师的职责履行情况进行考核和评价。考核分年度和周期（三年）考核。三年后，考核为"合格"及以上的青年教师，即可出师；考核为"优秀"的青年教师，则给予奖励；考核为"不合格"的青年教师，则要继续参加下一周期的培养。导师的考核成绩则与青年教师的考核结果直接挂钩，以青年教师的成长进步反映导师的培养质量。通过这样的考核评价机制，保障导师制的有效运行。

三、"双导师制"教师教研能力的提升方式和意义

教研能力也称为教育研究能力，不同学者对其表述众说纷纭。杨茂庆认为教研能力是一种综合能力，教师不仅需要具备一定的教育理论与方法，还需要具有对教育问题进行分析与解决的能力。[①] "U-S"协同学习模式中的教师"双导师制"，使教师的角色更为明确，即需要一位导师强调学术指导，另一位导师重视教育教学与职业发展的规划指导。

①杨茂庆、孙杰远．聚焦于教育研究能力的教师教育模式探析[J]．教育研究，2012(12)：2

（一）提升方式

1."听"中研，双向互补

听课是每位教师熟之又熟的工作，取他人之长补自己之短是成功路上的捷径，对新教师而言效果显著。听评课是教学研究的重要方式，听评课是学校教研活动中最常见的形式和课堂教学研究的重要方式，自本学年上学期青年教师"双导师"帮带工作启动以来，指导教师人均听课33节，青年教师人均听课68节。听中带研，在导师们的悉心指导下，青年教师从教学中出现问题—发现问题—寻求方法—解决问题，不断体验、尝试、反思、内化，教研工作也就融入课堂、融入教学了。此外，两位导师要从尊重爱护教师的角度出发，鼓励他们积极参与、大胆锻炼、反复思考、勇于质疑，通过多元形式逐渐形成自己的研究思路，发挥创造性。再次，评议时要善于发现教者的闪光点，及时给予肯定和鼓励，同时也不能碍于情面，要做到实事求是，不避丑，使青年教师思路越辩越明、道理越辩越清。最终实现集中集体智慧、改进课堂教学实践、促进教师专业成长的目的。

2."训"中研，专家引领

随着新课程改革的不断深入，现代教育对教师的专业化发展和能力提升要求越来越高，如何更新教师的教育理念和知识、丰富教师的专业素养、提高教师的专业能力，已成为国家和各级教育主管部门越来越重视和亟待解决的问题，从国家示范性项目培训到各省、市、区、县级的各级各类的师资培训活动也应运而生。为贯彻落实党的二十大精神，加快推进区域教育高质量发展，加强教师队伍建设，本期青中"青木红心铸栋梁"党建行动统领中心工作扎实推进，积极对接沙坪坝区教师进修学院红岩党建之紫色阳光行动，以"青木红心"与"紫色阳光"的梦幻联动推动共六期的项目式合作，筑牢教师专业成长平台，增添教师综合发展色彩。一方面，面对面的研讨交流互动既可以及时解决教师教学中的疑问和困惑，为教师的学科教学指点迷津；另一方面也能增加教师的教育理论知识，增强信心，更新思想观念、拓宽视野、丰富内涵，提高教师的专业素养、科研能力，对促进教师专业化发展起到了重要作用。

3."团"中研，同伴互助

建立教学合作机制：双导师制可以促进教师之间的密切合作和交流，不仅可以提高学生的教育质量，也可以帮助教师共同探索和解决教学过程中遇到的问题，进而增强教师团队的凝聚力和向心力。加强教学管理：双导师制可以构建更加科学严谨的教学管理机制，包括教研工作的计划、组织、实施和评估，为教师提供更具体、更系统的指导和帮助，让教学教研工作变得更加有效和高效。

4.“教”中研，实践提升

脱离教学的研究是空洞的，毫无意义。教师在实际教学中随时都会遇到棘手的问题、麻烦、难点，又不能及时找到现成的解决问题方法，这就需要通过大家一起分析研究来寻找解决办法。我校深入课程改革，积极开展“三课”系列活动（青年教师优质课、骨干教师展示课和全校教师研究课）之“青木杯”青年教师优质课系列活动，深耕青年教师专业成长。15节课堂展示课，校内外520余人次教师听课；多样化形式和丰富的活动成果，是青年教师队伍建设“目标明确、路径清晰、效果明显”的印证。“教”中带“研”，不断促进教学手段、方法、策略等多种形式创新，如“同课异构”“师徒辩课”“微格研究”等。持续的课堂教学活动开展促进了青年教师课堂教学能力的成长，提高了教学质量，提升了教师的专业能力。

（二）实践意义

双导师制作为一种教育教学改革措施，具有多方面的实践意义，可以有效地促进教育、教学和教师的全面发展。

1. 整合资源，提高教研效率

整合资源是双导师制实现教研效率提升的一个重要手段。通过结合校内外的教育资源，实现优势互补，提高教研效率。在实践中，整合资源主要包括三点：一是整合校内外的教育资源，如功能室、实验室、讲座、演讲等，以满足青年教师教研方面的需求；二是整合校内外的教师资源，例如邀请其他学科领域的教师参与教研过程，或者与教研员联合指导青年教师，以拓展学生的视野和思路；三是整合青年教师的资源，例如通过青年教师间的合作、交流、互动等方式，充分利用其自身的优势和特长，提高教研效率。总之，青年教师可以借助两位导师的专业知识和经验，获得更全面、更深入的指导和支持。同时，双导师制通常会鼓励校内和校外导师之间的沟通和合作，促进资源共享和交流，提高教研效率和质量。

2. 培养教学技巧，增强教学策略

双导师制鼓励教师进行教育教学理论研究和实践探索，双导师制可以促进教师之间的交流和合作，从而帮助教师拓展教学设计思路，增强教学策略和方法的

多样性。培养青年教师教学技巧、增强教学策略主要体现在三个方面：一是指导教师可以更有针对性地指导青年教师进行教研工作。二是双导师制鼓励学校内外导师之间的合作与交流，这使得教师可以接触到更多优质的教研资源，扩宽自己的知识视野，增强教师自身的教研能力和水平。三是通过双导师制，教师可以得到更为专业和系统的指导和评估，从而帮助他们更好地分析和评价自己的教学设计。另外，双导师制也可以鼓励教师进行教学评价，不断地反思和调整教学设计，以提高教学质量，增强教学策略。

3. 扩展教研思维的广度，延伸教研思维的深度

"双导师制"可以帮助教师深入理解学科本身的内涵和规律，掌握教研方法和技巧，加强教研问题的分析和解决能力，并鼓励教师探索和应用多种教研方法，如案例研究、行动研究、对话式研究等，以培养教师的教研思维能力和创新能力。此外，教师可以把教研思维转化为实践行动，将自身的研究成果应用到教学中，不断改进和创新教学方法和策略，提高教学质量和效果。综上所述，"双导师制"通过加强教学管理和教学合作机制，提高教师教学水平，营造浓厚的教研氛围，有助于加强教师团队建设，促进教育教学质量的全面提升。总之，双导师制可以为教师提供更加开放和多元化的教研环境，促进教师之间的合作和交流，提高教师的教研水平和指导能力，有利于推动教育事业的不断发展和进步。

4. 培养教师的创新思维，提升教师实践能力

在双导师制下，青年教师与指导教师都需要花费大量时间和精力进行教研工作，这也促进了教师的创新思维和实践能力的培养。教师在教研实践中，可以借助青年教师的探究精神和想象力，发掘更多创新点；同时，青年教师也可以通过实践，将自己的理论知识应用到实际教学中，提高教学质量。在双导师制下，教师可以通过参与学生的教研工作，获得更多的在职教育机会。教师可以借此机会进一步深化和扩展自己的专业知识，提高自己的教研水平和教学质量。

（三）收获和展望

历经一个周期的实践探索，"双导师制"青蓝工程助力青年教师成长的成效是明显的，获得了一定专项工作经验。

1. 教师团队意识的增强

提供更全面的指导：双导师制的存在能够让青年教师在教学和科研方面得到

更全面的指导，帮助他们在两个方面都能够得到更好地发展。促进教学和科研的融合：两位导师的指导能够让青年教师更好地将教学和科研融合在一起，从而提高教育教研能力。降低学习成本：双导师制的存在能够让青年教师在短时间内获得更多的经验和知识，从而降低他们的学习成本。提高工作效率：两位导师的配合能够最大限度地利用各自的专业知识和技能，优化教育教研工作流程，提高工作效率。

2. 对"双导师制"教育的启示与展望

在实践探索过程中，我们收获了三点启示。一是强调青年教师的自主学习能力：与传统教学相比，"'U-S'协同模式"强调青年教师在学习过程中的主动性和自主性，这有助于青年教师充分发掘自身的潜力和优势。二是课程的整合性和实践性："'U-S'协同模式"重视课程整合和实践性，通过制定项目和任务，让青年教师在实践中掌握、运用知识和技能。三是强调合作和沟通："'U-S'协同模式"重视合作和沟通，青年教师与指导教师建立良好的合作关系，增强青年教师与指导教师的互动性。

当然，实施过程中也存在需要进一步改进的地方。

首先是"双导师"的选配问题。如何选择具有专业知识和教学经验的双导师并保证其合理分配，需要制定一套严格的制度和规范。

其次是目标考核的问题。"双导师制"的实施效果需要量化评估。因为"双导师制"培养模式涉及多个领域，每个指标的评价效果不同，所以需要建立科学、全面的评估体系。

最后是项目活动开展的问题。"双导师制"是一个全员参与的系统，学校组织"青年教师优质课比赛"系列活动，在论文写作、教学设计、课件制作、试题命制、课堂展示等方面"先培训再比拼"，一定程度上增加了导师和青年教师的负担，需要进行适当的平衡和调节。同时，"双导师制"在培训内容、效果考核、督导方式等方面还需要持续创新。

展望未来，随着社会信息化的不断发展，"双导师制"这种集智慧、集众智于一体的青年教师培养模式将在未来得到更广泛的应用和推广，也必将是学校优化教师队伍建设的必由之路。

第五节 特色三课 课堂教学有质量

三人行必有我师焉，择其善者而从之，其不善者而改之。 ——孔子

为深入贯彻全国教育大会精神，落实《中国教育现代化 2035》的战略部署，围绕《中共中央 国务院关于深化教育教学改革全面提高义务教育质量的意见》《国务院办公厅关于新时代推进普通高中育人方式改革的指导意见》《关于全面加强乡村小规模学校和乡镇寄宿制学校建设的指导意见》及《关于加强和改进新时代基础教育教研工作的意见》，我校通过打造"骨干教师展示课、青年教师优质课和全校教师研究课"为核心内容的特色"三课"，积极构建"U-S"协同模式。由此，本小节将深入探讨"U-S"协同模式下特色"三课"的实施策略。

一、"U-S"协同模式下的特色三课的内涵和实施策略

（一）骨干教师展示课

我国使用"骨干教师"一词可追溯到 1962 年 12 月，教育部印发了《关于有重点地办好一批全日制中、小学校的通知》，对"骨干教师"有了初步的界定。一般而言，"骨干教师"指的是：在一定范围的教师群体中，师德修养、职业素质相对优异，有一定知名度、被大家公认的、具有较为丰富的中学教育经验，在学校的实际教育教学活动中承担了较重的工作量，对教育研究方面有一定兴趣和较为突出的能力，取得过一定的教育教学研究成果，并对一般教师具有一定示范作用和带动作用，能够支撑所在地区或学校的学段或学科教学和教学研究工作的中学优秀教师代表。我校市级骨干教师 8 人，区级骨干教师 18 人，学科带头人 3 人，我校在每学期开展一次骨干教师展示课，目的是充分调动我校市区级骨干教师的教学改革热情，协同构建指向核心素养的课堂教学，精心培育、遴选、推广优秀教学模式、教学案例，展示我校市区级骨干教师不同的教学特色，为广大教师提供学习的机会和交流的平台。

比如在 2021—2022 学年上期以"聚焦核心素养，深化教学改革；立足课堂实践，追求卓越品质"为主题，骨干教师在大主题背景下自选课题，立足常规教学实践活动，重视知识的关联性、整体性，充分贯彻备、教、学、评相统一的精

神，发挥教研组和备课组的凝聚力，为全校师生精心打造趣味性、知识性、思想性、生成性、兼具性的案例。比如在 2022—2023 学年下期骨干教师展示课，学生在多个课堂都在任务驱动中习得学科知识。如杨萱琳老师的英语课《Discover Useful Structures》，围绕"青木农场"构建情境，组织学习；景治龙老师的生物课《果酒和果醋的制作》，以制作果酒果醋为探究问题，完成了传统发酵食品的制作；王老师的地理课《全球联系的初步建立与世界格局的演变》，探究人口迁移与物种交换，总结了商品世界性流动对世界经济的影响，设置辩论问题，凸显了当代青年的担当意识和时代精神；刘老师的道德与法治课《品鉴电视剧〈三体〉——体验我们的情感世界》，以《三体》为载体，创设品鉴情感、复盘体验、拯救计划、创课彩蛋等环节，让学生体验情感，参与其间，实现责任意识的觉醒和公共参与的实现。每学期短暂两天的展示课听课次数达 450 人次，最高次数达 700 人次。展虽尽而示无穷，观有止而意未尽，每一次展示都是一次磨砺，每一次亮相都有一分收获。

（二）青年教师优质课

青年教师被称为职初教师，国内学者胥明雨认为新教师或者初任教师亦可称为新手，新手教师是指全部完成职前教育课程，被某所学校聘任且从事教学工作，入职三年内（包括三年）的教师。[①] 康晓伟对中小学教师教育者的概念界定为："基础教育阶段的教师教育者主要包括指导师范生教育实习或指导新手教师专业发展的有经验的中小学教师。"[②]为全面促进青年教师快速成长，进一步提高我校青年教师教学教研水平，努力造就"爱岗敬业、严谨笃学、乐于奉献、与时俱进"的新时代教师队伍，通过重师卓越杯、银龄专家、市区级教研员视导等形式，每学期举行一次青年教师优质课大赛活动，参赛对象是教龄在五年以内的青年教师，比赛内容有论文比赛、教学设计、课件设计、现场赛课四项内容，其中三年以内教龄的青年教师需四项全部参加；五年以内教龄的教师参加论文比赛、教学设计、课件设计三项，不参加现场赛课。比赛项目内容丰富，一般周期为一学月。参赛青年教师根据自身情况，自行确定不超过一名教师作为指导老师。

在学校统一指导下确定青年教师优质课大赛主题，比如在 2020—2021 学年

① 胥明雨.新教师专业发展现状及影响因素调查研究[D].上海：华东师范大学，2013：67.
② 康晓伟.教师教育者：内涵、身份认同及角色研究[J].教育科学文摘.2012(2)：34-38.

下期以"教材单元教学背景下聚焦核心素养指向学生发展的教学实践探索"为主题。学校召开青年教师赛课动员会，使青年教师知晓活动的要求、目的和希望。然后在学校的支持和课程中心的协助下，我校在论文比赛、教学设计、课件设计、现场赛课四项比赛前会开展两次主题式的培训会。培训的专家是来自大学的教授、市区级教研员、重庆市名师等。比如在 2020－2021 学年下期的培训活动中，邀请到了重庆市高中地理学科名师、重庆市骨干教师、重庆市市级地理课程创新基地主持人、重庆市教育学会地理专业委员会常务理事兼副秘书长、重庆地理学会地理文化与科普委员会副主任委员陈道华老师带来题为《精研细磨、力求卓越——例谈优质课堂的设计》专题培训会，也邀请到了沙坪坝区教师进修学院张林老师题为《中小学教师撰写论文的基本策略》的专题讲座。青年教师了解了优质课设计的关键，更树立了"终身备课"的观念，在平时就要善于发现，积累教学素材，备课时自然水到渠成。同时也了解到了论文写作的三条基本原则、论文写作的常见策略、论文的基本结构三方面，直接切中青年教师论文写作过程中的要害与问题，让我们在论文撰写的实操中能有效规避这些问题，在自身成长过程中能少走弯路。

青年教师完成论文撰写、教学设计、课件制作后的最后一周进行青年教师现场示课。最后对青年教师的论文比赛、教学设计、课件设计、现场赛课四项比赛进行评比。各单项比赛分设一、二、三等奖。

（三）全校教师研究课

为进一步丰富校本研修氛围，持续深化课堂教学改革，全面提升教育教学质量，打造立足校本学本、具有新理念符合新要求、知识与能力并重的优质课堂。通过银龄专家、市区级教研员视导、南开中学引领下的集团活动、重庆市学科名师等形式与全校教师构建新时代建设中学高水平教研队伍的"U-S"协同模式的双向教研，持续深化课堂教学改革，促进学校研究课常态化、制度化。在学校的支持和教务处的统筹安排下每学期开展一次以备课组或教研组为单位的研究课。

全校研究课的基本活动流程为：首先，研究课上课教师通过备课组教研活动提前确定好研究课主题、上课班级、磨课时间，提前备课，在备课组的交流下认真撰写单元课时教学设计。其次，研究课磨课上课教学过程中，上课教师须为每位听课老师准备一份教学设计，听课教师认真记录上课教师的教学内容，特别是做好闪光点和问题及其建议的标注。研究课教学结束后，教研组或备课组须开展有效的研讨活动，上课教师认真反思，做好每位老师的意见收集，提升教学水平。最后，各学科教研组长和本组内骨干教师作为评委对本学科组内的教师的教学设计进行评比，并设置了一二等奖。

每学期有近180人上课，听课人数达600人次。优秀教学设计按比例评选出近35份进行推广学习，在教研组和备课组组织下的研究课加深了组内教师的感情，提升了团结协作优化教学的能力，真正强化了教研的能力。

二、特色"三课"是助推校本教研和教学质量提升的主要方式

（一）让教师主动参与课堂教学

学校着力让"四定三有两能双促"（"定时间、定地点、定主题、定中心发言人""有备案、有实效、有成果""教学资源能分享，教学质量能提升""促进师生共同成长"）校本教研成为新常态，将"青年教师优质课、骨干教师展示课、教学常规研究课"活动序列化，课前聘请专家落实专题培训，课中邀请名家进行现场把脉，课后由名家进行点评指导，让教师在课堂教学实践中增强教研意识、提升教研能力，为学校高质量发展提供智力支持和人才保障。备课组共同设计班级，由一名教师负责授课，然后集体评价，这种评价不再是对一个人教学的评价，而是对大家总体教学设计的评价，这在很大程度上缓和了教师的教学气氛，将别人的课堂评价完全转变为自主教学设计评价和集体设计评价。为了提高教师教学的有效性，可以应用观察法，因为观察法是一切研究的基本方法之一，也更适合课堂研究。学校教师应该积极参与他人的课堂，仔细观察和聆听，并以自身的教育理念来评估他人的课堂表现，从中汲取有益于自身的经验教训，同时也可以与授课者进行深入的思想交流，以期获得新的教学理念。应该记录下他人的课堂情况，包括授课者的姓名、时间、课题、教学方法、教学效果、学生的反馈等，以便进行深入的分析和比较，为课堂研究提供宝贵的意见。

（二）让骨干教师与青年教师结对成长

针对青年教师，我校实行"双导师制"，即指每位被帮带的青年教师拥有两位指导老师，即校内导师和外聘导师。这是青年教师培养的一种特殊模式，通过合理的组织和规划，青年教师与骨干教师合作的形式下，通过新手教师对资深教师教学实践的观察、模仿和资深教师的具体指导，逐渐领悟职业的隐性经验或缄默

知识，不断掌握专业技能和智慧的培训的方式。其中，校内导师是本校某学科经验丰富的骨干教师或其他优秀教师尤为重要，为青年教师提供高端理论引领，在师德师风、学科教学、教改实验、论文撰写等方面予以全方位的指导和督促，促进青年教师在教学实践上的快速成长，提升青年教师教育研究的能力，进而实现青年教师全方位的专业成长。结对有利于整合校内外的教师资源，建立教学合作机制，可以促进教师之间的密切合作和交流，不仅可以提高学生的教育质量，也可以帮助教师共同探索和解决教学过程中遇到的问题，进而增强教师团队的凝聚力和向心力，也可以构建更加科学严谨的教学管理机制，包括教研工作的计划、组织、实施和评估，为教师提供更具体、更系统的指导和帮助，让教学教研工作变得更加有效和高效。

（三）构建人才培养的全链条体系

注重与高校合作，通过开展"U-S"协同模式，加强高校和学校育人协同，系统构建人才培养的全链条体系，对更好地发现、选拔、培养拔尖创新人才将产生深远意义。在"U-S"协同模式下我校开设重庆师范大学语文实验班，进行双效培养。通过结对子、育苗子，打通对接"最后一公里"。重庆师范大学的每位师范生分别在本校初中部、高中部各实习 3 个月，周期为 6 个月。培养内容有教学和班主任实习、探索"卓越课堂"的建构模式、"语文教育前沿引领"与"语文教学实战研究"课程讲座、开展微型课题研究，并撰写教研小论文等。我校的师生可以通过此平台到高校研学。

（四）用活外部资源开展联合教研

我校作为重庆市南开中学共同体集团校成员，确立了"立足校情，放眼未来，改革创新，互融互鉴"的发展思路，南开中学校级领导、行政干部、各学科教研组长、名师等纷纷走进我校，通过授课、讲座、微课堂、球类竞技等形式深度交流；我校行政干部、骨干教师和青年教师赴南开中学进行跟岗学习，全过程性地参与教学和管理的方方面面。我校每学期都会邀请市区教研员、共同体银龄专家和名师走进课堂，为各教师教学把脉诊断，精准施策。通过听课、评课、研讨等形式对教师的教学设计、教学过程、学生的课堂反馈进行逐一点评。我校教师认真记录点点滴滴，反思教学过程中的问题，发现教学的亮点，认真落实指导意见，不断强化教学功底，深耕教学课堂，做有质量的教育，创有深度的课堂。

三、特色"三课"的实践意义

（一）优化教育教学的有效路径

我校立足课堂教学，充分调动"青年教师、中坚教师、骨干教师"的积极性，以"理念更新、教学设计、信息融合、资源开发、课堂呈现"五维能力提升为目标。优化"青蓝工程"，聘请校内骨干和校外专家作为成长导师，启动"双导师"带教新模式，助推青年教师成长。组织开展"特色三课"，将"青年教师优质课、骨干教师展示课、教学常规研究课"活动序列化，课前聘请专家落实专题培训，课中邀请名家进行现场把脉，课后由名家进行点评指导。让教师在课堂教学实践中增强教研意识、提升教研能力，为学校高质量发展提供智力支持和人才保障。

（二）提升教师对自身角色的深度思考

一是骨干教师对"教育教学的行家、名人"有了更深层次的认识，是教学研究、集体备课也是中心发言人。通过骨干教师展示课希望广大教师充分把握机会，虚心请教、主动作为，不仅要学"教书"的"术"，还要悟"育人"的"道"。发挥辐射引领作用。二是青年教师对自身定位有了新的认识，青年教师优质课将内部挖潜与外部供给相结合，打通校内校外两条路径，深化校内青蓝工程帮扶、强化校内备课教研合作、优化校外专家引领指导，促进教师队伍建设由"单一带教、自主学习、实践为主"的传统模式向"专家引领、团队协作、理论寻根"的新模式转变；让教师成长目标明确有期待、路径清晰有信心、效果明显有监测，使青年教师成长培养工作真正做到落地生根，以优秀引导优秀走向卓越。全校研究课做到点到面的转化。

（三）提高教师教学方式的创新性

一个富有创新性的教师，应该以学生的思维能力是否得到加强为首要目的，而不应该以分数为中心。在教学思想上应摒弃以传统传授知识为主的观念，树立培养学生思维能力为主的思想，这有助于提高教师的创新意识。每一堂课，每一位老师都需要花费大量时间和精力进行教研工作，不断接受新的思想，保持创新心态，这也促进了教师的创新思维和实践能力的培养。教师在教研实践中，可以发挥骨干教师的有益经验，借助青年教师的探究精神和想象力，发掘更多创新点；同时，青年教师也可以通过实践，将自己的理论知识应用到实际教学中，提高教学质量。

一花独放不是春，百花齐放才是春。学校立足课堂教学，充分调动"骨干教师、青年教师、全体教师"的积极性，教师的角色转变为集体教学设计的实施者和执行者，心理负担大大减轻，参与活动的积极性自然提高，有利于促进教师的专业成长，并按照教师的教学目标突出学习的重点和难点，做到让学生在整个学习过程中能学到更多有针对性的内容，保证学生真正学到知识。

第六节　送培到校　构建研修新生态

横看成岭侧成峰，远近高低各不同。不识庐山真面目，只缘身在此山中。

——苏轼

百年大计，教育为本；教育大计，教师为本。2018年1月20日中共中央、国务院发布《关于全面深化新时代教师队伍建设改革的意见》，文件深刻指出"教师承担着传播知识、传播思想、传播真理的历史使命，肩负着塑造灵魂、塑造生命、塑造人的时代重任，是教育发展的第一资源，是国家富强、民族振兴、人民幸福的重要基石。"2019年2月中共中央、国务院印发《中国教育现代化2035》，针对教育高质量发展，部署了十大战略任务，把"推动各级教育高水平高质量普及""建设高素质专业化创新型教师队伍"作为落实教育现代化的重要任务。我校全面贯彻党的教育方针，落实立德树人根本任务，立足"U-S协同模式下中学教研队伍建设"，积极对接沙坪坝区教师进修学院红岩党建之紫色阳光行动，开展整校提升定制式联合培训项目，践行新课程、新教材的理念和要求，加强教师队伍建设，搭建教师专业成长平台，为教师全面发展增添色彩。

一、问题导向，聚焦教师队伍建设的发展之困

重庆市青木关中学校是一所具有悠久历史的市级重点中学，风雨兼程的办学之路，凝结了"尚志 博学 慎思 笃行"的青中校训，铸就了"育人育己 实干豁达 德高艺精 爱满青中"的青中师魂。学校现有正高级教师1人，高级教师25人，市级骨干教师6人，沙坪坝区学科带头人5名，骨干教师10名。骨干教师队伍教学经验丰富，教学理念先进，有较深厚的教育理论功底。学校依托骨干群体优

势，发挥他们对青年教师的辐射引领作用，带动青年教师的快速成长，推动学校师资队伍质量快速提升。

然而，不足也很明显。一是容易引发职业倦怠。由于我校教师队伍主体处于"熟练期""经验层"，教学新鲜感已然丧失，还可能因长期重复劳作产生机械感和排斥心理，进入困顿的"高原期"；二是专业发展滞后。由于教学手段陈旧，教学理念落后，基本采用传统的教学方式，一张嘴、一张黑板、一支粉笔是教师上课的常态写真，教师专业发展动力不强，教学创新能力不足。三是教师培训效能不佳。由于职前职后培训方式单一、自身培训学习意识不强，导致教育教学质量下降，严重制约学校素质教育均衡发展，阻碍教师队伍内涵建设。

二、强基固本，筑牢教师队伍建设的关键环节

核心素养是 21 世纪全球教育领域共同关注的话题。教师这一角色承担着教书育人的重要使命，为了呼应学生核心素养的培养，教师核心素养应运而生。教师核心素养的培育，包括教学设计、组织、实施，评价并调整教学策略，包容不同文化背景的学生、社会实践、信息技术等，促进自身专业发展的一系列不可分割的整体素养。为了培养教师核心素养，学校积极对接沙坪坝区教师进修学院，坚持以问题解决为中心，开展"送训到校、精准施培"整校提升定制式联合培训。

作为培养未来人才关键素养的教师核心素养，不仅应该从教师本身的角度讨论，而应该结合学生的需求与发展来讨论。因此，在培训中我们基于教师的专业知识和能力，立足本校实际，积极探索构建师德高尚、业务精湛、充满活力的高素质、专业化、创新型的教师队伍。

（一）强化思想政治素养和职业道德素养

中学教师的思想政治素养包含政治方向、政治意识和政治信仰。教师应当强化政治素养，树立"四个意识"，坚定"四个自信"，教好思政课程，探索课程思政。同时，教师还应具备良好的品德境界，既要做"经师"，更要做"人师"，保持一颗对教育的热心，用人品、学识、阅历、经验点燃学生对真善美的向往，帮助学生扣好人生第一粒扣子，努力做到教书与育人相统一、言传与身教相统一、潜心问道与关注社会相统一，从而成为学生健康成长的指导者和引路人。

培训中，南开中学张忠碧老师提出从事教育教学工作要具备三大条件：一是保持对教育的"喜欢"，教师对教育事业只有发自内心深处最真挚的"爱"，才能坚

持下去；二是要有正确的"三观"，新时代的教师要明白"为党育人，为国育才"的根本使命，为孩子塑造正确的价值观、人生观和世界观；三是要有乐观的心态，教师只有学会管理自己的情绪，才能得当地处理教育教学中遇到的复杂问题。

（二）提升学科专业素养和教学实施素养

教师不仅要熟悉学科知识的过去和现在，还要了解学科知识的未来。在掌握学科基本知识的同时，及时关注学科知识的最新发展动态。同时，还需要从教育实践中反思和总结自身的教学经验，掌握教学技能，形成教学技巧，提炼教学艺术。学者未必是良师，新时代的中学教师应当具备多种教学实施素养，做到善于选择教法、善于教学设计、善于课程开发、善于教学实施、善于教学探索。

培训中，南开名师杨彦虎老师立足"双新"背景，分享高中语文单元教学设计与实施的妙方。首先从理论出发，谈设计与实施的依据；其次以高中必修下第六单元为例，给出具体的高中语文单元教学设计与实施的三步策略：一是依据课标，精研教材，确定教学任务；二是依据教材，分解任务，设计教学方案；三是依据高考，关联考点，编制检测内容。

（三）提高信息技术素养和创新创造素养

随着中小学教师信息技术应用能力提升工程2.0的深入实施，构建基于课堂、应用驱动、注重创新、精准测评的教师信息化教学能力发展要求逐步提高，中学教师应当逐步适应集无线通信技术、情境感知技术、海量数据挖掘与分析、智能交互技术有机联合的智能教学课堂。面对网上海量信息，教师应当具备分析辨别能力、资料检索能力、数据支撑能力，驾驭信息技术和人工智能技术，改进教学，提升工作效能。在"互联网＋"环境下，教师要充分发挥翻转课堂、慕课、微课作用，促进课堂内外、学校内外结合，提升学生多方面的能力。

培训中，南开中学王爽老师分享了新时期在线精品课程建设的认识，从课题的选择、课件的制作、学习任务单等方面分享了制作基础教育精品课的注意事项；从环境设置、设备准备、个人形象等方面说明了基础教育精品课的录课要求；从软件选择、视频编辑、制作方式等方面讲解了基础教育精品课的过程经验。王爽老师强调数字化教学对个人而言，是一种职业指向，帮助教师提升个人素养；对社会而言，是一种发展方式，助力现代化新重庆建设，实现共建共享建立"一朵云""一张网""一本账"。

（四）优化教学治理素养和实践反思素养

教育是与人交往的工作，新时代中小学教师要提升教育治理能力，就应保持好奇心和求知欲，刻苦钻研，严谨笃学，不断充实拓展提高自己，站在教学发展前沿，始终保持学习状态。通过反求诸己、终身学习，教师不仅能获得胜任教学的专业知识、广博的通识知识，还能够主动更新教育观念，科学革新教学方法，破解在教书育人过程中所遇到的各种难题，发现新的增长点，超越"教书匠"，成为"大先生"，形成独特教学风格。

培训中，我们邀请到重庆市江北区教师进修学院党委书记李大圣做了《为未来而教，为未知而学——教师必备的课程教学视野》专题讲座。李大圣老师指出学生的一切活动都是在素养立意的前提下发展的，刷题时代已经过去。李书记聚焦"为什么学""学什么""怎么学"，从"教学的逻辑必须基于学习的逻辑、新课程教学是基于素养导向的学习逻辑、新课程教学改革聚焦学习方式变革、展望课程教学的未来图景"四个方面进行全面、细致地讲解，高屋建瓴，旁征博引。李大圣老师提到人生而为人，"自我反思、自我定义、自我筹划和自我行动"的学习意志天生就有，如同肌肉，与天俱来。它唯一需要的是通过运用来拓展范围，激发潜能。作为教育者，我们最重要的就是成为陪伴学术、锻炼学生学习意志的人，最终发展他们成为自由心智的知识分子。

三、多措并举，推进教师队伍建设的保障措施

（一）加强管理，落实机制保障

明确责任主体，加强组织领导。建立"教委—进修学校—学区共同体—学校"四位一体教师专业发展保障机制。立足校情，通过管理规划、专业制定、校本研修一体化实施，打造校本研修专业发展新生态。其中，区教委在政策制定、顶层谋划、协同机制等方面发挥主导作用；区进修学校在培训理念、培训方式、培训资源等方面发挥重要作用；学区共同体领军学校在培养理念、师资培养、资源共享等方面发展引领作用，支持我校教师专业发展，提升学校整体教育教学质量。学校设立以校长为组长，分管副校长为副组长，部门负责人和学科教研组长为成员的工作小组，制定完善专项工作机制，落实顶层决策，各科室密切配合、主动履职尽责，共同为教师队伍建设营造良好的环境。安排专项人员对培训工作进行

过程资源管理和发展评估，及时发现问题、解决问题、调整部署。

（二）搭建平台，落实师资保障

学校依托进修学院的培训资源以及学科优势，立足本校教研情况，基于教师阶段发展的特点，整合多方资源，邀请教育大家、行家、专家开展讲座，为中学教师教学提供高端理论引领和实践指导，推动"U-S"双向教研，创新学校教研活动，搭建学习平台，鼓励参培教师与教育大家、行家、专家之间及时沟通交流，解决实际问题。学校将不断优化方案、保证培训质量，以此达到实用、实在、实效的"三实"目标，让各教研组能开展高质量的校本研修。

（三）加强激励，落实经费保障

把握客观条件，发挥主观能动性，为培训项目的开展提供充足的财力保障，加大教师培训经费投入力度，提升教师教育保障水平。学校从年度公用经费预算中申请教师培训专项经费用于教师培训，也积极争取社会支持，建立多元化筹资渠道，不仅满足课程实施、师资培训、教学研究、课程评价等需要，也用于优化软件升级，保障硬件支撑。

（四）优化课程，落实时间保障

坚持"老师需要什么，我们就培训什么"的原则，结合学校和教师实际，经过广泛调研，征求教师培训需求，结合重点工作和中心任务，制订教师教育培训计划，采取"菜单选学＋差异定制"方式，根据不同类别、不同层次、不同岗位教师的特点，分门别类制定培训班次，优化课程设置，统筹安排各期培训，并建立培训台账，清单化、项目化推进各类培训班次有序开展，切实做到培训主体明、培训时间定、培训人员准、培训内容精、培训方式活、资金保障强。例如，在培训课程设置方面，学校在培训第一期中将习近平新时代中国特色社会主义思想作为教师教育培训的必修课，突出理想信念和职业教育，增强教师职业幸福感。在第二期持续强化学科理论知识和实践技能，力求做到"实际与实用"，提升培训针对性和实用性，把大水漫灌变成精准滴灌。

四、减负增效，达成教师队伍建设的实施成效

一是培训实践课题化。学校课程中心以"送训到校、精准施培"整校提升定制

式联合培训工作为切入点，积极推进"U-S"协同模式下中学教研队伍建设课题研究，教师围绕学校的重点项目或课题研究成立各组室的子课题进行研究，创设浓厚科研氛围，构建研究共同体，开展"三新"研究、校本课程建设、课堂教学改革、教师专业发展等，大力推进教师队伍建设，增强课堂教学实效，提升教师专业素养，引领教师从教书匠向研究型教师转变。

二是教师成长迅速化。培训课程的设置，不仅满足了教师个体专业发展的愿望，给教师们更大的选择空间和自我管理的空间；也营造了浓厚的研修氛围，促使教师自主找到自我发展的目标，激发教师专业内驱力，促进自身专业能力的提升。因此，在培训过程中学校在德智体美劳五大赛道全域发力，全员攻坚，全面见效。2023年2月至今，学校共获得集体荣誉14项，个人荣誉34人次，3个课题组积极申报沙坪坝区教师成长课题，3个课题组积极申报市级课题的立项论证。同时，大批量的新任教师得到了成长，青年教师得到了引领，优秀的骨干教师得到了提升，各种赛课、各类论文和各校小课题教研都取得了丰硕的成果。

三是课堂提升优质化。培训是种福，培训项目向整校推进后，学校全体老师将培训所得带进课堂中，用到教学里，使课堂模式、课堂结构、课堂效果发生改变，促进了教学相长，提升了自己日常教学的高度与深度。例如在青年教师优质课大赛中，教师利用培训所感所悟，深入钻研新教材、贯彻新课标、融合新技术，探寻改革新路径，深刻把握大单元教学理念，依据课标，设置学习目标，对课本知识整合，充分挖掘教学资源，设计"问题链"，激发学生学习热情，真正打通"思维链"，促进学生深度学习，使得课堂精彩不断，好评如潮。

求渠探源拨迷雾，化得活水润青山。面向未来，学校将基于"U-S"协同模式，探索教师队伍建设新路径，继续把"育人"放到学校教学工作首位，把教师专业发展放到学校发展的首位，关注影响教育教学质量最基本的要素，从理念到行动，正本清源，加以改进，凝心聚力，奋发有为，促进教育生态继续持续向好，促进教学质量稳步提高，办人民满意的教育。

第七节　项目引领　多措并举促成长

书不记，熟读可记；义不精，细思可精；惟有志不立，直是无著力处。

——朱熹

随着经济的发展和社会的变革，高质量的教育对教师队伍的高质量发展提出了更高的要求。各国先后出台各项政策和计划，并实施开展各个项目来实现卓越教师的培养。例如，英国启动"培养下一代卓越教师"，德国推行"卓越教师教育计划"等。我国教育部也于 2014 年和 2018 年，先后分别颁布了《关于实施卓越教师培养计划的意见》和《关于实施卓越教师培养计划 2.0 的意见》（以下简称《意见》），《意见》明确指出要培养造就一批教育情怀深厚、专业基础扎实、勇于创新教学、善于综合育人和具有终身学习发展能力的高素质专业化创新型中小学教师。

骨干教师学习能力强，是一群具有扎实的学科基本素养、良好的人际沟通能力以及突出的教育教学业绩的教师，是中小学基础教育教师队伍里最具专业发展潜力，能最快成长为卓越教师的群体。但是对于一个地理位置较偏的乡镇中学而言，骨干教师的成长发展也常会产生"瓶颈"。由于主客观的多重因素，许多骨干教师专业发展缺乏明确路线和指导方向，教师队伍建设大多处于停滞期。以重庆市青木关中学校为例，在校市区级骨干教师所占比例仅为 11%，其中 45 岁以上的骨干教师为 80%，正高级教师仅有 1 人。如何让更多骨干教师进一步发展，在所属学校就能实现持续的专业发展，终身学习成为卓越教师，力求实现城镇教育质量的均衡化，都是值得思考的问题。

1977 年，德国物理学家赫尔曼·哈肯（Hermann Haken）创作的《协同学导论》中提出了"协同理论"。这一理论指出，系统的有序性是系统有序结构的内部作用结果，需要依靠系统内各要素之间的相互协调、共同作用。后来这一理论被引入教育领域中，指参与到教育系统的各个子系统之间相互独立且相互合作，从而产生良好协同作用，促进教育系统良性的发展。"U-S"协同模式，是指高校与中学协同培养人才的模式，可以较为有效地解决骨干教师发展中遇到的各类问题。

一、目标驱动，多维激发

骨干教师相较普通教师在专业发展上有一定优势，但经过多年一线教学和管理，难免出现教育教学固化现象，对职业如何进一步发展出现迷茫，如何成长为"专家型"卓越教师也缺乏明确路径。在"U-S"协同模式下，骨干教师成长有了新的发展途径。

1. 榜样引领，定制成长（理论）

骨干教师较普通教师有较强的学习能力和实践能力，但存在着理论知识不足的情况，平日工作繁忙也较少有时间阅读理论书籍。课题组对学校骨干教师开展了阅读书目的问卷调查，结果见表 3-2。

表 3-2　骨干教师阅读书目的问卷调查结果

理论专著、期刊	育儿类书籍	生活类书籍
2.8%	13.2%	11.8%

针对以上情况，学校积极联合高校专家进学校定期开展专业讲座和联合教研活动，每月高校专家"青木讲坛"的开讲以及市区级教研员进校视导，不仅促进了骨干教师的专业成长，开拓了其理论眼界，还在职业规划上结合个人成长经历给予骨干教师榜样的力量和个人发展"定制式"的建议。

同时，近两年来，在学校的大力倡导下，大约有十名骨干教师已经加入了市级名师工作室，工作室主持人在高校兼任硕士生导师，也可以作为骨干教师专业成长的"榜样"。以名师工作室为依托，形成专家和学员"U-S"协同模式，定期召开侧重理论学习的读书分享会和基于专业理论架构的教研活动，构建了"理论—实践"和"实践—理论"的学习共同体，专家和学员之间互促共进的发展模式。专家进入一线课堂，观察骨干教师课堂实际情况并作有效指导，随后，骨干教师及时反思教学，提炼智慧和经验，修正对教育教学理论知识的理解，专家根据学员表现再做进一步指导。

2. 自我实现，收获幸福

马斯洛心理学提及，人的需求层次有高层次的自我实现的需求。骨干教师如果长期处于职业发展"停滞期"，很快会产生职业倦怠，丧失职业幸福感。为此，激发骨干教师的潜能，让其能顺利成为卓越教师，不仅是建设高质量教师队伍的必经之路，也是教师在职业上自我实现的需求。

其一，与学生共同成长。随着经济的高速发展，在"互联网＋"的时代背景下，学生对知识和信息的接收能力越发增强。获得学生认可的卓越教师，不再仅仅是优秀的知识的传授者，而是能与学生一起成长的学习者。教师卓越与否，学生感受最明显，卓越教师能通过学习发现和发展学生的优点，也能在不断学习中完善自我。在"U-S"协同模式下，通过讲座和课堂，学生也能近距离接触高校专家，启迪科学精神、提升人文素养。学生素养的提升，意味着教师也必须随之调整才能满足学生学习的需求，从某种程度上来说，也实现了教学相长。

其二，与同伴共同成长。"U-S"协同模式下构建的工作室，不仅有专家的引领，还有同伴的陪伴。开展的各类学习和分享展示活动，也能促成同伴间的相互学习、优秀骨干团队的建立，助力骨干教师迈向卓越。头脑风暴、读书分享会、同构异构展示活动、微专题讲座，课前教学设计的探讨、课中各个维度的观察、课后教学反思的形成，同伴间的学习取长补短，互为参照，相互支持。不仅能让教师体验到个人的成长，还有群体成长的支撑，并且这样的研修模式具有辐射性，能让更多一线教师受益。

二、课题引领，"双线"联动

从事课题研究的能力影响着骨干教师的成长，因为课题研究能帮助老师们解决真问题，在课堂实践里不断积淀专业素养。但骨干教师在教学过程中，往往能及时发现各类"问题"，转化为课题研究的较少，这势必会影响骨干教师成长为卓越教师，究其原因，主要包括三个方面：一是课题研究目标，即对问题及范围界定的准确性较差；二是从事课题研究的思路及逻辑不清，课题研究过程及研究方法的设计缺乏科学性；三是视野较窄，建模能力差，运用教育测量与评价技术能力弱，数据处理能力不强。

对于以上的不足，正好是高校专家擅长的领域，中学骨干教师与高校专家的协作，弥补了中学教师的短板。"U-S"的协作，以校级课题为起点、区级课题为辅助、市级课题为目标、国家级课题为总领，从小课题积累，逐渐过渡到大一点的课题，形成了高校专家和骨干教师课题研究的"双线"联动。

一方面，在中学里，倡导骨干教师主动发现，在教学中时刻留意实践中的重点和难点，树立问题意识，通过学习理论，讲究理论与实践结合，从小处着手，思考课题的内容和实施策略。备课组、教研组在日常教研活动中，通过主题分享会、同伴交流、研究课展示活动等明确课题研究的重要性，以及目前教育教学存在的普遍性的问题，也进一步促使骨干教师思考课题的选题内容；另一方面，联合高校专家，优化整合现有资源，在专家的引领下，从课题的拟定、申报、设计研究路径和方法、整理研究过程的反馈与评价，总结提炼研究成果都有了较强的理论支撑和专业指导。在课题研究中，对于出现的问题，骨干教师也能通过与专家线上线下的直接沟通，获得专家直接的指导。骨干教师通过课题研究，完成了整个流程的课题研究的专业学术训练。

学校每年定期举行教育教学学术年会，每个学科骨干教师（课题主持人），会对整年的课题研究情况在全校做汇报和展示，专家有针对性地指导和点评，让其他参会的老师也受益匪浅，提升了课题的辐射度和影响力，也激发了其他老师参与课题研究的兴趣和热情，从事课题研究的"畏难"情绪得到了缓解，在学校形成了良好的学术氛围。同时，骨干教师们还积极将研究成果运用到教学实践中去，实现"在研究中进行教学"与"在教学中进行研究"的二者合一（图3-1）。

在这个过程中，高校专家和中学骨干教师形成了"双线"联动，借力课题研究，加强了骨干教师的基础学术积累，开拓了学术视野，形成了"理论导师＋实践导师＋骨干"组成的三级学习研究共同体，共同体制订了"增强教师专业素养、提升课题研究能力"的研修目标。上下"双线"联动，鼓励创新实践，为骨干教师迈向卓越教师提供了更多可能。

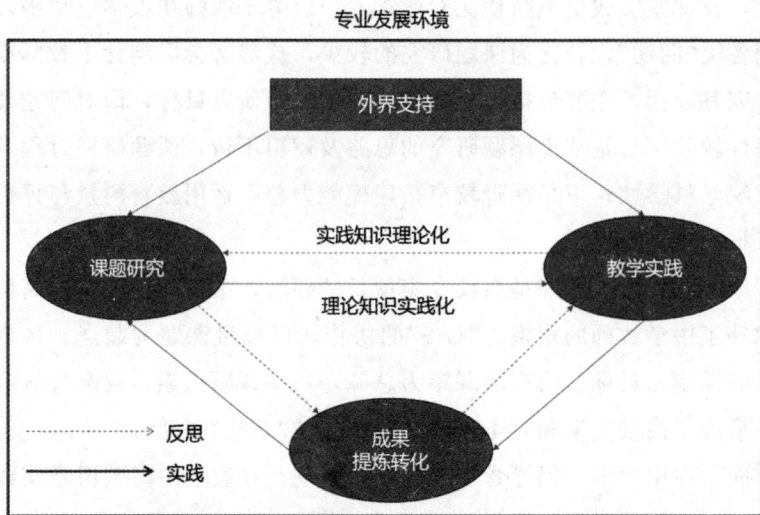

图3-1 "在研究中进行教学"与"在教学中进行研究"

三、项目实践，"三级"互促

课题研究能由内而外促进骨干教师成长，各类项目实践则是由外而内推动骨干教师专业发展。"U-S"协同模式除了让专家进校，与骨干教师面对面交流之外，还整合高校资源，充分搭建平台，与高校联合开展各类项目，给予骨干教师锻炼机会，促其成长。例如，近年来，学校与新加坡高校建立友好关系，在线上开展各类语言类教研活动，邀请友好学校老师为本校师生"云授课"，联合举办运用"双语"展现中国传统文化的师生活动，实施推进中外人文交流项目；与北京师范大学师德建设团队合作，成为师德涵养特色学校，接受项目组高校专家一对一指导，确立了以学习经典为基础，寻求涵养师德师风新路线，全校教师整体联动，干部带头，骨干教师引领，诵读、交流分享心得，开展主题活动，进行学思践悟，启迪心智；与重庆师范大学签订协议，成为卓越教师培养实习基地，重庆师范大学人文学院按照学业成绩成立师范生"卓越班"，每年选派 30 名优秀学生到中学协同骨干教师到班跟岗实习一年。其中，高校教师和中学骨干教师协同培养师范生，包括微课题研究、教学设计、课堂实施、课后反思、主题研修活动开展等。

各类项目包括课题研究、教师培训、专家亲临指导、主题讲座、全面系统学习等，能全面系统地提升骨干教师的专业素养和能力。通过各类与高校合作的项目的设计、申报和实施，也能很快形成骨干教师团队，带动更多一线教师参与其中。项目的开设，经由学校自主寻找，或积极申报和参与各类高校及地方政府的国家级项目。项目申报完成后，学校组建项目核心研修团队，让感兴趣和有特长的骨干教师主动申报参与，学校经过遴选和面试，选择符合条件的骨干教师推进项目的整个实施过程，以及最后的成果提炼总结。每个项目团队基本由专家、名师工作室成员、骨干教师团队构成，形成的"三级"研修共同体（图 3-2），也广泛辐射到"一面"（即一线广大教师）。其中，骨干教师团队由本校的教研组长和骨干教师担任，对整个项目负责。高校专家和名师工作室主要起引领作用。

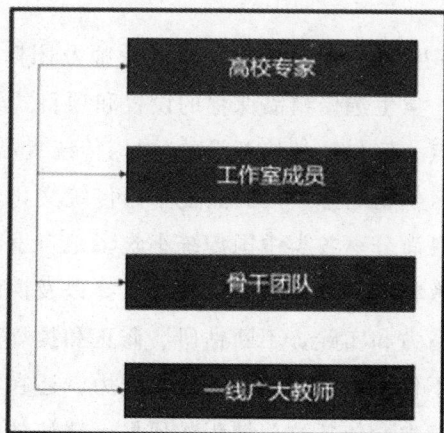

图 3-2　"U-S 卓越教师研修共同体"

值得一提的是，由于项目综合性强，构成的"三级"研修共同体可以是由不同学科的不同专业的教师构成，这样就实现了跨学科联合教研，让平日少有接触的学科骨干教师之间有更多交流和开拓视野的机会，让骨干教师进一步发展成为综合性的人才。通过"三级"互促的方式，以项目为核心，整体联动，自上而下地帮助骨干教师形成独特的教育教学特色，进一步让其成为在本区起带头作用，在全市有影响力、高素质、专业化、创新型的卓越教师。

四、课程研发，多方协同

通过"向内挖潜、向外借智"，"U-S"协同，着眼于课程改革，探索创新能力培养途径，研发新课程，实施新理念，完善课程体系，是一个卓越教师的基本追求。卓越教师的培养也是需要配以优质的师资力量，并以先进的课程为支撑。在培训课程中有序的组织和管理是卓越教师培养的基本保障。

一方面，从外部推动。学校需要帮助骨干教师定制合理的卓越教师培养课程，助力骨干教师的成长。学校首先需要制定适合个体的卓越教师培养方案。为使卓越教师培养方案及实施计划顺利进行，地方政府、高校及中学各个部门必须协同任务分工，以便组织管理。地方政府教育委员会提供各类资源保障，加强宏观管理和指导；中学制订总体方案，负责组织和推荐学员，遴选和面试骨干教师作为培养对象，调整其授课和学习课程安排，保障培训时间和监督课程质量；高校负责统筹安排相应师资力量，协调重要环节例如组织骨干教师外出交流学习等，组织卓越教师培训课程研发，指导实施课程并组织检查评估课程实施结果。

另一方面，从内部生发。要充分激发骨干教师及团队对课程的研发能力，助力其成为卓越教师。学生选修精品课程的设置和项目式学习的推进都是骨干教师研发课程的着力点。例如，学校开设的"中国传统食品制作"选修课，课程的主要授课老师是一名生物老师，因其热爱中国传统文化，对食品制作有其独到见解，乐于学习并崇尚分享各类中国传统小吃，她自发组建团队，从事课程的研发工作。从课程教材的研发、教学内容的选择以及课时的设计安排，她和她的团队投入了大量精力和实践，不断钻研、修正和提炼，开设的选修课程大受学生欢迎，使学生不仅体验到了传统文化的魅力，还在潜移默化中受到了劳动熏陶，锻炼了动手能力。依托这门课程的研发，这位教师从一名普通的一线教师，目前已经获得市级优质课一等奖的殊荣，进入了本区劳动优质教师资源库。课程也在本区域的展示活动中大受好评，成为精品课程。她也从一名学校骨干教师成长为了一名在本区域内较有影响力的教师，向卓越教师的道路上又迈近了一步。

第四章

教研新模式促进学校发展

　　习近平总书记在党的二十大报告中指出："教育是国之大计、党之大计。培养什么人、怎样培养人、为谁培养人是教育的根本问题。育人的根本在于立德。全面贯彻党的教育方针，落实立德树人根本任务，培养德智体美劳全面发展的社会主义建设者和接班人。"

第一节　德育课程建设步入快车道

　　大学之道，在明明德，在亲民，在止于至善。
——《礼记·大学》

　　教育部先后印发了《关于全面深化课程改革落实立德树人根本任务的意见》《中小学德育工作指南》。中共中央办公厅、国务院办公厅印发了《关于全面加强和改进新时代学校美育工作的意见》等文件，对新时代学校德育工作提出了明确要求，更为学校德育工作提供了根本遵循。新时代、新征程，特别是党的二十大以后，学校坚定不移地把"立德树人"作为中心环节，坚决贯彻党和国家关于育人的要求，把思想道德建设摆在首位，将学生德智体美劳的全面发展贯穿整个育人过程，助力青中学子健康成长。

一、学校德育现状的分析

　　青木关中学是一所市级重点中学，目前在校学生有 2900 余人，由于学校地处沙坪坝区青木关镇，属于沙坪坝区唯一一所地处城乡结合的高中；在较长一段时间里，因受地理位置距离中心片区域相对较远、师资储备不足且力量薄弱、德育课程改革起步较晚等诸多因素制约，学校德育课程体系还不能完全适应新时代要求。

　　近年来，在课题"'U-S'协同模式下中学校本教研队伍建设实践研究"的带动下，学校整合附近高校德育专家、区教师进修学院、心理健康指导专业机构等优质资源，集合学校骨干力量，组建了学校德育管理委员会，强化学校德育研究，定期召开德育委员大会，对学校现有德育情况进行了梳理，发现此前学校德育存在的主要问题如下。

　　一是德育目标科学性不够。学校现有德育目标不太切合学生的生活实际和心理特征，时代感、系统性和发展性不强。

二是德育内容不成体系。目前开展的部分德育活动属临时起意或有头无尾，任务性太强，缺乏系统性和计划性。

三是德育措施相对传统或抽象。学校不少德育工作的途径与方法、管理与评价相对老套，针对性和实效性大打折扣。

站在新的历史起点，如何贯彻党的教育方针，践行学校"以生为本，人人成功"的办学理念，在解决现有德育问题中系统构建学校德育体系，建设具有学校特色符合学生身心发展特点的德育课程体系，成为我校德育工作的重大课题。

二、学校德育理念的思考

青木关中学在七十多年的发展历程中，始终坚持党的全面领导，坚持立德树人，逐步形成了"以生为本，人人成功""成全每一个人的成长与发展""尚责育人，责在吾人"的育人理念。

近年来，在沙坪坝区"固本铸魂 整体育人"德育理念的指引下，秉承学校"青木关铸秀，沙坪坝育英"和"尚责育人，责在吾人"的文化内涵，确立了学校以"铸秀育英 明德任责"为德育核心的工作理念。"铸"比喻陶冶、培育和造就人才，"育"引申指按照一定的目的长期地教导和训练，意指德育工作开展需要恒心和毅力，彰显了教育情怀。"秀"和"英"是对德育工作和育人成果的美好期望和工作目标。

在"铸秀育英，明德任责"德育理念的指导下，确立以学校德育委员会为统领，以德育常规为基础，以体验式德育、青木铸秀大舞台、项目化德育为载体的全新德育模式。

(1)体验式德育。体验式德育是现代教育理念的教育方法。它强调体验，注重学生的主体地位，注重教育的过程，着力组织和引导学生全身心地参与实践，用心体验，用心感受，不断把全面发展的要求内化为自身的素质。

(2)项目化德育。学校在国庆、建军、建党等党和国家重要纪念日，春节、端午、中秋等传统节日，校庆、艺术节等校本活动日，组织开展丰富多彩的德育活动，并将活动开展项目化，形成"传统文化浸润德育，日常生活融入德育，学科课程渗透德育"的良好氛围，以更好培养学生良好的道德品质，锻炼学生的坚强意志，养成良好的行为习惯。

(3)青木铸秀大舞台。是在学校德育管理委员会管理下，在学生处、团委的指导下，由学生会、班集体自主组织，利用每周升旗仪式时间，通过诗歌朗诵、演讲、小品、舞蹈、戏曲等形式展示班级风采，让学生实实在在参与其中，发展个人素质，起到德育作用。

三、学校德育课程的基本内容

（一）建构德育课程，形成德育常态

学校的德育课程采用多种教育形式，在德育课程中进行系统的、持续的教育，逐步形成学校的德育课程体系。学校将德育目标有机分解到各个年级，要求各年级根据德育目标和育人主题，整合各学科课程资源，开发系列德育课程。

1. 坚持开发基础德育课程，落实分年级德育教育

学校基础德育课程包括四大维度。一是常规系列教育维度。从学校到年级到班，包括主题班会课、主题教育课、主题讲座，坚持安全教育、环境卫生教育、行为规范教育、人际交往指导等长期性基础校会、级会、班会；坚持升旗仪式、铸秀大舞台、两操、运动会、艺体文化节、社团活动等活动。二是思想政治教育维度。包括社会主义核心价值观、思想道德、法律意识、时政热点等教育内容。三是心理健康教育维度。包括心理健康教育课、生涯规划辅导课、心理健康周等课程。四是社会实践维度。包括新生军训、劳动教育、国际理解教育、社会公益服务、研学教育等课程内容。

在实施过程中，学校将基础德育课程与分年级的德育目标相结合，学校德育课程在各年级突出不同的德育重点。

近三年来，我校从初一到高三，分年级确定目标、组织活动，分层次培养学生责任意识。

初一年级以"关爱自然"为主题，目的是关注自然，坚定对生活的责任意识，制定常规活动和操作载体。第一，研学活动。通过研学活动，让学生"亲近自然"，体验自然之美，领悟"绿水青山就是金山银山"，践行"尊重自然、顺应自然、保护自然"，牢固树立"爱护环境、呵护家园"的责任意识。第二，主题班会。通过主题分享、辩论交流、教师引导等方式，让学生更加全面系统了解环保知识，增强环保意识，明确环保责任。第三，实践活动。丰富学生志愿者活动，主动关注环境保护热点，积极投身社区实践，作环保宣传员、维护社区环境、参与义务植树等。

初二年级以"我是集体一分子"为主题，目的是关注集体，培养学生集体责任意识，制定常规活动和操作载体。第一，主题演讲。通过演讲比赛，让学生把心中的集体想清楚、写下来、讲出来，树立积极健康意识，营造良好集体舆论。第二，服务集体。充分利用军训、运动会、艺术节等活动，以"人人有事做，事事有人做"为原则，有意识地让每个学生参与集体活动、主动为集体服务，真切体验"我是集体一分子"，形成集体荣誉感和集体责任感。

初三年级以"关注自我"为主题，制定以关注自我、培养学生自我责任意识为目的的常规活动和操作载体。第一，主题班会。初三年级，正是学生成长从依赖走向独立的重要转折阶段，通过系列主题班会，让学生在已有体验基础上，客观认识"逆反期"，审视认知偏差，优化自我行为，为学生实现自我价值、健康成长奠定坚实的认知基础。第二，畅想未来。契合学生初中毕业升学，引导学生关注自我成长、进行生涯规划，在学生播种希望的同时，理解个人成长与集体成功、个人成长与社会发展、个人成长与民族复兴，都是内外相辅、联系紧密、互助互惠、共同发展的关系，帮助学生基本建立"依赖型—独立型—互赖型"人格成长闭环雏形。

高一年级以"关注他人"为主题，其目的是从小事做起——在岗位上体验对他人的责任意识，制定了常规活动和操作载体。第一，服务有我。学生进入新学段，利用新班委、团委建立，学生社团招新，学生会换届等契机，开展"服务有我"系列活动，让学生在全面认识自我的基础上，展示自我，在集体中实现自身价值，牢固树立"我为他人做贡献"的服务意识。第二，服务评价。阶段性评价反馈是对学生参与校园生活、实现成长进阶的重要反馈渠道，通过自评、互评、教师评、家长评等多种方式，侧重对学生在"社会参与"方面进行评价，树立先进典型。

高二年级以"关注家庭"为主题，其目的是架设学生与家长进一步沟通的桥梁，让学生在对话中理解父母希冀背后的家庭责任。为此制定了一系列的常规活动和操作载体：第一，一封家书。家长以"给孩子的一封信"为题；学生以"爸爸妈妈，请听我说"为题，围绕家庭的过去、现在和未来这一主题展开对话，充分利用书面语言表达情感，让学生了解家史、知晓父辈走过的路，明白作为家庭承继者应有的责任和义务，把自己的人生设计与承担家庭责任有机结合。第二，亲情表白。在第一项活动的基础上，组织学生与家长的"风雨同舟"活动，围绕"我与家庭"的话题，以独白、对话、讨论为主，穿插以"家庭趣味运动会"为主题的游戏活动，进一步沟通两代人的情感，使学生理解并主动承担家庭责任，并把目前的学习与承担家庭责任联系起来。

高三年级以"关注社会、国家"为主题，其目的是在学生步入成年人行列之际，通过成人仪式，让学生感受生命的神圣与庄严，让成人誓词作为永恒的承诺嵌入每一位十八岁学生的心里。制定的常规活动和操作载体如下：第一，成人仪式。组织开展成人仪式，在学生宣布"我长大了"的同时，引导学生传承和弘扬文化传统、独立思考、记住历史、创造幸福。第二，未来有我。学生即将结束中学生活，回顾过去、展望未来、规划人生等一系列话题现实而沉重，通过系列活动，引导学生独立自主、热爱生活、感恩生命，筑牢家国情怀，领悟社会责任，立志造福社会。

2. 坚持开发学科融合课程，渗透跨学科德育教育

学校坚持课堂育人，重视整合各学科工作，将责任教育在师生共建策略下，融入学校整体课程的建设，将立德树人的根本任务在课堂教学的过程中加以落实。除了思政课程以外，学校尤其强调各学科的育人功能，包括必修课程和选修课程都应当成为培养"全面发展的人"的平台和载体。学校通过引导教师在课堂教学中紧扣学科与学校的责任文化和责任教育的切合点，充分发挥课堂育人的作用，将学校的德育目标渗透到教育教学全过程。比如在历史课中注重弘扬以爱国主义为核心的民族精神和以改革创新为核心的时代精神，开展历史文化周等学习活动，加强家国认同，培养学生的社会责任感。又如在我校开设的精品选修课程《中华传统美食》课堂中，老师领着学生一起学习饺子、汤圆、糖葫芦、豆花等传统美食的历史故事，一起制作传统美食。在课堂中，从认知到制作到品尝，老师持续以优秀传统文化浸润学生心灵，加深学生对祖国历史文化的认识和理解，增强学生的主人翁意识，激发学生的责任心和担当精神。

（二）营造德育文化，渲染德育氛围

校园环境文化是学校文化的重要组成部分，同时也是德育的重要隐性课程，是学校有形的育人载体。

1. 优化校园德育环境文化

我校校园建设结合学校丰厚的历史底蕴，逐渐形成了以"尚责"为特色的校园环境文化。学校的"一像、一亭、一室、一墙、二廊"（行知像、荟芳亭、校史室、音乐墙、读书长廊与文化长廊），移步换景，浸润学生心灵，让学生在实物环境

中感受责任。校大门的"沙坪坝育英，青木关铸秀"、学生公寓墙面的"尚责育人"、四中楼墙面上的"尚志、博学、慎思、笃行"等宣传字，从学校历史、办学理念、学校精神、校训等角度深刻阐述从建校以来学校承担的社会责任；"国中楼""四中楼""温泉阁"等楼栋名字刻印上了学校丰厚的历史；校史主题教育馆"铸秀楼"里陈列的一张张旧照片、旧书籍，这些环境文化都在潜移默化中培养学生的爱校意识、感恩情怀，育人细无声。

2. 挖掘隐性的校园文化底蕴

一是不断发掘青中校史，发挥校史文化育人功能。通过挖掘抗战期间的孕育历史、解放战争时期的成长历史、新中国成立以来的革命奋斗历史，梳理完善校史资料，编制《图说青中简史》等宣传册。学校通过"铸秀育英话当年""宣讲校史、抗战精神月"等校史宣传主题活动，提高学生对学校的认识，帮助学生进一步理解从抗战以来凝练出的责任精神。

二是挖掘青中校友故事，创办校庆特刊。通过对校史名人人生个案的深入探究，不仅有助于学生学会更加理性、全面地看待历史人物，还可以从多个侧面生动地看到一个人的发展演变，培养自己的责任意识。六十年的青中，人才济济。著名地理学家、瑞士苏黎世学院博士生导师许靖华教授，中科院院士周俊教授，原四川省军区司令员张长顺少将，原重庆市外经委主任、重庆著名作家、《一双绣花鞋》的作者况浩文先生，中央电视台原台长黄惠群女士等拥有强烈的责任意识并为祖国做出卓越贡献的人，他们足以为当今学子提供鲜活的人生个案。

3. 探寻教职工的德育自觉之路

抓好教师队伍建设，助推教师发展，其本身就是学校文化的重要内容。学校积极推进德育全员化，德育主体不仅包括班主任老师，更拓展到了学校的全体教职员工，乃至学校的清洁阿姨，都会对学生的价值观和行为方式产生影响。

（三）践行德育教育，养成良好品格

以传统主题活动为载体，传承和创新德育教育。长期以来，学校已经形成铸秀大舞台、社团活动周、社团文化节、科技文化节、艺体文化节、心理健康教育周、成人仪式等多个传统德育项目。在传统主题教育活动中，我们又围绕学校的分年级德育目标确定活动主题。

初一年级：进行行为规范教育，初步建立良好班集体，形成良好的学风和班风，进行爱校、爱家、"五爱"（爱祖国、爱人民、爱劳动、爱科学、爱社会主义）

教育和遵守社会公共道德教育。

初二年级：巩固初一年级成果，利用活动课程开展青春期心理教育引导；巩固"五爱"教育成果，初步推行法制观念教育。

初三年级：着重进行毕业、升学压力教育与引导，开展法制教育，引导树立社会公民的责任意识。

高一年级：引导学生遵守学校和社会规则，进行爱校教育，初步开展生涯规划以及心理健康常识教育；重点培养学生"自我情怀""集体情怀""校园情怀"。

高二年级：激发学生对规则的运用及管理意识，结合活动课程展示，让学生确立清晰的人生目标及实现途径；重点培养学生的"他人情怀""公众情怀""社会情怀"。

高三年级：引导学生做规则的示范者和维护者，强化心理健康，提高解压能力，使学生确立具体奋斗目标；重点培养学生的"国家情怀""人类情怀""自然情怀"。

在活动主题内容的形式上，学校整合多学科活动内容，通过情景剧、朗诵、相声、声乐、演讲等多种形式呈现。结合社会主义核心价值观，逐渐形成了爱国主义教育、集体主义教育、社会公德教育、文明礼仪教育、民主法制教育、人身安全教育、心理健康教育七大价值主题的展示活动。在遵循七大价值主题活动的基础上，我校活动坚持以生为本，将学生现实生活作为主要源泉，遵循各学段学生的发展特点，以密切联系学生生活主体活动为载体，让活动课程生活化、综合化、开放化。

同时，学校注重以重大节日和活动纪念为契机，浸润和弘扬责任教育。传统节日是传承和弘扬中华民族优秀传统文化和精神的重要载体。每年3月的"学雷锋"主题活动，4月5月，学校以清明节、青年节等节日为主线，开展"缅怀先烈，不忘责任""弘扬五四精神，争做有为青年"等主题班会和演讲比赛等活动，增强学生社会责任感。每周一开展的"铸秀大舞台"通过展演传统节日由来故事、经典节日诗词表演、节日重要礼仪习俗展示，将传统节日中的文化精髓融入学生的日常生活。如学生表演屈原的故事、划龙舟歌舞，以纪念端午节，体现对真善美的追求和爱国情怀。

（四）打造德育多样课堂，提升学生本领

（1）校内社团活动。我校目前成立了文学社、演讲社、朗读社、舞蹈社、动

漫社、茶艺社、机器人社团、广播站、环保社、马克思主义学习社等多个学生社团。为提升责任文化的影响力，学校还搭建了校内外平台，开展种类多样、形式丰富的社团展示活动，鼓励社团走出校园参与各类公益活动。学校还以"社团文化节""社团活动展示周"为载体，通过公众号、视频、海报、广播、橱窗等形式拓展社团成果的影响力。

（2）假期"红色之旅"活动。每年的寒暑假和学期中的重要纪念日，学校都结合重庆红色教育资源，坚持开展"红色之旅"社会实践活动。学生在寻访重庆的红色革命遗址、烈士陵园等红色景区的活动中，深入了解重庆这片红色沃土上的革命精神，点燃学生心中的时代使命感和责任感。

（3）志愿者服务。我校成立的"铸秀"志愿者协会在学校前期志愿服务活动的基础上进一步推动了学生服务工作的规范性和有效性。在学校团委领导下，在校内长期坚持"你好，新同学！"迎新志愿者活动、"保护地球"环保宣传志愿活动、"文明青中 礼爱青中"宣传服务活动、"反电信诈骗宣传"志愿者服务、"525 我爱我"心理健康志愿服务等校内志愿者服务项目。同时，学生还利用假期，承担图书整理员、福利院社工、交通疏导员、红色导游等校外公益性服务。学生志愿者在志愿服务中服务他人，体现自身价值，自制自管，不论是责任意识还是自身能力都得到了锻炼和提升。

（4）生涯体验。开展中学生生涯规划教育是贯彻落实立德树人的教育目标、促使学生全面而有个性发展、实施素质教育的重要组成部分，是培养德智体美全面发展的社会主义建设者和接班人的必要途径。学校整合家校社资源，邀请家长、社区、校友、专家等到校参与生涯专题讲座，通过让学生走进企业、工厂、机构等方式，让学生感知职业责任和社会责任。

四、学校德育课程的项目化探索

（一）基于德育委员管理体系的学校德育体系

为适应现代学校建设，加强未成年人思想道德建设，改进学校德育工作，优化学校德育工作，提升新形势下的德育工作实效性、针对性，促使我校德育及德育工作进一步科学化、规范化、制度化，我校特别打造了德育委员管理体系，成立了德育工作委员会。

德育工作委员会是在校长直接领导下组织开展德育研究，协调和实施德育工作和德育课程开发的非常设工作机构，是学校德育工作组织系统的重要组成部分。

德育工作委员会由学校领导、学生处、各年级德育委员和各班级的学生德育委员等有关人员组成。委员会由校长担任组长，分管德育工作的副校长担任副组长，由学生处主任担任秘书长，由年级领导小组德育委员为核心成员。学校要求德育工作委员会所有成员坚持原则，办事公正，作风正派，工作能力及德育水平较高。委员会组成人员名单须经校长办公会审议通过。

德育工作委员会负责对本校德育工作情况进行调查研究，广泛了解教师、学生及社会各方面的意见和要求，定期进行分析，对如何全面贯彻党的教育方针、提高德育实效性和针对性，对学校德育工作的主题教育、学生综合素质评价、班级建设、家长委员会、家长学校、社会实践、社区家校互动等方面提出意见与建议；根据学校德育工作需要，对日常工作中出现的新情况、新问题进行专题研究，提出改进意见或实施方案；指导学校的德育建设与德育工作，协助学校制定德育工作发展规划、德育工作文件，指导相关职能部门做好学期德育工作计划、班主任队伍校本培训计划；从组织管理上确保德育工作始终坚持党的教育方针，从专业素养上引领教师队伍不断革新德育理念观念；同时，对德育改革发展进行针对研究，及时了解国内外学校德育发展动态，确保学校德育工作与时俱进。

（二）基于班主任工作室的德育实践

1. 工作室目标

工作室旨在发挥校内外优秀班主任的示范引领作用，及优秀班主任资源的凝聚、辐射、指导作用，进而推动我校优秀班主任队伍建设，培养青年班主任教师有效成长，推动工作室成员在班主任管理上发挥示范辐射和带头作用，从而形成名优群体效应，促进我校德育水平的提升。同时，工作室力求在一个工作周期内探索出一条"名师带教，传真经"的班主任培训的新途径与新方法，促进我校班主任教师队伍的全面成长，打造一个在沙坪坝乃至重庆市有一定影响力的知名班主任群体。

2. 主要工作实践

（1）定规划，明方向

工作室以一学年为工作开展的小周期，以三学年作为学员培养的大周期，研讨制定了《重庆市青木关中学校铸秀班主任工作室建设方案》、工作室三年发展规划和学年工作室工作计划。每个学员结合自己的生涯规划和学生处班主任工作安排开展工作落实学习，做到每学期至少阅读一本德育专著，至少写好一篇读书笔记，开展一次读书交流活动，以提升管理能力和专业素养。在每学年的工作室总结会上对照生涯规划进行反思，调整生涯规划，更好地指引自己专业成长。

（2）搭平台，练本领

工作室以沙龙活动为主要交流载体，邀请校内优秀班主任参与，成员共同谈困惑说方法，相互学习探讨。此外，还通过班务实作、主题班会课示范、典型案例分析、家访和学习考察等多种形式，线上线下开展班主任工作交流，开阔眼界，改进班主任工作方式，夯实班主任基本功。目前已开展数期主题沙龙活动，邀请了校内优秀班主任郑帅、丁伶俐、曾小燕、蹇忠静分享班级常规管理、班级文化建设和学生心理健康培养方面的宝贵经验。同时，工作室还定期邀请德育专家、名优班主任开展"铸秀"班主任论坛，帮助学员开阔视野，树立正确德育理念，提升德育工作能力等。自工作室成立以来，邀请了重庆市级名师工作室主持人谢菁菁、进修校德育教研员王显锋、心理治疗专家周屹晓、南渝中学名班主任邱子珈、陈小华等到校开展讲座。专家亲临指导工作室成员，在班主任专业成长和班级文化建设方面为成员指点迷津，成员受益良多。

（3）结对子，促成长

为了使新班主任迅速成长，脱颖而出，促其一年上路，两年成型，三年合格，工作室采用班主任带教制度，工作室主持人与校外德育专家共同承担导师职责。同时，工作室还帮助每一位新班主任与校内优秀班主任结成对子，制定《班主任带教工作指南》，从班会课、家长会、常规管理及班级个案指导等具体层面通过以老带新、优化配对、互教互学、共同促进，以师德师风建设、德育课题研究、班级常规管理实作、心理健康辅导作为带教工作重点，发挥名优班主任的示范辐射和带头作用。

（三）基于学生自主管理的学生德育体系

为更好打造学校德育品牌，落实立德树人整体目标，体现人人参与全员德育，让学生在学校能够进行浸润式德育教育，我校努力营造学生全员自主管理的德育氛围，体系的内容及标准如表 4-1。

表 4-1　学生全员自主管理的德育氛围体系的内容及标准

组别	所需人员	区域	责任
文明礼仪岗	6人	校门口	1. 时间：早晨7：00—7：20 2. 注意：①分两列站立；②齐声问好："老师/同学，早上好！"；③绶带方向统一、精神状态好、前胸后背挺直
用餐督查岗	8人	大食堂 小炒部 用餐区 预包装售卖点	1. 时间：早（7：00—7：20）、中（12：15—12：40）、晚餐（17：15—17：40） 2. 重点：①排队维持：食堂前区域提醒同学们不在大食堂前两棵树下吃饭；②所有用餐区域注意地面清洁卫生，纸质垃圾、打翻的饭菜要及时督促学生清理，如无学生请自己清理
校园巡逻岗	8人	足球场 后花园 篮球场	1. 时间：午间（12：15—12：40）、晚间（17：15—17：40） 2. 重点：课间巡察区域内不文明现象和捡拾垃圾。尤其注意提醒同学们不在运动场用餐
清洁卫生岗	8人	四中楼（2—6楼） 国中楼（1—2楼）	每晚6：00到学生处与老师一起检查各班教室清洁卫生，并记录不文明现象。注意：进教室礼貌
两操检查岗	8人	四中楼（2—6楼） 国中楼（1—2楼）	两操（室内眼操、室内课间操）时间，记录是否在做操，多少人未做操；室外课间操不记

（四）基于家校社协同育人模式的德育课程体系

青木关中学校家校社协同育人模式的德育课程体系是以习近平新时代中国特色社会主义思想为指导，以办好人民满意的教育为重任，以逐步实现立德树人根本任务为宗旨，以达成学生终身发展为愿景，以构建家校共育、家校协同教育格局为主题，以家访实践探索和家访模式优化为支撑，立足学校"以生为本、人人成功"的办学理念，着力实现教育品质化、教育服务化和区域特色化，在多年家访活动实践和探究基础上形成的具有学校本土特色、德育研究效应和区域示范引领的新时代学校家访活动实践指导性项目。主要特色和亮点有以下四点。

1. 以传统德育活动为肇始，全员覆盖，形成青中家访的新视点

(1)起步早。率先在沙坪坝内推出全员化家访活动。2014寒假，我校开展了"关爱学生无假期"寒假家访活动，六个年级共三十四位教职工对四十二名区内外不同类别的学生进行了家访，当年在区内作为家访活动的示范校，我校的家访经验被区教委推广。

(2)规模大。持续覆盖不同级段、不同类别的学生和家庭。自2014年寒假家访活动产生了积极影响后，学校调整思路，扩大影响，进一步推出青中月度持续常态的家访活动。学校党委领导、学生处牵头，各年级根据教育过程中的学生和家庭的实际需求，通过班主任和学科教师落实，开展家访活动，力求通过家访活动了解学生和家庭，促进教育手段有针对、有效益，提高学校管理水平，促进学生成长品质的提升。

(3)反响好，在区域内经验再次被推广。2015年后，我校通过持续常态家访活动，教职工全员参与家访活动，赢得了学生和家庭的赞誉和口碑，被家访的学生和家庭得到了学校的密切关注，在区域内，青中依靠家访活动，开启了传统德育时新化、传统活动时代化的新视点。

2. 以实践经验为基础，内化重构，探究青中家访新模式

2015—2020年，我校持续开展家访活动，并不断适应教育新形势和新要求，在实践活动经验的基础上，不断改变思路，调整布局，内化经验，重构理念，探究出青中家访活动的"三必须、五结合"的新模式。

(1)三必须。①必须配备有学校干部、班主任和任课教师的三级团队。②必须准备有访谈提纲、调研表册和在校报告的三类资料。③必须严格做到"不拿不要""不伤不告""不折不扣"的三项标准。

(2)五结合。①长程式家访和短程式家访相结合。"长程式"家访是持续关注某个学生或家庭，定期对该生及家庭进行家访；"短程式"家访是临时重点关注某(类)学生及其家庭。长、短结合，让家访更具实效性和灵活性。②需求式家访和发展式家访相结合。"需求式"家访是根据某生或家庭的具体需求，针对性给予其关注或帮扶的家访；"发展式"家访是根据学生成长和发展所需，对该生或家庭进行关注或帮扶、拓展。此两者结合，立足于解决当前或长远的问题，促进学生健康成长。③"问题式"家访和"服务式"家访相结合。"问题式"家访是指某阶段某生暴露出某具体问题，家访团队带着解决问题的手段或措施进行家访。"服务式"家访是出于服务目的，以化解学业、心理、家庭等方面的困惑，以送教上门、送温暖上门、送文化上门等为目的的家访。此两者结合，重点关注特殊学生、特殊家庭或个别问题学生、问题家庭。④调研式家访和定向式家访相结合。"调研式家访"是为获取学生的家庭教育情况、父母信息或学生生活环境信息等，促进学生在校成长而进行的家访。"定向式家访"是确定被访对象，对其展开教育、引导、帮扶、疏导、解惑、排忧的家访。此两结合，利用发现问题，解决问题，起到针对性作用。⑤共性式家访和个性式家访相结合。"共性式"家访是指对某类学生，定时段、定内容对该类学生进行家访，如，关注贫困留守学生等。"个性式"家访是本阶段根据热点、难点、迷惑点等内容，由班级或年级自己制定家访内容，对学生进行实地、电话或网络等不同形式的家访。如"创文知识进家庭""家庭防疫知识宣讲"等。此两种形式，灵活性强，更简单便捷。

3. 以德育科研为契机，课题研究，推进青中家访科研新常态

学校坚持"无科研不德育，无课题不德育，无经验不德育，无创新不德育"的理念，紧紧抓住家访活动，促进德育课题研究和科研创新。我校在家访工作上举办区级以上交流发言、主题讲座、课题申报、论文写作等活动 30 余次，张校长的《为走进而走近，以合利而合力》家访主题交流报告，结合区内德育主题和育人模式，阐述我校家访成功经验，在区内引起强烈反响；龙森副书记《家访在路上》的经验交流、徐魁副校长《大数据背景下家校社协同育人》的课题研究对我校家访工作进行了深度科学的总结，以家访活动为内容的研究活动筑成我校德育科研新常态。

4. 以内涵发展为目标，关注成长，创生青中家校联系新格局

"不走形式，注重内涵，科学传承，主动创新"是我校近年来所贯彻的德育活动重要思想。家访是传统德育项目，将学校的内涵发展和学生的立德成人、成长成才紧密契合。牢牢抓住"以生为本，人人成功"的办学理念，厚植"固本铸魂，立德树人"的区域德育理念精髓，依靠"全员德育、关注成长"的德育思路，落实"家校协动，聚力发力"的措施。通过持续性、全员性、常态性、创新性、变革性等家访活动，将传统项目赋予新时代教育的新意图，转变传统教育"学校、学生"两极平面格局为"学校、学生、家庭、社会"的四级多维格局，不断了解学生，成全学生，不断争取家庭和社会的认同和支持，在办好人民满意的沙坪坝教育的实践中，树立学校德育品牌，达成办好人民满意教育的任务。

（五）基于"U-S"模式的与高校德育相适应的学校德育开发

在以往的中学教育体系当中对于德育教育的重视力度还是较为薄弱的，特别是在应试教育的影响下中学教育和大学教育始终存在着较大的差距，德育教育更是如此。导致中学德育教育对大学德育教育的茫然性使得绝大多数的中学思想道德教育与大学德育教育脱轨，这样也便难以构成相应的系统化教育链条，无法更为有效地发挥出德育教育的教学价值。因此，青木关中学重视对此方面问题的研究，通过与重庆师范大学、西南大学等师范院校的实习对接工作，基于"U-S"模式开展与学校发展相适应的德育课程体系；以期能够通过中学德育与大学德育的合理衔接为学生的学习和成长带来更多有效的帮助。

(1)确立衔接目标。在展开衔接工作之前，首先便要根据本校学生的思想政治、心理健康、道德品质以及审美情趣等多个方面的需求，作为大学德育教育衔接工作开发的落脚点和切入点。简单来讲，便是初中打基础、高中促成长、大学求发展，以此来分层次的设计德育衔接目标，从而保证中学德育与大学德育的衔接效果。

(2)设计衔接内容。德育的主要目的是通过有效的德育教育来发展人的情感能力、使人类的情感体验得到健全和激发。在青木关中学，各年级的德育教育以"责任"指导方针为实际导向，融入学生学习和生活中，这与重庆师范大学校训"学高为师，身正为范"在整体上是结合在一起的。将我校现实化、日常化和行为化的德育内容逐步过渡到知识化、行为化、价值化的大学德育教育内容。

五、学校德育课程效果的评价机制

学校德育课程构建是一个长期而又复杂的系统工程，需要强有力的管理与评价机制予以保障。

(一)完善管理，精细德育

健全学校德育管理组织机构，形成分工明确、相互协调、全员参与的德育管理格局。从校级到年级到班级，形成了有校级领导、年级领导、普通教师、学生共同参与的各级德育管理领导小组，实现了德育的实效化、自主化、精细化和全员化。在此管理体系下，班主任、教师和学生成了德育管理的主力军，分管校长、德育委员和年级主任协调年级师生参与德育管理工作。

(二)多元评价，激励德育

(1)班主任考评的完善。以校"铸秀"班主任工作室为平台，在广泛征集班主任队伍的意见和建议的基础上，形成了完善的班主任考评奖励制度，推动优秀德育队伍的建设。

（2）学生多元激励方式。对学生采取目标激励，建立学生个人成长档案，从不同方面挖掘学生闪光点。立足学生全面发展，充分发挥年级组学生管理委员会等学生自主管理的力量，驱动学生多元发展。对学生采取榜样激励。在德育活动中充分利用革命英雄、知名校友、社会先贤等教育资源进行榜样教育外，还为学生树立自我榜样。每学期评选"学习之星""内务之星""文明之星""艺体之星""创造之星""环保之星"等多种类型的优秀学生，对学生实施综合性评价。

（三）全员参与，拓宽德育

校外，家校社三位一体，深化协同育人。近几年，学校坚持开展"家访，在路上""家长进校园""家长讲坛"等多种形式的家校共育活动，产生了良好的社会反响。在拉近家校关系的同时，也将学校的"责任"文化传播到千家万户，使家庭、社会成为学校责任教育的重要支撑。

校内，抓好教师发展，推进全员德育。学校秉承"人人都是德育工作者"的理念，抓好教师队伍的师德师风建设，做到"学高为师，身正为范"，为学生树立良好的"责任"示范。学校注重班主任队伍的建设，通过成立"铸秀"班主任工作室、设立班主任沙龙、班主任名师论坛等载体，推进作为学校德育主体的班主任队伍培育的专题化、系列化和常态化。

（四）形成体系，适时评价

1. 评价内容

学生是否形成健康的德育认知、是否拥有积极的情感、是否有执着的坚强意志、是否有良好的行为；教师是否具有促进学生个体积极主动的认识、体验、践行的引导和指导能力；学校是否形成以培养学生终身受益的德育能力为主要目的的特色德育课程体系。

2. 评价标准

根据德育内容对照制定出来，分"文明青中，掌握规则""责任青中，学会担当""财智青中，具有财商""阳光青中，愉悦身心"四个维度，分初中到高中六个年级予以制定。

3．评价方法

通过学生综合素质评价、日常德育活动的记录表、学生期中、期末等级考核评价和学生激励式评价相结合的方式。

六、德育工作初见成效

工作室自 2021 年 9 月成立至今，工作室活动有序开展、扎实推进，围绕学校"尚责育人、担责育人"的德育主题，在建构学校德育课程体系、驱动班主任专业成长、完善班主任评价机制、创新家校共育形式和探索学生全员自主管理等方面发挥了重要引领作用，推动我校德育工作向制度化、体系化和创新性进一步迈进。工作室牵头或辅助开展了学校年度德育工作总结大会、学期班主任考核、学生成长指导、学生心理咨询、班主任德育类比赛、校文明礼仪教育、校艺体文化节、中华魂读书活动、元旦迎新等一系列活动，成功发挥着在学校德育工作中的"桥梁"作用。

工作室成立以来，年青班主任在个人专业成长方面，不论是现场比赛还是论文撰写、课题研究，可谓是硕果颇丰。在工作室成员队伍中，杜熙、杨炜佳、王婧、朱圣波等一群年青班主任老师在德育工作中已经开始崭露头角。杨炜佳老师在 2022 年沙坪坝区第一届高中生涯规划课大赛中荣获一等奖、王婧老师荣获第三届"红岩杯"团（队）课说课大赛二等奖、朱圣波老师的心理健康优质课以沙坪坝区第一名的成绩代表沙坪坝区参加市级优质课大赛、王联昶老师获得了重庆市 2022 学生成长指导案例一等奖。同时，新的学年，工作室还吸纳了杨梦月、罗晗悦、邓筠等新成员，帮助她们在班主任岗位上尽快熟悉工作、在班级管理中快速上手、在教学与班主任工作中游刃有余。

第二节　初中校本选修课程探索实践

等闲识得东风面，万紫千红总是春。

——朱熹

党的二十大报告提出，"全面贯彻党的教育方针，落实立德树人根本任务，培养德智体美劳全面发展的社会主义建设者和接班人。"

中共中央办公厅、国务院办公厅印发的《关于进一步减轻义务教育阶段学生作业负担和校外培训负担的意见》要求：学校要制定课后服务实施方案，增强课后服务的吸引力。充分利用好课后服务时间，指导学生认真完成作业，对学习有困难的学生进行补习辅导与答疑，为学有余力的学生拓展学习空间，开展丰富多彩的科普、文体、艺术、劳动、阅读、兴趣小组及社团活动。不得利用课后服务时间讲新课。

契合新时代新要求，重庆市青木关中学校将课程建设与课题研究相结合，在"U-S"协同模式下中学校本教研队伍建设实践研究"取得一定进展的基础上，持续加大教师队伍教研能力提升力度，倡导全校教师开发校本课程，全力为学子搭建成长平台，助力学子全面发展，成长为社会需要的栋梁之材。

自 2021 年起，通过"向内挖潜、向外借智"，探索创新能力培养途径，完善校本特色课程体系，全力开发初中选修课程和高中项目式学习，以切实改革举措"提升学校课后服务水平，满足学生多样化需求"。

一、课程开设的背景

新时代，面对科学技术的迅猛发展、信息技术的广泛运用和社会经济政治等各个领域的迅速变革，世界各国进行了大规模的新课程运动和校本课程开发实践。课程问题不但成为教育改革的核心问题，也是一些重大社会变革必然触及的领域。

课程是学校办学理念、育人目标的载体。特色学校建设、教师专业发展、学生个性打造、实施校本课程开发是最好途径之一。在校本课程建设中，依据学校办学理念，立足于选修课开设和教材开发的实践研究，可以深入推动校本课程的实施。基于学校自身实际的教学，双线互动的校本"选修"课程更是促进教师专业发展、学生个性化健康成长需求的重要途径，亦是深化教育改革，提升办学质量的突破口。早在 1999 年 6 月，《中共中央国务院关于深化教育改革全面推进素质教育的决定》明确指出："调整和改革课程体系、结构、内容，建立新的基础教育的课程体系，试行国家课程、地方课程和学校课程。"2000 年，教育部颁发的《全日制普通高级中学课程计划（试验修订稿）》提出："学校应根据教育部和本省（自治区、直辖市）课程方案的有关规定，从实际出发，认真实施国家规定的必修课和选修课程以及地方课程，积极开发综合实践活动资源以及由学校安排的选修课程程资源，办出学校特色。"2001 年 6 月又在《基础教育课程改革纲要（试行）》中提出"改变课程管理过于集中的状况，实行国家、地方、学校三级课程管理，增强课程对地方、学校及学生的适应性。"直到 2021 年，国务院教育督导委员会办公室印发通知明确中小学校"五项管理"督导全覆盖，中共中央办公厅、国务院办公厅印发的《关于进一步减轻义务教育阶段学生作业负担和校外培训负担的意见》，为深入贯彻落实中共中央办公厅和国务院办公厅关于"双减"和"五项管理"文件精神，强化学校教育主阵地作用，构建教育良好生态，进一步提升学校教育教学质量和课后服务水平，促进学生全面发展、健康成长，2021年9月学校启动了校本选修课程系列工作。

二、课程开设的目标和意义

校本课程作为一种重要的课程类型，是由学校自主开发的，能够体现学校办学思想和特色的，是可供学生选择的课程。校本课程在满足发展学生的个性特长、促进教师专业发展、体现学校的办学特色上、有着十分重要的意义。

一是推进素质教育改革，促进学生主动发展。校本课程倡导在实现国家课程标准的前提下，进行学校一级的课程创新，提高课程的适应性。校本课程面向全体学生，尊重学生的经验、需要和兴趣，不同于一般课堂教学的内容、方法和评价，是尊重学生选择权的多样化课程，既能激发学生兴趣，又能满足学生多样化发展的需要。

二是提升教师课程意识，促进教师专业发展。校本课程的开发和实施，促使教师成了课程的管理者、决策者，成了课程实施的主体。从被动执行到主动参与的改变，不仅有利于教师课程开发和实施能力的提高，还有利于教师形成开放、民主、科学的课程意识，不断提升其专业发展水平。

三是实现学校课程创新，形成学校办学特色。学校课程新模式扩大了学校在课程上的自主权，使学校可以因地制宜地进行课程创新，实现课程基础性和独特性的统一，进而形成办学特色，提高办学品位。

四是优化教育资源配置，构建优秀校园文化。校本课程开发能够有效地实现国家、地方、学校和社区教育资源的重组，使闲置的学校教育资源得到应用，实现教育资源的优化配置与共享，促使各种教育资源实现增值效应。此外，校本课程开发在产生新的课程产品的同时，也必然伴随着相应的文化建构，不断催生积极向上的特色显著的校园文化。

三、选修课程模块

选修课程是指学校所开设的课程并不要求学生人人都学，但学生可以根据自己的需要、兴趣和能力有一定选择自由的教学科目。选修课程推行"以学生的发展为本"的教育理念，课程与教学服务于学生的发展、有利于培养学生自主学习的能力、有利于培养学生广泛的兴趣爱好、有利于拓展学生的知识、有利于培养学生的综合素质、有利于将全面发展和个性培养相结合，让学生的知识结构更加合理。选修课程在教学上的核心问题仍是发挥学生的主体性问题、尊重学生的学习个性问题，这也是选修课程开设的初衷之一。这个原则的重要意义在于通过选修课程教学，强化学生自主学习的兴趣爱好，发展个性，促进学生全面发展，为他们不同的发展倾向提供更大的学习空间，进而造就时代所需要的多方面人才。

学校初中选修课程积极践行青木关中学"以生为本，人人成功"的办学理念，组织开发"先修、特长、活动、传统文化"四个类别，涵盖人文素养、科学探索、学科拓展、健康生活、艺术修养、实践活动等多个领域共计 26 门形式多样、内容丰富的选修课程，涵盖了人文素养类(如中西方文化赏析)、科学探索类(如探究神奇的数字)、学科拓展类(如生活中的趣味化学)、健康生活类(如排球、足球运动)、艺术修养类(如吉他弹唱入门)、实践活动类(如传统食品制作)等多个领域，课程内容丰富，基础性和发展性兼具，现实性和主体性并行，与必修课程互促、互补、互融。

先修课程引导学生探索人文奥秘，解读自然密码，探微观世界，悟生物奥秘。立足学科融合，拓展学科深度，增强学科课程的趣味性、应用性，从多层次提升学生的创新能力，分析问题、解决问题的能力，提升学生多层次结构的思考力。

特长课程尊重学生个性，促进学生全面发展。音乐教室里，通过歌唱基础训练发掘学生音乐潜能，提高学生音乐鉴赏力。健身操与礼仪的碰撞舞姿柔美，青春洋溢，浑身散发着朝气蓬勃的精神力量，进一步陶冶学生美的情操。

活动课程多彩青春，健康相伴。同学们在羽毛球、排球、乒乓球、足球等课程龙腾虎跃。本类课程力求挖掘活动育人功能，促进校园活动多元化、课程化，增强学生体质，提升学生协调性、灵活性、专注力。

传统课程"求木之长者，必固其根本；欲流之远者，必浚其泉源"。象棋课堂黑红交错，运筹帷幄；历史课堂刀光剑影，演绎千年腥风血雨。我校传统文化课程直追传统文化之根，直溯传统文化之源，不断提高学生的文化品位、审美情趣，培养德才兼备的高素质人才。

四、选修课程实施

经学校统一部署，课程中心及教务处在前期探索与实践的基础上，结合学校课程开发情况实际和学校发展需求评估，充分挖掘、整合现有教学资源，密切结合课后服务内容，面向学生开设形式多样、内容丰富的校本选修课程。为保证校本选修课程的顺利开展，学校领导和相关部门做了大量的筹备工作。在暑假期间就制定了相关方案，在新学年开始时，第一时间成立校本课程开发领导小组，全面宣传、全体动员，面向全体教师征集校本选修课程，召开校本选修课程培训会，对申报选修课程的教师进行专题培训。2021年9月底学校组织专家团队依据基础性、现实性、发展性、主体性原则，对申报的30多门校本课程进行评估、审核，遴选出一批具有学校特色、符合学生实际的精品校本课程。国庆节结束返校后，校本选修课程开始落地实施，在七、八年级开设选修课程。

一是准备阶段。设计学生和家长问卷，了解学生和家长需求以及对学校初中选修课程开设的意见和建议，以便学校能够更加有针对性地开设课程，同时可以挖掘家长资源，利用家长特长和自身职业特点，为学校储备一些校外师资。同时，学校开展对教师的专业特长调查分析，初步确定课程内容。开课前对教师进行问卷调查，填写拟申报选修课程内容即课题名称、课程背景、课程目的、教学内容、教学方法、课程建议、主讲简介等，便于学校组织专业团队对该选修课程进行可行性评估，通过可行性评估后方能开设选修课程。

二是进入选课阶段，首先对学生进行选课指导。为了尊重学生的选择，学校要求班主任对学生进行选课指导，帮助学生更好地了解课程内容、学习领域、时段安排、学分认定方法等，让学生在充分了解课程的基础上，能根据自己的兴趣、爱好和需求，自愿地选择所需要参加的校本课程，真正成为学习的主人。其次，引导家长正确配合学生选课。在开学初的学生家长会上，学校就开设校本课程的指导思想及实施方案向家长进行宣传，并分发选修课程意向调查表及具体安排表让家长指导学生自主进行选报，并要求在指定时间内把意向表交回学校。最后，根据学生的第一志愿，编排选课名单。选修学生超过10人的课程方可开课。对有些因受场地或师资限制只能开设一个班，而选的学生又比较多的课程，根据其第二志愿再次进行调整，确保充分尊重学生意愿(表4-2、表4-3)。

表 4-2　重庆市青木关中学校 2022—2023 年初一选课统计表

序号	选修课程	课程类型	开课教师	总数/人	教室	督导教师
1	穿越千古，此话怎讲	传统文化	朱胜波、何玉琳	47	四中楼 304	官玲
2	歌唱基础训练	特长课程	向须敏	39	国中楼六楼合唱排练厅	陈波
3	跟着英文歌曲学英语	先修课程	蔡静嵩、黄铃淋	45	四中楼 205	官玲
4	活力啦啦操	活动课程	邱建娅	24	国中楼－1 楼跆拳道馆	陈波
5	礼仪健身操	活动课程	刘静	21	国中楼六楼舞蹈室	陈波
6	排球	活动课程	马壮	29	田径场	陈波
7	趣味地理世界	先修课程	陈伟东	28	四中楼 201	官玲
8	生活中的趣味生物	先修课程	蒋仕英、何丽竹	44	四中楼 301	官玲
9	腾飞乒乓球	活动课程	余江	17	校史陈列馆旁的乒乓球台	官玲
10	英语电影鉴赏	先修课程	蔡静嵩、徐凯莉	48	四中楼 303	官玲
11	英语趣味配音	先修课程	王婧、谭瑞	35	四中楼 202	官玲
12	羽林争锋	活动课程	颜志、徐凯莉	31	田径场	陈波
13	遇见更好的自己	先修课程	谭小莉	29	四中楼 406	官玲
14	灾害地理与应急救护	先修课程	童佳佳、黎怡雪	36	四中楼 203	陈波
15	中国象棋	传统文化	刘俊豪	44	四中楼 305	陈波
16	中鸣 E6 轮式机器人编程课程	先修课程	莫乾菊	18	国中楼初中机房	陈波
17	足球初级技术	活动课程	李延松	17	田径场	陈波
合计	开课时间：每周三下午第四节课			552		

表 4-3　重庆市青木关中学校 2022－2023 年初二选修课程统计表

序号	选修课课程	课程类型	开课教师	人数	教室	督导教师
1	厨房中的化学	先修课程	付仕蓉	29	国中楼化学实验室 2	李亚
2	穿越千古，此话怎讲	传统文化	朱胜波、何玉琳	46	四中楼 507	李亚

续表

序号	选修课课程	课程类型	开课教师	人数	教室	督导教师
3	跟着英文歌曲学英语	先修课程	蔡静嵩、黄铃淋	26	四中楼403	李亚
4	花样跳皮筋	活动课程	颜妮	21	田径场	黎怡雪
5	礼仪健身操	活动课程	刘静	17	国中楼六楼舞蹈室	黎怡雪
6	排球	活动课程	马壮	12	田径场	黎怡雪
7	趣味地理世界	先修课程	陈伟东	35	四中楼501	李亚
8	生活中的趣味化学	先修课程	程良波、周新	38	四中楼407	李亚
9	生活中的趣味生物	先修课程	何丽竹、蒋仕英	44	四中楼504	李亚
10	腾飞乒乓球	活动课程	余江	16	校史陈列馆旁乒乓球台	黎怡雪
11	英语电影鉴赏	先修课程	蔡静嵩、徐凯莉	43	四中楼502	李亚
12	英语趣味配音	先修课程	王婧、谭瑞	26	四中楼402	李亚
13	羽林争锋	活动课程	颜志、徐凯莉	26	田径场	黎怡雪
14	遇见更好的自己	先修课程	谭小莉	25	四中楼406	李亚
15	中国象棋	传统文化	刘俊豪	43	四中楼503	李亚
16	中鸣E6轮式机器人编程课程	先修课程	莫乾菊	17	微机室初中机房	黎怡雪
17	足球初级技术	活动课程	李延松	17	田径场	黎怡雪
合计	开课时间：每周四下午第四节课			481		

五、课程管理

学校成立了以校长为组长的学校课程开发领导小组，筹划设立学校课程教研小组，明确职责分工，形成常态化管理。选修课程教师根据学校安排，在指定地点组织开展教学活动。校本课程教学组织的要求与国家、地方课程的要求相同，要建立临时班级、组，加强考勤和考核。教师要精心备课，认真上课，并根据实际情况，及时完善课程内容，调整教学方式；学生应根据教师的要求，严格遵守学习纪律，积极参与学习活动，认真完成学习任务。

（一）教务管理

经学校审核同意开设的选修课程，由课程中心在正式开课前将选修课程相关信息向年级组和全体学生公布。课程中心会同教研组根据学校的安排提前做好"校本课程目录及课程介绍"，确定开课课程和选课名单。

课程中心认真排出校本课程课表，确定上课教室（地点），在可能的情况下满足教师对教室或设备的要求，编制学生名单和考勤登记册，交到上课教师手中。

选修课程是走班式教学，做好日常教学检查，负责处理调课、代课、师生请假等事宜，并收集选修课程的问卷调查情况。做好选修课程资料收集、归档等工作。

（二）教师管理

开发选修课程的教师应自编讲义（或课件），教师要认真撰写《选修课程纲要》，制订教学计划，认真编写或组织教学内容，认真备课，精心组织教学活动，认真反思、及时改进。

教师要按照学校的要求，完成规定的课时和教学目标。

教师要对学生进行考勤，教师做好所开设课程的学生成绩考核工作，在校本课程结束后把学生考勤登记册、学生成绩册交到课程中心归档。

妥善处理学生的作业、作品、资料等。

学校将组织有关人员、学生对教师教学情况进行测评。

学校定期开展选修课程研讨活动，展示教师的成功经验，解决存在的问题。

通过听课、查阅资料、调查访谈等途径，对教师进行考核，并与教师评优和职务晋升挂钩。

对教师的评价主要看五个方面：课程的吸引力、教学内容的组织、听课人员的评价、学生的评价、学生的学习效果。

（三）学生管理

学生应根据自身发展需要自愿选择学校课程，在指定时间内根据课程中心公布的学校课程拟开设目录认真选择。如学生所选课程因选课人数等因素未能开课，应在接到课程中心通知后重新选择。

学生在收到校本课程上课通知后，应服从学校安排到指定教室（地点）上课。

学生应认真参加校本课程的学习，不得随意缺课，如无故缺席 1 次或因故缺席 3 次不得参加该课程考核，并按学籍管理的有关规定处理。

学生积极参与校本课程的建设，有权向任课教师提出合理化建议和要求。

对学生的评价主要看四个方面：出勤情况、学习过程中的表现、学习的成果、同学和教师的评价。学生达到出勤率的要求并参加该课程的考核合格可获得该课程的学分，成绩按优、良好、合格、不合格记录归档。

六、课程保障

（1）人员保障。包括学校领导、教师、学生及其家长、社区人员。学校课程开发领导小组是校本课程开发的决策机构。教师是课程开发的主要力量，拥有对课程资源的开发、利用，教学内容和教学过程的组织，学生的学习质量评定等权利和责任。学生有权选择课程，有权对课程作出评价并提出建议，学生必须自觉遵守有关规定，认真完成学习任务。学生家长及社区对课程有参与权、知情权、评价权和建议权，并有责任为学校提供支持。

（2）组织保障。学校课程开发领导小组对校本课程开发中的重大问题作出决策，形成校本课程开发计划和方案，制定有关的规章制度，检查与督促课程的开发和实施情况。小组一般由校长、教务处人员、教师代表、学生代表、家长代表和社区人员组成。课程中心承担校本课程开发的常规工作，包括课程开发的指导、组织、安排、协调、考核、评价，落实各项管理措施。教研组或年级组根据学校的整体安排，制订好教学进度计划、教学研究活动计划，落实学校的有关要求，及时反映有关问题，协调教师之间的合作。

（3）设备与经费保障。学校进一步加强图书馆、实验室、专用教室等设施的建设，合理配置各种教学设备，为课程实施提供必要的物质保障。学校将设立专项基金用于校本课程的开发与实施、教师培养、设备添置、对外交流等方面。

（4）制度保障。学校将形成相应的管理制度，内容包括课程审议、教学管理、课程评价、学生评价及学分评定等方面。学校人员应严格执行各项管理制度，定期检查制度的执行情况，不断完善制度，以确保校本课程的有效实施。

七、课程反思

通过开展初中选修课程，帮助学生树立正确的人生观、价值观和世界观，提升了学生的艺术修养和人文内涵，也在潜移默化中改变着学生的精神面貌，提高了学生的学习积极性和动手实践能力。学校将在建立完善校本选修课程体系上持续用力，不断增强课程开发能力、提高课程管理能力、提升课程品质，建构有青中特色、有传承价值、有教育实效的课程体系，助推学校在新时期实现新发展。

第三节　高中项目化学习课程探索实践

纸上得来终觉浅，绝知此事要躬行。

——陆游

全局性理解能力具有定向、慎思、深入学习的优势，是学生学会学习、拥有终生发展能力的关键。传统的学科划分的课堂教学、独立的学科学习和零散的学习任务，很难让学生得到全局性理解能力的真正提升，而项目化学习就能弥补传统学科教学的不足。

项目化课程是通过集中关注学科或跨学科的核心概念和主题，设计驱动性的问题或者课题，在学生自主或合作进行基于项目任务的问题解决过程中，积极学习和自主建构，生成知识和培养素养的一种教学课程。同时项目化课程的开设，为教师提供了专业发展的平台，通过自我开展项目化的教学，更新教师的教学观念，拓展教师的教学专业知识，提高教师课程教学创新能力等，从而提升教师课程教学素养，促进教师队伍的专业发展。

我校为进一步推动"双减"落地见效，深入推进新课标新课程新高考改革，学校以培养学生核心素养为目的，通过向内挖潜、向外借智，建立自主、安全、有序、高效的"走班式"项目式课程。完善课程申报、审核、优化、实施、拓展等环节，不断丰富项目式课程内容与形式，力求开发既有学科拓展又有学科融合，既满足课程同质要求又彰显个性特色的项目式课程。本文就基于我校开展中学项目式课程开设实践，简述项目式课程如何促进教师专业发展。

一、我校的项目式课程概述

截至目前，经过近两年的实践探索，高中项目化学习课程已落实实施，共开设涵盖文化传承、知识整合、知识应用、方法探究等四个类别共 12 门项目化学习课程，其中包含传统课程、活动课程、特长课程和科学课程四个模块。

传统文化课程："求木之长者，必固其根本；欲流之远者，必浚其泉源"。中国传统文化是我们民族精神的载体，我校传统文化课程直追传统文化之根，直溯传统文化之源，不断提高学生的文化品位、审美情趣，以培养德才兼备的高素质人才。

活动课程：多彩青春，健康相伴。挖掘活动育人功能，促进校园活动多元化、课程化，增强学生体质，提升学生协调性、灵活性、专注力。

特长课程：尊重学生个性，促进学生全面发展。通过歌唱基础训练发掘学生音乐潜能，提高学生音乐鉴赏力。健身操与礼仪的结合能促使学生形体优美、肢体灵活，浑身散发着朝气蓬勃的精神力量，同时陶冶学生美的情操。

科学课程：引导学生探索人文奥秘，解读自然密码，探微观世界，悟生物奥秘。立足学科融合，拓展学科深度，增强学科课程趣味性、应用性，从多层次提升学生创新能力，分析问题、解决问题，提升学生多层次结构的思考力。

心之所想，爱之所往，放飞梦想，收获成长。学校逐步培植和开发校本项目化课程，更好地拓展学生视野、激发学生兴趣、发展学生思维、陶冶学生情操，助力学生成长为德智体美劳全面发展的社会主义建设者和接班人。

二、中学教育开展项目式课程的必要性

（一）学生层面

中学教育有国家统一的规范的学科教学课程，有明确的教学目标和教学内容，但是鉴于学生综合素质的发展，项目化学习课程的开设则有助于提高学生的实践能力、沟通技巧、团队协作能力等软技能，同时促进学生的自主学习和终身学习意识。项目化学习课程既是超越分学科教学局限、在真实的问题解决中培养学生知识技能跨学科应用的有效方式，又能鼓励和促进学生在项目实施中充分发挥自己的个性特长与创造性，在知识习得与生活应用、问题解决与实践创新的持续双向互动中，不断巩固和优化学生的认知和非认知发展。具体来说：项目化学习课程在当今教育环境中具有很高的必要性。

项目化学习强调将理论知识应用于实际问题解决，培养学生的实践能力和创新思维。通过参与项目，学生能够更好地理解和应用所学知识。项目化学习鼓励学生在团队中合作完成任务，培养他们的协作能力、沟通技巧和领导力，有助于提高学生的社交技能和适应未来职场的能力。项目化学习提供了丰富的评估方式，如问卷调查、口头报告、演示等，有助于教师了解学生的掌握程度，并及时给予反馈，以便学生调整学习策略。项目化学习通常涉及学生感兴趣的话题或实

际问题，使学习过程更具吸引力，可以提高学生的学习积极性和主动性，从而提高教学效果。随着科技和社会的发展，未来的工作和生活方式可能会发生很大变化。项目化学习可以帮助学生适应这种快速变化的环境，培养他们具备持续学习和适应新技能的能力。项目化学习强调学生的全面发展，包括知识、技能、态度和价值观等方面。通过参与项目，学生可以锻炼自己的综合素质，为未来的职业生涯做好准备。总之，项目化学习课程的开设有助于提高学生的实践能力、沟通技巧、团队协作能力等软技能，同时也能促进学生的自主学习和终身学习意识。

（二）教师层面

在传统教学模式下，教师更多注重知识的传授，甘当知识的"搬运工"。组织开展项目式教学以来，项目的选择、设计、实施、展示等都需要学生自己完成，主动权在学生手里，教师只在发现问题时进行指导。项目式教学要求，必须放手让学生真正参与进来，建立学生自主、探索、发现、研究以及合作学习的机制，确立学生的主体地位，才能实现教学目标。具体来说，开展项目化学习课程对于促进教师专业发展具有重要意义：①提高教师的专业技能和知识水平：项目化学习课程通常需要教师具备较高的专业技能和知识水平，因此，参与此类课程可以促使教师不断提升自己的专业素养。②增强教师的教学能力：通过项目化学习课程的实施，教师需要设计教学方案、组织教学活动、评估学生成果等，这有助于提高他们的教学能力和经验。③促进教师的创新思维和实践能力：项目化学习课程通常要求教师在实践中不断探索、尝试新的教学方法和策略，这有助于促进他们的创新思维和实践能力。④增强教师的团队合作意识和沟通能力：项目化学习课程需要教师之间紧密协作，共同完成项目任务，这有助于增强他们的团队合作意识和沟通能力。⑤推动教师的持续学习和自我提升：项目化学习课程强调教师的持续学习和自我提升，这有助于激发他们对教育事业的热情和追求，进而推动整个教育行业的发展。

三、在项目式课程开展中促进教师的专业发展

项目式课程教学是指教师作为引导者，以建构主义理论为指导，确定一个特定的醒目课题，引导学生选择某一特定项目任务，自主选择和利用学习资源，在真实问题情境中通过实践体验来探究学习的一种教学课程。我校开展的项目式教学实践与研究工作，为教师的专业化成长提供了平台，取得了令人满意的成果。

（一）教师的专业观念发生转变

项目式课程可以改变教师的观念，因为它强调学生通过实践来学习，而不是仅仅依靠书本知识。在我校已经开设的项目式课程学习中，鉴于传统的课堂学科教学，它更需要教师的"组织性"教学，即这种项目式课程要求教师从传统的"传授者"转变为更像是"指导者"的角色，引导学生在实践中掌握知识和技能。具体来说，项目式课程可以改变教师的以下观念：

1. 教育的目的不仅仅是传授知识

传统上，教育的主要目的是传授知识给学生，但项目式课程则更加注重培养学生的实际能力和解决问题的能力。因此，教师需要重新审视自己的教育目标，并思考如何更好地帮助学生实现这些目标。例如，我校项目式课程中的科学课程模块，该课程的设计主要是引导学生探索人文奥秘，解读自然密码，探微观世界，悟生物奥秘。立足学科融合，拓展学科深度，增强学科课程的趣味性、应用性，从多层次提升学生的创新能力，分析问题、解决问题的能力，提升学生多层次结构的思考力。例如，我校开设的《生活中的趣味生物》项目式课程，增加学生对自然和生命的理解，促进学生更好地理解自然和生命，增强对环境的保护意识，增强对环境保护和社会参与的认识和责任感，提高学生的科学素养（科学方法和科学思维）。那么教师在该课堂组织教学设计中，课程教学目的不单是知识的传递，更重要的是学生素养的培养与提升。

2. 学生是学习的主体

在传统教学中，教师通常是课堂的核心人物，而学生则是被动接受知识的对象。但在项目式课程中，学生扮演着更为重要的角色，他们需要自己设计和实施项目，并在实践中不断学习和成长。因此，教师需要尊重学生的主体地位，并提供必要的指导和支持。但是，在项目课程学习中，学生扮演着更加积极的角色，他们需要自主选择项目主题、制订学习计划、收集资料、分析数据、展示成果等。通过项目课程学习，学生可以充分发挥自己的主动性和创造性，积极参与到学习过程中来。学生需要思考问题、解决问题、创新思维，从而提高自己的综合素质和能力水平。此外，项目课程学习还可以培养学生的团队合作精神、沟通能力和领导力等方面的能力。因此，项目课程学习中，学生是学习的主体，他们需要发挥自己的主观能动性，积极参与到学习过程中来，从而实现真正的学习效果。教师在设计项目化课程教学设计中，需要侧重学生的参与，以学生探索和学习为主体。例如我校《跟着英文歌曲学英语》项目课程，学生在跟着英文歌曲学英语的过程中，通常扮演着学习的主体角色。这种课程通常会通过教授英文歌曲的歌词、发音和语调等方面来帮助学生提高英语水平。学生是学习的主体，他们需要充分发挥自己的主观能动性，积极参与到课堂活动中来，从而提高学习效率。

3. **实践是学习的最佳方式**

传统的课堂教学往往只是简单地讲解知识点，而没有真正的实践环节。然而，在项目式课程中，学生需要通过实践来掌握知识和技能，这有助于他们更好地理解和应用所学内容。因此，教师需要认识到实践的重要性，并尽可能地为学生提供更多的实践机会。例如，由我校莫乾菊老师开设的项目式课程《E6 轮式机器人编程课程》，有利于提高学生的编程能力和科技素养。学习 E6 轮式机器人编程课程可以帮助学生掌握编程语言和算法等基本知识，提高逻辑思维和解决问题的能力，同时也可以培养学生的科技创新意识和实践能力。而该课程的重点是学生的参与实践和教师的组织教学能力。

总之，项目式课程能够帮助教师重新审视自己的教学理念和方法，并逐步转变为更注重学生实践和能力培养的教育模式。

在设计项目式课程教学之初，老师们就预见到即将到来的变化。利用这种新方式组织教学，实施空间变得更广泛、组织形式变得更多样、技术手段变得更全面、接触的教育资源变得更复杂。面对新环境下个性得到解放的学生，课堂教学不再像过去那样仅关注知识本身，更多的是关注如何学习。在新的教学关系中，教师既是教育者，也是学习者。为了完成教学任务，老师们既要适应新的教学环境，又要创新课堂组织形式，还要了解和使用新的教学技术，只能不断"充电"。终身发展、终身学习的观念在短时间内深入人心。

（二）教师的专业知识得到拓展

项目式课程的设计需要学科内、外知识的整合和多种教学方法和资源。项目式课程需要明确项目的主题和目标，以便学生能够有针对性地收集、分析和整合相关的知识和技能。项目式课程需要将不同学科领域的知识和技能进行整合，例如科学、技术、工程、艺术、社会科学等，有助于学生从多个角度思考问题，并找到最佳解决方案。项目式课程还需要引入跨学科知识，例如哲学、伦理学、心理学等，有助于学生更深入地理解问题，并提高他们的综合素质和能力水平。项目式课程需要利用多种教学方法和资源，例如课堂讨论、实验室实践、在线学习等。在项目式课程中，学生通常需要通过自主选择和组织项目来解决实际问题或达成特定目标。因此，项目式课程需要将不同学科领域的知识和技能进行整合，以帮助学生有效地解决问题和完成任务。为了让学科内、外的教学目标与知识点整合更加科学，需要授课教师积极学习学科内外的知识，丰富自身知识储备。

由此看来，在项目课程的设计要求下，教师在项目式课程的教学设计和施教中，专业知识势必会得到拓展。在传统的课堂教学中，教师通常是知识的传授者和掌控者，而在项目式课程中，教师需要扮演更多的角色，如导师、指导者和评估者等。这要求教师不仅要具备扎实的学科知识，还需要具备跨学科的综合能力。具体来说，项目式课程对教师的专业知识拓展有以下三个方面的作用。

1. 扩展教学方法和技能

在项目式课程中，教师需要使用不同的教学方法和技能，例如课堂讨论、实验室实践、在线学习等。这有助于教师扩展自己的教学方法和技能，提高教学水平。

例如我校《腾飞乒乓球》是一项体育项目课程，旨在通过教授乒乓球运动技巧和策略，提高学生的体育素养和竞技能力。在教授"腾飞乒乓球"的过程中，教师需要掌握一些新的教学方法和技术，例如如何设计训练计划、如何评估学生的技能水平等。这些新的方法和技术可以帮助教师更好地指导学生，提高教学质量。同时，教师在培养学生的团队合作精神中，由于"腾飞乒乓球"是一个团队运动，教师需要与学生一起制订训练计划、安排比赛等，因此可以帮助教师和学生培养团队合作精神和协作能力。在"腾飞乒乓球"的训练中，教师需要与学生进行有效的沟通，以便更好地指导他们，这可以帮助教师提高沟通能力和表达能力。总之，通过参与"腾飞乒乓球"的项目课程，教师可以在体育教育领域拓展自己的教学方法和技能，提高教学质量和效果。同时，这个过程也可以使教师不断学习和成长，提高自己的综合素质和能力水平。

2. 增强团队合作意识

在项目式课程中，教师需要与学生和其他教师紧密合作，共同完成项目。这有助于教师增强团队合作意识和能力，提高自己的协作能力和领导力。我校"歌唱基础训练"项目课程是一个非常有趣并富有挑战性的项目课程。在这个过程中，教师与学生在教学和合作演奏过程中，能增强团队合作意识。

在"歌唱基础训练项目课程"中，教师需要与学生一起制定共同的目标，例如提高学生的唱歌技巧、培养学生的音乐素养等。这可以帮助教师更好地理解学生的需求，从而更好地指导他们。同时在"歌唱基础训练项目课程"中，教师需要与学生分工合作，教师负责教授唱歌技巧、安排音乐练习等。这可以帮助教师更好地协调各方面资源和力量，从而增强团队合作意识。在"歌唱基础训练项目课程"中，教师和学生可以互相学习和支持，例如教师可以分享自己的经验和知识，学生可以向教师请教问题。这可以帮助教师和学生建立更紧密的联系，从而增强团队合作意识。最后，在"歌唱基础训练项目课程"中，教师和学生需要共同评估和反思学习效果，例如评估学生唱歌技巧的进步情况、反思教学方法是否有效等。这可以帮助教师和学生更好地理解彼此的需求和期望，从而增强团队合作意识。总之，通过参与"歌唱基础训练项目课程"，教师可以在教学过程中增强自己的团队合作意识和协作能力。同时，这个过程也能使教师不断学习和成长，提高自己的综合素质和能力水平。

3. 探索新的教育理念和方法

在项目式课程中，教师需要不断探索新的教育理念和方法，以适应不同学生的需求和发展。这有助于教师拓展自己的教育视野，提高自己的教育素养和创新能力。

例如"厨房中的化学"项目式课程可以是一个非常有趣并富有挑战性的项目。在这个过程中，教师通过该项目课程的教学过程探索新的教育理念和方法，促进自我教学专业水平的提升。在"厨房中的化学"项目式课程中，教师需要以学生为中心，例如通过小组合作、自主学习和实践操作等方式来引导学生学习。这可以帮助教师更好地理解学生的需求和兴趣，从而更好地设计教学内容和方法。在"厨房中的化学"项目式课程中，教师通过实验教学法的应用来帮助学生深入了解化学原理和概念，例如通过制作蛋糕、调味品等让学生亲身体验化学反应的过程。这可以帮助教师更好地激发学生的学习兴趣和积极性。在"厨房中的化学"项目式课程中，教师将化学知识与其他学科进行整合，例如将化学原理应用到食品营养学、食品安全等领域。这可以帮助教师更好地拓展教学内容和方法，同时也可以提高学生的综合素质和能力水平。在"厨房中的化学"的项目式课程中，教师需要不断反思自己的教学方法和效果，例如通过课堂反馈、学生评估等方式来评估教学成果、改进教学方法。由此，教师在课程教学过程中能不断提高自己的教学能力和水平，同时也能够促进学生的全面发展和成长。

（三）项目式课程教学促进教师资源开发利用能力不断增强

凡是有助于学生进行项目式探究的要素都是教学资源，项目式课程教学的教学资源的内涵和外延得到明显拓展。教师必须走在学生发展的前面，挖掘各类教学资源，并寻找课程内容的结合点，立足个性化的教学风格，设计符合学生认知规律的探究项目。教师在项目式课程教学中，通过挖掘丰富的教学资源也能增强自己的资源开发利用能力。

项目式课程需要大量的教学资源，包括教材、实验器材、网络资源等。教师需要积极寻找和整合这些资源，以满足学生的学习需求。通过不断地寻找和整合教学资源，也能提高自己的资源开发利用能力。

例如，我校《趣味地理世界》项目课程是一个非常有趣且教学资源丰富的项目课程，教师在课程设计和教学中，资源开发利用能力能得到潜移默化的提升。在开始项目之前，教师需要制订一个详细的教学计划，包括项目的目标、内容、时间表和评估标准等，这能帮助教师更好地规划和管理教学资源，从而提高资源的利用效率。在趣味地理世界项目课程中，教师需要利用多种教学资源，例如地图、卫星图像、视频、音频等，来丰富教学内容和方法。教师也可以组织学生参与到教学过程中来，例如让学生自己设计地图、制作海报等。这可以帮助教师更好地发掘学生的潜力和创造力，同时也可以提高教师的指导能力和管理能力。总之，通过参与趣味地理世界项目课程，教师可以在教学过程中提高自己的资源开发利用能力。同时，这个过程也能使教师不断学习和成长，从而提高自己的综合素质和能力水平。

（四）项目式课程教学促进教学指导和组织能力

项目式课程要求学生在实践中自主探究和发现知识，这需要教师具备一定的指导能力。教师需要根据学生的不同需求和兴趣，引导他们选择合适的研究方法和途径，并提供必要的支持和指导。通过这样的过程，教师也能不断提高自己的指导能力。

例如《排球》的项目课程教，教师在该课程教学中组织学生参与到教学过程中来，让学生自己练习基本动作、进行比赛等。这可以帮助教师更好地发掘学生的潜力和创造力，同时也可以提高教师的指导能力。在排球项目式课程教学中，教师需要及时提供反馈和评估，以帮助学生改进自己的表现和技能。这可以帮助教师更好地了解学生的学习情况和需求，从而提高教学指导能力。同时，这个过程也可以使教师不断学习和成长，从而提高自己的综合素质和能力水平。

项目化课程通常需要教师在实践中探索和应用新的教学方法和技术。通过参与这些课程，教师能获得更多的实践机会，提高自己的实践能力和经验。项目化课程要求教师在实践中反思和评估自己的教学效果，并寻找改进的方法，从而进一步帮助教师发现自己的弱点和优势，提高自己的教学能力和专业水平。在项目化课程教学中，教师往往会与其他教师和学生一起合作完成任务，从而增强教师的团队合作能力和沟通技巧。教师在项目化课程教学中，通常会引入最新的教学资源和信息，了解最新的教学趋势和发展，从而不断提高自己的教学水平。总之，项目化课程为教师提供了一个实践、反思和学习的机会，可以帮助他们提高自己的实践能力、反思和学习能力、团队合作能力和专业水平，从而促进教师的专业发展，因为它提供了一个实践和反思的机会，让教师能够深入了解自己的教学方法、技能和知识水平。

第四节　关于劳动教育与课堂育人有机融合的实践与思考

2018年9月，习近平总书记在全国教育大会上强调"要在学生中弘扬劳动精神，教育引导学生崇尚劳动、尊重劳动，懂得劳动最光荣、劳动最崇高、劳动最伟大、劳动最美丽的道理，长大后能够辛勤劳动、诚实劳动、创造性劳动。"这一重要论述，这为我们精准理解、把握新时代下劳动教育的内涵指明了方向。

党的二十大报告明确指出，要落实立德树人根本任务，培养德智体美劳全面发展的社会主义建设者和接班人。这一重要举措，突出了劳动教育对于新时代立德树人的重要意义，是我们开展劳动教育工作的重要遵循。

在基础教育领域，2022年4月，教育部印发了新修订的《义务教育课程方案和课程标准（2022年版）》，明确了劳动课作为国家课程的重要地位。同时，首次发布了《义务教育劳动课程标准（2022年版）》，对中学教育阶段学校劳动课程的性质、理念、目标、内容和实施等提出了具体要求。中学劳动课每周不少于1课时，用于活动策划、技能指导、练习实践、总结交流等，与通用技术和地方课程、校本课程等有关内容进行必要统筹。学校对学生每天课外劳动时间做出规定，并在道德与法治、语文、历史等学科中有机渗透劳动教育。

一、实施劳动教育的时代背景

劳动教育是新时代党对教育的新要求，是中国特色社会主义教育制度的重要内容。《中华人民共和国教育法》规定："教育必须为社会主义现代化建设服务、为人民服务，必须与生产劳动和社会实践相结合，培养德智体美劳全面发展的社会主义建设者和接班人。"这是既遵循教育一般规律，又根据新时代教育发展的形势任务而对教育工作提出的总要求和总遵循，"培养什么人、怎样培养人、为谁培养人"的方向更加鲜明、内容更加完善、要求更加具体。在新时代新征程中，强调"五育并举"，进一步彰显了劳动教育的必要性和重要性。马克思主义赋予了劳动极高的地位，认为劳动使人实现专门化，进而使人发明了工具，并最终使人与动物区分开来。实现人的全面发展目标的唯一路径就是教育同生产劳动相结合。2020年，中共中央、国务院印发的《关于全面加强新时代大中小劳动教育的意见》指出："劳动教育是中国特色社会主义教育制度的重要内容，直接决定社会主义建设者和接班人的劳动精神面貌、劳动价值取向和劳动技能水平。"。

劳动教育和学科课程是教育不可缺失的两个重要方面。劳动教育是重视学生的劳动技能和动手能力的培养。不仅可以让学生掌握实用的技能，还可以增强学生的自信心和自立能力。同时，在劳动教育中，还能提升学生的安全意识和环保意识，让学生学会安全操作和爱护环境。学科课程是面向学生的课程体系，根据学生发展阶段特征，注重科学体系，学生是课程的主体，学生在课程中找到自己的兴趣点和潜力点，让其自主发展和自主学习。同时，注重跨学科的融合和实践应用的特点，让学生在多种科学、多元化的知识领域中学习，并将所学知识应用于实践中，实现学生的全面发展。

二、劳动教育与学科融合的重要性和紧迫性

2020年教育部印发《大中小学劳动教育指导纲要（试行）》强调，要解决"有教育无劳动"的问题，在实施途径上提出开设劳动教育必修课、在学科中渗透劳动教育、强化劳动文化等具体策略。在新时代下，中学校劳动教育与课堂育人有机融合是一项重要的任务。通过开展劳动教育实践，学生可以培养实际动手能力、解决实际问题的能力，掌握基本劳动技能，加强实践能力、逻辑思维能力、创新能力和团队协作能力的培养。另外，劳动教育还可以增强学生的责任心和职业道德，提高学生的自我管理和组织协调能力，增强学生的主动性、创新性和独立

性，激发学生的学习兴趣，增强学生的学习热情。有效地融合劳动教育与课堂育人，不仅是对奋力拼搏、勇于担当精神的传承和发扬，是落实立德树人的新时代教育目标，是培育具有创新能力和实践能力的社会主义合格建设者和可靠接班人的有效途径，更是推进中华民族伟大复兴的驱动力。

为深入贯彻落实《义务教育劳动课程标准（2022 年版）》《中共中央国务院关于全面加强新时代大中小学劳动教育的意见》《中共重庆市委重庆市人民政府关于加强新时代大中小学劳动教育的若干措施》文件精神，中学各年级学生需具备收纳与整理、清洁与卫生、烹饪与营养、家用器具与维护、农业生产劳动、传统工艺制作、工业生产劳动、新技术体验与应用、现代服务业劳动、公益劳动与自愿服务等方面的能力。对各年级学生的劳动能力从劳动观念、劳动能力、劳动习惯和品质、劳动精神四个因素进行分析、评价。根据《义务教育劳动课程标准（2022年版）》《中共中央国务院关于全面加强新时代大中小学劳动教育的意见》《中共重庆市委重庆市人民政府关于加强新时代大中小学劳动教育的若干措施》文件要求，结合我校属于城乡接合部中学校的实际情况、各年级学生的年龄、发展特点开设"职业生涯规划""劳动实践教育基地""研学教育活动"等劳动实践课程，同时在各学科教学中不断融入劳动教育，潜移默化加大对学生的劳动教育引领和劳动教育实践。

三、中学劳动教育课程实施

（一）学生职业生涯规划课程的实施

随着社会的发展、时代的变迁，越来越多的家庭忽视了孩子在家庭中参与劳动，致使孩子劳动意识越来越匮乏，甚至抵触参与劳动，出现不珍惜劳动成果的现象。通过问卷调查了解学生以后期望从事的工作行业，据此收集相应的职业特点以及对人才各方面能力的需求，分析总结形成一份完整、清晰的调查报告。然后根据实际需要邀请一部分具有代表性职业的人进入劳动教育课堂分享工作实例，用切身的经历和体会告诉孩子们实践能力对于人生的重要性和必要性，并挑选 1~2 个合适职业的工作环境进行现场观摩。例如，邀请软件工程师进课堂分享从事软件行业需要具备的理论知识、实操能力、创新力和目前该行业发展的实际情况以及未来几年该行业发展的趋势，同时设置学生自由提问环节，提升课堂氛围和学生的参与性，从而引发学生自主对于以后自己想从事职业的思考，建立对各行业的初步认知，树立正确、合适的奋斗目标，以此达到好的教育效果。

（二）劳动实践教育基地课程实施

根据我校实际情况，因地制宜建立了青木关中学劳动教育实践基地——青木农场，总面积约为 0.667 公顷，每学期根据季节提前规划确定需要种植的蔬果种类和品种。在沙坪坝区农基站刘站长的技术指导下，中学各年级负责本班"责任地"中蔬果的种植、除草、施肥、收获，各年级班级之间进行"劳动大比拼"，从蔬果种植的整齐度、生长情况、除草的干净程度等方面进行评比，设立"丰收节"，学生将"责任地"中的蔬果丰收后，在学校食堂总负责、学生参与下进行烹饪，在全校范围内共享丰收的喜悦。让学生真真切切地参与地里和厨房的劳作，体验劳动带给他们的乐趣以及丰收、分享的喜悦。寓教于乐，使学生们从中懂得"种瓜得瓜、种豆得豆"的道理，理解劳动的不易，学会珍惜劳动成果，同时体验成功之后带给自己的满足感和喜悦。

（三）研学教育课程的实施

拓展和吩咐学生劳动教育阵地，充分利用青木关镇现有劳动教育实践教育基地，开展研学教育课程。"纸上得来终觉浅，绝知此事要躬行"，好的教育途径不局限于学校教育，可以组织学生走出教室，拓宽视野，了解普通劳动者们真实的劳作情况，提升劳动意识，形成正确的劳动观。例如：参观青木关镇的工厂车间；参观科技馆，担任讲解员；以特殊志愿者身份体验收银员、快递员、教师等工作；以小组或班级为单位到社区养老院做公益服务，以自己创造性劳动服务更广泛的群体；参与城市文明建设，以志愿者的身份劝导随地乱扔垃圾、随地吐痰、遛狗不牵绳、过马路不遵守交通信号灯等不文明行为；参与区域环境治理，公共设施维护，水污染治理，为社区阅览室捐赠图书，为社区救助站捐献衣物等。这些活动的开展，一方面可以调动学生参与积极性，另一方面能使学生亲身体会各行各业的辛苦和不易，明白工作岗位没有卑贱之分、没有好与坏，看似简单的劳动教育能帮助学生铸造独立、互帮互助、团结、自信自强的优秀品格，这些对于学生以后的人生将是无价的财富。

（四）基础技能课实施

清洁卫生、整理与美化是学生在校需要具备的基础性技能，对此学生在校期间要做好个人卫生、整理好内务以及自己周边环境卫生的整理与保持、清楚清洁工具的存放位置和用途、教室里种植盆栽的基本养护；同时要求学生学会分类整理书籍、衣物、学习用具等，能装饰自己的房间或者是美化装饰学校、教室或者宿舍、能理解相关活动规则等。学生可以根据自己积累的经验以及相互交流、探讨或者查阅相关的指导书目进行学习，培养自主学习、解决问题的能力，锻炼自己的动手能力，养成良好的生活、学习习惯。

根据各年级学生特点开展劳动教育展评；初中一年级进行"内务整理大比拼"：学生对自己的卧室进行整理和美化，家长可提出建议或者指出需要改进的地方，然后由家长用照片或者录制视频记录该过程分享到班级群里进行比拼；初中二年级进行"烹饪比拼"活动：在家长的陪同下，学生独立选购食材并完成一道菜品的制作，家长品尝以后写出真实感受，然后将学生制作美食的整个过程通过照片或者视频的形式记录，共享到班级群；初中三年级进行菌菇种植或者无籽西瓜种植，群里分享种植过程的点点滴滴；高中一年级进行家用器具使用与维护活动，比如：电风扇使用和维护、电脑使用与维护、洗衣机使用和维护、油烟机使用与维护、书柜使用与维护，提高学生动手能力；高中二年级进行传统工艺制作活动，比如立体纸艺、传统编织、传统园林设计、蜀绣；高中三年级开展新技术体验与应用或者现代服务劳动活动，新技术体验可安排以下内容：人工现代智能技术、信息技术、新农业技术；现代服务业劳动可体验以下劳动：通信服务劳动、商业服务劳动、金融服务劳动、保险业服务劳动、公用事业服务劳动等。

四、劳动教育与各学科课程的有机实际融合

劳动教育与学科教育相互渗透、有机融合、劳教结合，一方面学科知识的学习促进学生劳动价值的形成，另一方面劳动教育为学科教育添能赋彩，让学生通过书本、与老师之间的交流、与同学之间的互动去体悟劳动，从而对学生的思想和行为产生潜移默化的影响和改变，帮助学生正确认识劳动、理解劳动的目的与意义，养成正确的劳动价值观念和态度。

（一）劳动教育与中学化学的有机融合

随着社会的发展和教育的改革，劳动教育和中学化学教学的有机融合已经成了当前教育改革的重要课题。劳动教育和中学化学教学的有机融合，可以帮助学生更好地理解和掌握化学知识，提高学生的动手能力和实践能力，促进学生的全

面发展。一方面，劳动教育可以为中学化学教学提供良好的实践环境和实践条件。通过劳动教育，学生可以在实践中感受化学知识的实用性和实际应用价值，从而更加深入地理解和掌握化学知识。同时，劳动教育还可以帮助学生培养动手能力和实践能力，增强学生的实践操作技能和实验设计能力，从而更好地适应未来的职业发展；另一方面，中学化学教学也可以为劳动教育提供理论支持和指导。通过中学化学教学，学生可以学习到化学的基本理论和原理，了解化学实验的基本方法和技巧，掌握化学实验的基本流程和要点。这些知识和技能可以为学生在劳动教育中的实践操作提供指导和支持，提高学生的实践操作水平和实验设计能力。

因此，劳动教育和中学化学教学的有机融合可以互相促进，实现优势互补。通过劳动教育和中学化学教学的有机融合，可以培养学生的实践能力和动手能力，提高学生的实验设计能力和操作技能，促进学生的全面发展。

化学学科涉及化学实验，做化学实验本身就是一项劳动，化学实验进行的过程中每一步操作都非常的严谨、细致，可以以此来引导学生要有严谨、细致的态度。除此之外，化学教材中也涉及一些劳动理念或者与劳动品质相关的人物故事。初中化学与劳动教育的有机融合在初中化学教材中的体现有：化学上册第四单元自然界的水课题——爱护水资源提醒我们要树立环境保护意识，通过创新性劳动成果技术保护自然界有限且宝贵的水资源；第六单元碳和碳的氧化物课题——金刚石、石墨和 C_{60} 中涉及人造金刚石和金刚石薄膜，这不仅仅是科技的发展与进步，更是人类创新型劳动的成果，同时金刚石薄膜是解决超大规模集成电路芯片散热技术，使计算机体积变得更小、速度更快的理想材料。一方面让学生了解本领域发展前言，另一方面为学生的创造性思维提供思考方向，引导学生积极向上，奋力拼搏，为社会主义发展做出贡献。第七单元课题——燃料的合理利用与开发中涉及新能源的开发和利用，引导学生通过不断探究实验活动实现科技的创新发展和新能源的开发与利用；初中化学下册第十一单元课题——生活中常见的盐中涉及我国制碱工业的先驱——侯德榜的实例引导学生踏实劳动、勤于思考才能取得成功，帮助学生树立实干的人生观。高中化学铝热反应涉及的铝热法焊接钢轨原理虽然简单，但要做到焊接迅速、质量可靠，还非常的困难。目前世界上最好的钢轨是国产的，但国内所用的铝热剂和模具主要来自法国和德国的产品，因此希望不久的将来焊接钢轨的一切都可以由我国自主完成，由此需要学生勤学苦思、创造性地劳动，未来能为我国钢轨事业贡献力量。钠燃烧实验现象为钠很快融化成半球状，后半球变黄，接着从黄色球面的中心开始变黑，冒火星，并迅速剧烈燃烧，少量黑色熔融状物质溢出平面，同时很快由黑变棕再变黄，又很快变成略带黄色的白色固体。在这一过程中，最终产物本来应该是淡黄色的过氧化钠，为什么会出现黑色—棕色—黄色的颜色变化？原因在于不同温度下过氧化钠会呈现不同颜色，白色状态是过氧化钠的最稳态。通过这一实例，帮助学生树立实事求是、诚实劳动的观念。

（二）劳动教育与中学体育课程的有机融合

体育课程是学生参与劳动的主要渠道，体育课程与劳动课程不是简单的融合，而是有机融合、相互渗透，从而达到教学目标，不仅能锻炼学生体魄，还能提升学生毅力、锤炼学生人格、坚定学生信念。课前运动器材的准备工作，需要学生相互帮助、协同完成，潜移默化中培养了学生互助、团结的劳动品格；课中教师根据学生阶段性情况设置趣味性游戏环节，比如，大鱼网、切西瓜、同舟共济等体育游戏，充分利用体育锻炼和劳动教育有机结合，愉快的课堂氛围、团队的协作共赢和全班的共同参与不仅激发了学生运动的趣味性，还能促进学生身心健康发展，打破以往单一的知识传授模式，以学生为本，使体育锻炼更加多元化和具有吸引力，让体育变得更有趣，劳动变得更加有意义。课后根据学校和学生实际情况可布置形式多样、内容丰富的劳动教育活动，从而实现劳动教育延伸到课堂外。例如，整理书桌、清理教室垃圾、饮水机卫生处理等，劳动教育和中学体育课程的有机融合可以促进学生的全面发展，提高学生的身体素质和实践能力。学校可以通过制定相应的教育计划和课程设置，将劳动教育和中学体育课程有机结合，让学生在实践中学习、在实践中成长。

（三）劳动教育与中学美术课程的有机融合

劳动课程与美术课程的育人价值追求、实现方式是一致的。"劳动创造美"，自古劳育与美育二者不可分割，相互渗透。在美术教学中融入劳动教育的理念，建构"以劳孕美、以美育劳、劳美共育"的课程教育体系，充分利用现实生活以及美术教材中的素材，开展创新化的劳动教育活动，增强学生艰苦奋斗、尊重劳动成果的美好品质。开展劳动教育离不开美育，学生只有认识到艺术作品中包含的美感元素，才能真正体会到劳动者别具匠心的创造能力以及勇于创新的道德品质，从而对劳动者产生敬佩之情，并树立起尊重劳动产物、尊重劳动者的道德意识。教师介绍美术作品的创作背景，引起学生的兴趣，由表入里，引导学生探寻背景知识中深藏的人文元素，以此渗透劳动教育的理念。同时鼓励学生自主感知某一具体的美术作品，深挖创作背后的故事、体会作者透过作品所表达的思想，让学生在自主查询资料的过程中，感知美术作品中的劳动元素，进而体会到劳动者勇于创新、精心雕制的品质和工匠精神。

（四）劳动教育与中学音乐课程的有机融合

当今社会，音乐能使人放松、音乐能使人心情愉悦，音乐能使人快速进入工作的状态，因此音乐无时无刻都发挥着极其重要的作用。在中学课程中，音乐和劳动既相互独立又"你中有我，我中有你"，劳动课程与音乐课程的融合，既能让学生身心愉悦，又能透过音乐本身去了解背后所传达的精神。比如人教版七年级五单元的高山族民歌《劳动的歌——杵歌》，这首歌属于歌舞类的农事劳动号子，歌曲情绪欢快、活泼，教学过程中通过播放高山族的劳作情景，使学生感受认识高山族，体会"劳动人民最光荣"中蕴含的哲理，充分理解劳动虽不易，但是累和快乐并存，提升学生劳动光荣的意识、培养吃苦耐劳的品格。

（五）劳动教育与中学语文课程的有机融合

语文的外延是生活，语文学科与劳动教育不可分割，依靠语文教材开展劳动教育，使理论实践化。高中语文必修上册设置了一个具有劳动教育价值的劳动主题单元，整个单元包含《喜看稻菽千重浪——记首届最高科技奖获得者袁隆平》《心有一团火，温暖众人心》《"探界者"钟扬》《以工匠精神雕琢时代精神》《芣苢》《文氏外孙入村收麦》六篇课文，这六篇课文反映的是不同时期、不同领域的劳动生活。《喜看稻菽千重浪——记首届最高科技奖获得者袁隆平》《心有一团火，温暖众人心》《"探界者"钟扬》这三篇文章讲述了袁隆平、张秉贵、钟杨三位主人翁的真实故事，从"杂交水稻之父"袁隆平科研背后的故事了解到他怀着"禾下乘凉梦"，脚下浸泥土，不怕劳苦，兢兢业业，半个世纪致力于水稻研究。到张秉贵工作背后的个人生活经历，体现了张秉贵高度的责任心和奉献精神；再到复旦大学生命科学学院教授、博士生导师钟杨的故事，他艰苦援藏16年，足迹遍布西藏最偏远、最艰苦的地区，为西部少数民族地区人才培养、学科建设和学科研究做出了伟大贡献。通过典型人物事例的学习和分析，与作者面对面，感受文中所展现的情怀和精神谱系，在学习中感悟"劳动最光荣、劳动最崇高、劳动最伟大、劳动最美丽"的思想精神，在阅读、学习、反思中潜移默化地形成正确的劳动观念。另外三篇文章也展现了不同的劳动精神，《以工匠精神雕琢时代精神》表达了在追求事业、选择职业的道理上学习并继承、发扬工匠精神；《芣苢》是一首劳动的欢歌，体现出当时人们生活虽然艰难，却总有许多快乐在其中，懂得苦中作乐；《文氏外孙入村收麦》展现的是苏辙万年闲居颍昌时孙辈们收割新熟麦子，赞扬外孙不辞劳苦的精神。党的十九大指出：建设知识型、技能型、创新型劳动者大军，弘扬劳模精神和工匠精神，营造劳动光荣的社会风尚和精益求精的敬业风气。通过本单元的学习使学生对于劳动教育熏陶渐染，形成正确的劳动观念，这就是教育的价值所在。

（六）劳动教育与中学生物课程的有机融合

1978 年《光明日报》发表本报特约评论员文章《实践是检验真理的唯一标准》。生物课程的实施离不开实践，实践也是参与劳动教育的先决条件，因此在生物课上教师可结合实例进行劳动教育，多设计一些培养学生动手能力和观察能力的生物实验，这样才能将劳动教育更好地融入其中。比如，叶绿素提取实验，这个实验所要用到的材料是菠菜，菠菜是一种可盆栽、易养殖的蔬菜，因此在这个实验之前给学生布置菠菜种植的任务，让每位学生试着在家培育几株菠菜，为日后实验做准备。通过这种途径能够使学生体验收获的喜悦，同时也能带着浓厚的兴趣参与到叶绿素提取的实验中，教师就种植技术的培养中多讲解几种蔬菜种类，拓展生物实验课程和劳动教育的范围，进一步提高劳动教育的效果。生物教师也可以开展兴趣选修课程教学，比如将生物学科知识与传统文化美食制作融合在一起，一方面能培养学生动手能力，通过自己动手制作节日美食增强对传统文化的传承和认同，另一方面"在做中学"，学习美食制作过程中涉及的生物知识，同时让学生体会劳动的不容易，要珍惜劳动成果，同时对生命充满敬畏之情，尊重生命，培养正确的劳动观和优良品质。

（七）教育劳动与中学历史课程的有机融合

劳动对人类社会发展具有至关重要的作用。2020 版的《普通高中历史课程标准》（以下简称《课标》），《课标》是教师开展学科教学的指南，《课标》增加了"理解劳动人民对历史的推动作用""了解劳动在社会生产中的作用"的表述，这说明了历史学科对劳动教育的重视、对劳动价值的关注以及与劳动教育的融合、渗透，更体现出了劳动对于社会发展的重要作用。目前，各学科都在教学中以培养学生的学科核心素养为目标落实开展教育教学。对于高中历史学科而言，其核心素养中的"唯物史观"是让学生掌握人类社会历史客观基础和发展规律的科学的方法论和历史观，就此教师一方面要加强劳动教育，另一方面要拓宽历史发展过程中涉及的一些劳动事例，并以适当的方式引入课堂，让学生了解劳动者的劳动经验和劳动过程，引发学生对于劳动的感悟，通过图文并茂或者短视频的方式来让学生真切地知道劳动的艰辛，"一分付出、一分收获"，从而形成良好的劳动观念。历史学科教学可以引用历史人物的典型事迹来培养学生良好的劳动品质，比如：将一生最美好的时光献给伟大事业的李时珍编撰了被誉为"东方医药巨典"的《本草纲目》，他风餐露宿、跋山涉水；废寝忘食、手不释卷；悬壶济世、乐善好施。通过李时珍的事例让学生感悟劳动的光荣和伟大。再比如：随着科技的进步与发展，为现代文明做出巨大贡献的爱迪生，他在研究电灯泡的过程中为了找到合适的灯丝经历了一千多次的失败，但是他不断地坚持，刻苦钻研，最终收获了成功。通过这些榜样事例的分享，让学生深刻体会到只要劳动才能收获成功，只有潜心钻研才能收获成功。教师要借助榜样的力量培养学生良好的劳动品质和意识。

（八）劳动教育和中学思想政治课程的有机融合

劳动教育和中学思想政治课程的有机融合是一种教育理念和教育实践的结合。劳动教育是培养学生劳动技能、劳动态度和劳动精神的教育形式，中学思想政治课程是培养学生思想道德和政治素质的教育形式。

在劳动教育和中学思想政治课程的有机融合中，可以通过以下四个方面实现。

（1）教育目标的统一。劳动教育和中学思想政治课程的目标都是培养学生的综合素质，促进学生全面发展，因此可以将两者的教育目标统一。

（2）教育内容的融合。将劳动教育的内容与中学思想政治课程的内容相结合，使学生在劳动实践中学习思想政治知识。

（3）教育方法的融合。将劳动教育的方法与中学思想政治课程的方法相结合，通过劳动实践和思想政治教育相结合的方式，提高学生的综合素质。

（4）教育评价的融合。将劳动教育和中学思想政治课程的评价方式相结合，通过多种方式对学生进行评价，全面了解学生的综合素质。

总之，劳动教育与中学思想政治课程的有机融合，可以促进学生的全面发展，提高学生的综合素质，为学生未来的发展打下坚实的基础。

（九）劳动教育和中学数学课程的有机融合

劳动教育和中学数学课程的有机融合可以使学生在学习数学的同时，培养实践能力和创新精神。主要包括以下四个方面：

（1）利用数学知识解决实际问题：教师根据课程内容设计一些实际问题，让学生利用所学数学知识进行解决，如计算房间面积、设计图案等。这可以让学生将数学知识应用到实际生活中，同时培养他们的实践能力和创新精神。

（2）制作数学模型：学生利用劳动教育所学的技能，如木工、电子制作等，制作数学模型，如三角形、圆柱体等，从而加深对数学概念的理解。

（3）数学游戏：教师设计一些数学游戏，如数独、拼图等，让学生在游戏中学习数学知识，同时培养他们的逻辑思维和解决问题的能力。

（4）数学竞赛：学生利用劳动教育中所学的技能，如编程、机械制作等，参加各种数学竞赛，如数学建模比赛、数学竞赛等，来锻炼他们的实践能力和创新精神。

总之，劳动教育和中学数学课程的有机融合能使学生在学习数学的同时，培养实践能力和创新精神，从而更好地应对未来的挑战。

（十）劳动教育和中学地理课程的有机融合

劳动教育和中学地理课程的有机融合可以使学生更加深入地了解地理知识，并将其应用到实践中。以下是四种可能的融合方式。

（1）实地考察：在地理课程中学习了解某个地区的自然和人文环境后，可以组织学生进行实地考察，了解当地的生态、社会、经济等情况，并了解当地的劳动方式和生活方式。

（2）劳动实践：在劳动教育中，可以引导学生了解当地的自然和人文环境，并将地理知识应用到实践中，例如进行农业生产、环境保护、地质勘探等活动。

（3）项目研究：学生可以选择一个地理项目进行研究，例如当地的自然资源、气候变化、城市规划等，通过实地考察和调查了解当地情况，并进行实践性的劳动活动，例如种植树木、清理垃圾等。

（4）课程整合：将地理课程中涉及的相关内容与劳动教育课程中的实践活动

结合起来，例如在学习地理时进行实验、模拟、制作地图等活动，同时将学生进行实践活动，例如进行环保行动、义务劳动等。

通过劳动教育和中学地理课程的有机融合，可以使学生更加深入地理解地理知识，并将其应用到实践中，从而提高学生的综合素质和实践能力。

综上所述，中学学科教育渗透劳动教育可理解为将劳动教育自然地融入学科课程中，进而更好地实现劳动教育和学科学习相结合的双重目标。学科课程渗透劳动教育不是学科课程要素与劳动教育要素的简单叠加，而是建立学科课程与劳动教育合理的、内在的、实质性的关联，在学科课程"教"与"学"的过程中适时、恰当地融入劳动教育要素，科学设计劳动教育目标，将劳动教育目标蕴藏在学科课程目标中，实现学科教学和劳动教育的"双赢"。把握"渗透"的适切性，教师应准确定位本学科的教学目标和教学价值，对学科课程渗透劳动教育的科学性要有正确的认识，理性思考"渗透"的方式和方法，不能为了"渗透"而渗透，更不能机械地植入劳动教育元素。教师应充分挖掘教材中的劳动教育元素，让学生在学科学习的过程中培养对劳动者的尊敬与热爱之情，养成劳动习惯，提升劳动品质，丰富劳动体验。

五、劳动教育课程与学科教育有机融合可能出现的问题分析

劳动教育课程与学科教育的有机融合是一种有益的教育模式，可以培养学生的实践能力和创新能力，但也可能出现以下问题。

(1)课程安排难度大：劳动教育课程需要安排实践环节，而学科教育需要安排理论学习，两者的安排难度较大，需要更多的教学资源和时间。

(2)教学质量难以保证：劳动教育课程需要大量的教师和教学资源，如果学校资金和人力资源不足，劳动教育的教学质量可能无法保证。

(3)学生学习负担过重：劳动教育需要学生参与实践，如果学生同时还需要承担学科教育的学习任务，学习负担可能过重，从而影响学习效果。

(4)教育目标不一致：劳动教育和学科教育的教育目标不完全一致，劳动教育注重实践能力的培养，而学科教育注重知识的传授，两者的教育目标可能存在冲突。合并这两个课程可能会导致教育目标的模糊化，影响学生的发展和成长。

(5)课程内容冲突：劳动教育课程和中学课程的内容并不完全一致，可能会出现冲突。例如，中学课程注重学术知识和理论，而劳动教育课程注重实践技能和经验。

（6）教学资源不足：合并劳动教育课程和中学课程需要更多的教学资源，包括场地、设备和资金等。这可能会导致学校资源分配不均，影响学生的学习效果。

（7）教师能力不足：合并劳动教育课程和中学课程需要教师具备更多的技能和知识，但是一些教师可能没有足够的能力来教授这些课程。

（8）学生兴趣不同：学生的兴趣和能力不同，有些学生可能对劳动教育课程更感兴趣，而有些学生则对中学课程更感兴趣。合并这两个课程可能会导致学生的兴趣和学习效果受到影响。

因此，在实践中应该根据学生的实际情况和学校的资源状况，合理安排劳动教育和学科教育的课程，确保教育目标的实现和学生的全面发展。

六、青木农场劳动教育实践基地课程建设与实施

（一）顶层设计，构建劳动教育课程体系

（1）构建马克思主义劳动价值观教育与创造性劳动教育相结合机制。思想决定行动，中学生的劳动价值观直接影响着他们对创造性劳动的态度和践行。一方面，要在初中道德与法治和高中思想政治教育中突出劳动观教育，让学生充分认识"人民创造历史，劳动开创未来"的马克思主义科学意蕴，深刻领会"劳动是财富的源泉"，牢固树立劳动最光荣、劳动最崇高、劳动最伟大、劳动最美丽等理念，体会劳动创造美好生活、体认劳动不分贵贱，培养勤俭、奋斗、创新、奉献的劳动精神；另一方面，必须将习近平新时代中国特色社会主义思想融入马克思主义劳动观教育，让学生充分理解创造性劳动对经济社会发展的引领作用，深刻领会创新及创新能力在当代经济社会发展和国际竞争中的极端重要性。

（2）构建课程教育与创造性劳动教育相融合机制。掌握必要的知识与技能是具备创造性劳动能力的基础，培养提升中学生创造性劳动能力，应结合经济社会发展变化和学生生活实际，将课程教育与创造性劳动教育紧密融合起来。一是将创造性劳动教育要求写入中学课程人才培养方案；二是组建跨学科、跨备课组的创造性劳动教育教师团队，不断提升创造性劳动教育水平；三是广泛聘请各领域专家、创造性劳动代表、知名企业家等担任课程或兼职教师，精心打造高水平师资队伍，让学生所学理论紧密联系创造性劳动实践；四是针对不同课程特点，探索以培养提升创造性劳动能力为导向的实践教学环节或模式，有效培养学生运用

课程知识和技能创造性解决问题的能力。

（3）构建日常教育与创造性劳动教育相融合机制。以日常生活劳动和服务性劳动为主要内容开展劳动教育，设立劳动教育必修课程，劳动教育课每周不少于1课时，其中劳动精神、劳模精神、工匠精神专题教育每学年不少于16学时。将学生管理一日常规与每天劳动时间有机结合，与实训实习有机结合，发挥实习实训课在劳动教育中的载体作用。每学年设立一个集体劳动周，根据学科、年级实际情况自主安排。根据需要编写学校劳动实践指导手册，明确教学目标、活动设计、工具使用、考核评价、安全保护等劳动教育要求。

（二）课程孵化，培育学生劳动核心素养

（1）归纳劳动教育实践基本元素。我校归纳了劳动教育十大元素——自立、自律、自强、参与、体验、责任、担当、合作、分享、感恩，并对这些元素进行层次化、可操作化处理，帮助师生对劳动元素形成基本认识，使教师的教和学生的学都有"抓手"，让劳动教育课程设计与研发能够落地、落实。

（2）研发劳动教育实践课程。我校以生产类劳动、志愿服务类劳动、日常生活类劳动三大基本类为落脚点，再细化到本土种植类、智创技术类、职业体验类、志愿服务类和家校生活类，设置了基础性课程，即不分学段的学生必修课程；主题课程或拓展课程，即基地依据自身优势研发的系列课程，此为基地课程的主体部分；特色课程，包括感恩、亲子、非遗、乡愁、创意、陶艺、厨艺等课程，这是基地课程最容易出彩的部分；精品课程，即各学科力争打造具有示范性的劳动教育精品课程。

（3）实施劳动教育实践课程。学校通过项目式学习、研究性学习和研究性实践等方式实施劳动校本课程，引导学生形成"劳动光荣、劳动伟大"的正确观念，体会劳动艰辛，分享劳动喜悦，掌握劳动技能，养成劳动习惯，提高动手能力、小组合作能力以及发现问题和解决问题的能力，培养学生的核心素养，增强学生面向未来的挑战能力。

（三）基地开拓，丰富劳动教育实践活动

整合资源，建立基地。我校遵循教育规律，契合新时代新要求，积极打造劳动教育实践基地——青木农场；以"教育教学与劳动实践相结合"为工作方针，以"班田制自主管理"为组织形式，以"劳动实践"为载体，以"劳动特色课程开发"为

突破口，竭力打造优质劳动教育校本资源。借助外力，助力发展，邀请区农技刘辉站长作为青木农产技术指导，刘站长在农业新品种新技术引进、示范和推广，农业产业发展，农产品加工业发展，农产品质量安全监管，农业规划编制，各种农业及高标准农田建设项目实施，智慧农业和数字乡村建设等方面具有丰富的经验，为青木农场作物优良苗株的供给与种植、规划提供了有力的指导。重庆市青木关中学校劳动教育实践基地位于青木湖畔，建筑面积 5800 平方米，共分为 5 个板块，分别有一个池塘区和四个蔬菜种植区，池塘区面积约为 600 平方米，主要用于积蓄雨水和种植荷花，种植荷花不仅可以美化环境，还可以通过水生植物的吸收和代谢作用，净化水体中的有害物质和污染物，提高水质水量，改善水环境。同时荷塘中的蓄水通过灌溉系统起到农田浇水的作用，实现资源的循环利用。蔬菜区之名取自四本农书，分别为："齐民园""王祯园""陈旉园""胜之园"。这 5 个板块能同批次接纳上百名学生参加劳动实践体验活动，是一个集劳动实践、研学拓展、非遗文化展示的综合性基地。同时积极营造"劳动光荣"的校园文化，一是多渠道表彰宣传劳动实践优秀典型，在学生中牢固树立劳动教育与德育、智育、体育、美育同等重要的理念。二是结合学校特色挖掘劳动教育素材，广泛开展以劳动实践为主题班会、劳模报告会、工匠进校园、手工作品制作、劳动技能表演等活动。三是发展与劳动实践有关的学生社团、兴趣小组、志愿者组织。四是结合植树节、五一劳动节等时间节点，开展丰富多彩的劳动主题教育活动。将劳动实践教育活动与艰苦奋斗、团结协作、精益求精等相关劳动文化相结合，与二十四节气、"中国农民丰收节"等中国传统劳动所包含的人生智慧相结合，提升劳动实践教育的文化内涵。五是教育学生热爱家庭，自己的事情自己做，家里的事情帮着做，弘扬优良家风，积极践行孝亲、敬老、爱幼等方面的劳动。

（四）固本铸魂，细化劳动教育目标内容

根据教育部印发的《大中小学劳动教育指导纲要（试行）》相关要求，我校结合学生年段特点和生活实际，将劳动教育目标和内容具体化，面向全区中小学生提出"五知、五会、五能"爱劳动的要求。从劳动观念、劳动知识与技能、劳动态度等方面引导学生爱劳动、会劳动、能劳动。各中小学在整体要求的基础上，根据学校和学生实际，制定常态化、特色化的劳动教育目标内容，提高劳动教育的针对性和实效性。

"五知"即知道劳动最光荣、劳动最崇高、劳动最伟大、劳动最美丽，树立尊重劳动、崇尚劳动的观念；知道劳动能创造幸福，会带来美好生活，培养热爱劳动的积极态度；知道勤劳智慧是中华民族的传统美德，树立自觉劳动的意识；知道劳动模范先进事迹，以模范为榜样；知道劳动创造世界和未来，树立创新意识。

"五会"即会自我服务劳动、会家务劳动、会校园劳动、会社会服务性劳动、会创新性劳动。

"五能"即能做好自我服务劳动、能积极参加家务劳动、能主动参加校园劳动、能自愿参加社会公益劳动、能积极参加生产劳动。

七、劳动教育实践基地师资队伍建设

（一）配齐配足劳动教育专任教师

学校坚持"立德树人，五育并举"的教育理念，建设了贯穿成长全过程的劳动教育体系，充分发挥学校在劳动教育中的主体作用、家庭在劳动教育中的基础作用以及社会在劳动教育中的支持作用。学校配备了专业的劳动教师，同时聘请行业精英、企业骨干、优秀家长作为学校的劳动教育兼职教师。同时，鼓励教师通过主持和参与各级关于劳动教育的课题，深入研究劳动教育实施中的资源开发、主题设计、教育评价等，切实提高教师解决问题的能力。

（二）强化研训提高教师专业水平

学校对全体教师开展劳动教育培训，使教师对劳动教育的意义、内涵、实施方式、资源开发等有清楚认知，强化每个教师的劳动意识和劳动观念，提高实施劳动教育的自觉性；组建专门的劳动教育教研组，由劳动教育专任教师和学科教师组成，开展校本教研系列活动，通过课例研究、学术沙龙、读书会等活动，共同策划劳动教育课程的设置与实施，共同研讨劳动教育实施过程中面临的问题和困惑。学校可以组织开展劳动教育课程设计、教师说课展示、劳动教育故事征集等活动，促进教师专业能力的发展。

（三）完善教师考核激励机制

学校应将劳动教育教师激励机制纳入顶层设计，将专任教师和兼职教师指导学生劳动教育的情况纳入每学期工作量，明确和细化考核要求、考核办法并作为评优评先以及职称评定的重要参考；鼓励教师申报各类教育教学成果奖，大力表彰在劳动教育中成绩优异的教师，组织劳动教育经验交流和宣传活动，激励教师参与劳动教育的主动性和积极性。

八、劳动教育实践基地保障条件

（一）加强组织领导

把劳动教育作为中学教育的重要组成部分，切实履行职责，建立劳动教育的长效机制。由课程中心牵头，明确相关部门职责，统筹开发和整合劳动教育资源，协调学校设计劳动教育课程、实践项目、组织实践活动。成立专门机构加强对学校劳动教育的指导。教育督导部门要加强对劳动教育的督导评估，将劳动教育纳入督导体系，将学校劳动教育组织实施情况纳入督导内容，适时组织开展对各学科劳动教育组织和实践基地建设情况的专项督导。

（二）加强师资队伍保障

建立专兼职相结合的劳动教育师资队伍，配备必要的专职教师，在工资待遇、绩效考核、职称评聘、评优树先、培养培训等方面与其他学科课程教师同等对待，保持劳动教育教师队伍的稳定与发展。积极探索建立专兼职结合的劳动实践教育教师队伍，从企业、社会聘请能工巧匠、课程技术人员及其他具有一技之长的人员担任兼职教师。劳动实践基地要根据规模和特点，配备能满足基地教学和管理需要、结构合理、有课程特长的专任教师和管理人员。

（三）建立经费保障机制

建立政府、学校、社会、家庭共同承担的多元化经费筹措机制。可争取采取政府购买服务方式，吸引社会力量提供劳动教育服务。鼓励通过社会捐赠、公益性活动等形式支持开展校外劳动实践活动。

（四）加强安全保障

加强对师生的劳动安全教育，强化劳动风险意识，建立健全安全教育与管理并重的劳动安全保障体系。劳动教育实践基地要符合公共场所安全的基本要求，有严格的安全管理措施，有针对中学生群体的特别安全管护措施，有明显的安全警示标志，及 24 小时无死角监控设备。学校要制定劳动教育实践工作规程，校内外劳动实践教育均要强化安全措施，落实安全责任。学校组织开展劳动教育实践活动要制定完备的活动方案和风险防控应急预案。科学评估劳动实践活动的安全风险，在场所设施选择、材料选用、工具设备和防护用品使用、活动流程等方面制定安全、科学的操作规范。学校开展校外劳动实践活动，要与家长签订协议书，明确学校、家长、学生的责任和权利。

（五）加强宣传引导

学校要结合中学教育特点，着重加强对劳动教育的宣传引导，大力宣传辛勤劳动、诚实劳动、创造性劳动的典型人物和事迹，弘扬技能宝贵、劳动光荣、创造伟大的主旋律，引导学生树立在重大疫情、灾害面前的全局意识和责任担当，引导全社会树立正确的劳动价值观。

总之，青木关中学校落实立德树人根本任务，坚守为党育人为国育才使命，以"把劳动教育纳入人才培养全过程，贯通大中小学各学段和家庭、学校、社会各方面"为劳动教育实践总要求，积极探索"全员、全程、全方位"劳动教育路径，在"办好人民满意的教育，全面贯彻党的教育方针，落实立德树人根本任务，培养德智体美劳全面发展的社会主义建设者和接班人。"康庄大道上迈步前行。

第五章

优秀教学论文炼选

2021年至2023年，在"U-S协同模式下中学校本教研队伍建设实践研究"课题引领下，学校校本教研工作步入新常态，教师教研能力得到有效提升；三年来，教师教学论文发表或获奖80余人次，公开发表30余篇，50余人次获国家、市、区级教学论文奖，论文数量增长率100%，论文质量取得历史新突破；教师参加各级各类课题研究共119人次，占任课教师总数的61%；两位教师出版个人专著，实现了教师教学专著出版的零突破。我们在众多教学论文中遴选了八篇，以供交流之用。

从教学目标的确定谈初中抒情散文的教学策略

语文教研组　李起黎

现代散文在新编部编本教材中占有较大篇幅，是语文教材内容中重要的一部分，然而在实际教学过程中常常由于教学目标不够明确、传统教学手法效率不高以致散文教学质量低下，久而久之，教师不知道应该怎么教，学生不知道应该如何学。本文首先根据文献内容整理，主要以人教版初中语文一年级上册《雨的四季》为例分析初中散文教学现状，指出教学中常见的问题，并以教师、学生、教材三方面为主体来简要分析问题产生的原因；其次，针对抒情散文提出改善策略；最后，主要从"加强学情分析，设置有效的教学目标"方面确定抒情散文的教学内容，提出初中抒情散文教学内容确定的有效途径。

一、引言

揣摩作者情感、分析字词、赏析段落，是记叙文教学中常用的教学切入口，可在散文的教学中这样的方式显得不那么"有用"。有时抑或是为了追求课堂生动有趣的氛围，教师们也会偏重于课堂形式变幻，诸如重复的朗读、无意义的讨论、对作者生平的过度挖掘，这样一来更是偏离了文本本身，不再是对该散文本身的教学。

对于学生而言，散文也是难点，记叙文可以抓要素、小说可以抓人物和时代背景、文言文可以抓文言常识，但一提到散文，学生最多也只记得"形散神不散"五个字，然而究竟"形"是什么，"神"又是什么，学散文又是为了学习什么？这点一直不甚明确。所以散文之难，不止难于课堂学习，还难于课余阅读，更难于限时考试。

二、初中散文教学常见问题分析

(一)教学目标的偏差

散文作为一门独立的文学类别，有其独有的特性，然而在实际教学过程中很容易把散文当作小说，注重分析所写的人物、情节等而忽视其所包含的情感，或者忽视每一篇散文文章的个性，使得教学内容过于笼统。① 如抒情性散文就只关注文章情感的抒发，一味地分析文中情感，忽略了语言美；记叙性、回忆性散文过于注重分析作者所写的事件，偏重分析故事情节，甚至过多结合时代背景，与小说教学混淆。这些都是不了解散文特性，导致教学目标片面，甚至由于文体混淆而产生偏差的表现。

例如《雨的四季》，是七年级上册第一单元中的课文，在单元介绍中写到"日月经天，江河行地，春风夏雨，秋霜冬雪，大自然生生不息，四时景物美不胜收。本单元课文用优美的语言，描绘了多姿多彩的四季美景，抒发了亲近自然、热爱生活的情怀。"不难看出，本单元所选的文章都是与大自然相关，在教学过程中可以略微加入这一主题，可如果将《雨的四季》授课内容定为让学生分享自己感受到的雨的美丽、分享对大自然的喜爱之情，那么这堂课就不是语文课了，容易成为一堂地理课，分析四季变化，或者成了一堂政治课，向同学们传递热爱自然的主题。这就很明显地存在对文章主题的错误解读。

如果教师一味带领学生分析春、夏、秋、冬四季的雨的特点，交流分析学生最喜欢的一季雨的特点，那么这堂课只能叫作"文本解读"，而非怀揣一颗美丽的心情去读美丽的文章，自然也体会不到其中的美感了，读不出作者的那份"爱恋"了。

(二)繁杂的课堂活动

部分教师害怕散文教学内容枯燥，因此设计了很多有趣的活动来活跃课堂氛围，然而所涉及的活动与散文本身并无多大关系。

依然以《雨的四季》为例，本文是很突出的"总—分—总"式结构，以时间顺序

---

① 范志福. 散文教学内容确定的逻辑思考[J]. 当代教育论坛(管理研究)，2011，12(03)：92-94.

明晰地描述了春夏秋冬四个季节的雨的特色，教师在片面化的教学目标的引领下，也错误地设置了花样教学活动来完成目标。如"请你说一说四个季节的雨分别有什么特点？""请小组讨论你们最喜欢哪个季节的雨，并说明为什么。""我来辩一辩，＿＿＿＿季的雨最让人爱恋。"这样的分享交流活动虽然可以让学生在课堂畅所欲言，课堂氛围也容易调动起来，可是这样的散文课堂早已变了味。变成了演说课、辩论课，避重就轻，失了分寸，已经不能说是一堂纯粹的语文课了。

（三）师生共存的主观原因

1. 教师方面

首先，教师对于散文的教学文体不明。这一方面体现在例如将叙事性散文当作小说类文本，将教学内容设定分析所写故事情节，要求学生如同小说一般找出故事的起因、经过、结果，梳理故事情节，学习文中的描写方法，如此设定的教学内容必然容易忽略散文所包含的情感，碎片化的分解也难以使学生感受到散文的美。[①] 或者将说理性散文上成议论文，将教学内容设定为分小组辩论散文中所提及的议论内容，将语文课堂变成了辩论课或是政治课堂，这样明显偏离了语文教学的目的。

其次，教师对于散文中蕴含的情感不明确。散文文字充满诗意且注重抒情，作为教师仅仅参考教参也不一定能读懂散文中想表达的情感，教师自身感受到的情感过于浅显，想带领学生分析更深层的情感就变得更加困难。所谓"一千个读者有一千个哈姆雷特"，每个人对于一篇散文的感受不同，教学内容的设定就会出现不同，然而课堂时间有限，教师如何在有限的时间里引导学生分析情感显得尤为重要。

2. 学生方面

学生对散文接触不多，缺乏对散文的审美能力。在现代这个快餐文化盛行的时代，很多学生习惯用电子产品进行碎片式阅读，阅读内容多以小说、随笔、新闻等浅显易懂的文体为主，既不需要花费精力去思考，也不需要从一而终读完整本书，读书成为一种消遣，久而久之学生不习惯甚至排斥对一篇文章进行反复阅读、仔细揣摩，因此散文这类需要时间、精力反复阅读的文体成了学生们最不喜爱、最害怕的文体。

---

① 林忠港."审美散文"教学内容的确定与呈现——以《荷塘月色》为例[J]. 语文教学通讯.2015(25).

三、初中抒情散文教学目标确定的有效途径

（一）从文本体式探讨来确定散文教学目标

文体是指一定的话语秩序所形成的文本体式，它折射出作家、批评家独特的精神结构、体验方式、思维方式和其他社会历史、文化精神。[①]

由此可见，对于散文作品的分析应当依据文本体式，品味语言。不同的文本体式具有不同的特征，当下通常将现代散文分为"记叙性散文""抒情性散文""议论性散文"。像《雨的四季》这类抒情性散文抒情性很强，通常语言较为诗意，对于这类散文的教学，应当重点在于分析表达情感的语言上，一堂课的教学就是要真切地体会到作者对雨的"爱恋""赞美""歌颂"！如"啊，雨，我爱恋的雨啊，你一年四季常在我的眼前流动，你给我的生命带来活力，你给我的感情带来滋润，你给我的思想带来流动。"作者用感叹的语气直接抒情，四句长短不一的排比句，传神地传递出"雨"在作者眼中、心中、生命中有不可比拟的重要意义，作者通过动情地诵读，抓住"流动""活力""滋润"等词，反复咀嚼，可以感受到这份爱恋之情。

曹文轩说："纯粹的抒情散文，严格地说，是没有的。好的抒情散文既饱含感情，又有丰富的物象让情感得以寄托。"[②]朱自清说，抒情散文与其他文体相比，可以"自由些""随便些"。[③] 散文作者通常将所要抒发的情感通过一些写作手法将之变得具体，常见的即运用比兴、象征、拟人手法等，或者通过描写景物，采用托物言志的方法，达到抒情效果。

对于散文特性，人们常说一句"形散神不散"。所谓"形"指的是散文写作中所涉及的人、事、物、景等，还指写作的手法，文章的谋篇布局等。而"神"是一个中心，"形"永远在为"神"服务，非常突出的是回忆性散文。回忆性散文具有纪实性，使其虽然在讲述故事，却比记叙文更有温度；使其虽然在突出人物，却比小说更真实。如《阿长与山海经》，鲁迅为了表达对长妈妈永久的怀念，回忆叙写了大量事件，每件事的背后都隐含了一个孩子不同的情绪，不管是对"长妈妈摆大

[①] 夏继清，卜平. 高中写景状物类散文教学内容确定初探——以汪曾祺的《葡萄月令》教学为例[J]. 作文成功之路(中). 2014(08).

[②] 曹文轩. 具象——支撑情感的衣架[J]. 文学评论，1997(01)：46-53.

[③] 朱自清. 背影[M]. 北京：人民文学出版社，1985.

字"的厌恶，还是对"长妈妈害死隐鼠"的憎恨，都是真实的，是一个少年应该有的心理。但从对作者的深入了解来看，每一个事件、每一种情绪最终的落脚点仍然应该是那份"怀念"。为了要感悟到这份"怀念"，"厘清线索，感受情感变化，掌握欲扬先抑的写作手法"要成为必要且重要的教学目标。

（二）从学情分析来确定散文教学目标

我们常说"具体问题具体分析"，对于教学内容的确定也是如此，依据学生的不同情况教师应当制定不同的教学内容，因材施教，提高效率。

第一，从学生的心理和需求入手。学生进入初中后，面临着人格再造的"第二次诞生"，错综交织的矛盾和激烈振荡的内心世界，使他们产生了诸多不同以往的显著特点。其中很重要的一点就是：思维的独立性和批判性显著发展，不满足于简单的说教和现成的结论，但由于还不成熟，所以容易固执和偏激。所以教学活动中的观点走向、价值引导显得尤为重要。例如《回忆我的母亲》一文，作者的母亲"钟老太"，作为新中国开国元勋的母亲，更是他走上革命道路的支持者，所以把握"钟老太"身上那份属于无产阶级劳动人民典型的对穷苦人民的同情很重要，她从哪些方面体现出了"吾党之光"也很重要，这一教学目标的设定不仅可以作为主要问题来厘清文章内容，对学生解读和感悟人物身上的正能量同样有很好的作用。

第二，从学生已有的知识水平入手。根据布卢姆提出的认知目标分类，阅读目标可以分为记忆、理解、应用、分析、评价、创造等6个方面，初一年级的学生记忆的能力相当强，有较强的理解能力和应用能力，其余能力相对较差，尤其是创造能力。因此，教师在散文教学中设置教学目标时不能过于浅显、浮于表面，因为学生已经具备了一定的自学能力，能够简单地分析文章，也接触过散文这一文类，对于散文的特征有简单的了解，但不清晰。

为了培养其分析、评价、应用能力，以《雨的四季》为例，我们可以将教学目标和活动设置为：从修辞手法的角度赏析作者写雨的特点；仿照作者写雨的手法写一个作文片段。

教师所要教授的教学内容不是简单的分析字句，而是应当引导学生体味语言中蕴含的情感、学习文中所运用的写作方法、积累文中优美的字词语句，并能教会学生将所学内容迁移到学习、生活之中，更进一步培养学生的诗意，能准确感受文中的诗意美。

基于"双减"背景下初中数学分层教学的"两圈四翼"

数学教研组 王娜

初中数学分层教学为当前初中数学教学发展提供了新的思路和方向，而"双减"背景下初中数学分层教学的"两圈四翼"作业设计则是分层教学研究的进一步发展，目的是构建合理且可执行和可复制的分层教学作业设计方案，本文"两圈"和"四翼"作业设计方案是充分结合实践教学存在的问题，结合时下的政策要求而制定，具有较强的可推广性，为初中数学在"双减"背景下分层教学的作业设计提供了重要的参考。

一、"双减"政策的内容分析

2021年7月24日，中共中央办公厅、国务院办公厅印发了《关于进一步减轻义务教育阶段学生作业负担和校外培训负担的意见》（以下简称《意见》）。根据《意见》内容[①]，"双减"的对象是义务教育阶段学生；"双减"的目的是减轻课外作业负担和校外培训负担。不难看出，该《意见》背后是中国教育工作的大变革、大提升，核心是全面贯彻落实新时代党的教育方针，其政策严肃性不言而喻。具体来看，"双减"是党中央结合我国基础教育中存在的功利化、短视化、片面化等顽瘴痼疾，站在民族长远发展利益和推进教育领域综合改革的全局，谋求办好人民满意的教育，坚持教育是国之大计、党之大计的战略高度，为保障基础教育的健康持续发展和每个学生的全面和谐发展所做出的重大决策[②]。

根据《意见》内容要求，落实"双减"政策是扎实推进我国素质教育的需要，是抓紧落实立德树人根本任务的需要，也是促进教育公平、营造良好教育生态环境的现实需要。通读文件发现，新的"双减"政策和以往"减负"政策相比，政策的指向更具体，要求更明确。首先是政策发布规格高，执行力度大；其次是政策的针

---

① 李招.优化作业，落实"双减"——《重构作业：课程视域下的单元作业》评介[J].地理教学，2022，(4)
② 杨兆山，陈煌."双减"引发的对基础教育的几点思考[J].四川师范大学学报(社会科学版)，2021，第48卷(6)：35-41.

对性强和目的性高；再次是政策具有很高的可操作性；最后是政策的覆盖面广，不仅针对校内作业，还针对校外培训。总的来看，"双减"的最终目标是帮助引领基础教育重新回归正确轨道，全面提升教育质量，促进学生全面持续发展，坚持发展学校教育教学主阵地，提高课堂教学质量，把"双减"落实落地。

二、初中数学分层教学的内容体系

分层教学是一种层次分明的教学模式。对于初中数学教学来说，分层教学注重学生之间的差异性，充分考虑了每个学生的认知水平和学习状态，更利于学生的发展。[①] 如果教师根据学生存在的个性差距对学生进行分层教学，教师教学就会从团体授课转化成小组教学，这就使教师的备课和教学的对象简单化，有助于提升教育教学效率。在具体的课堂教学中，教育者根据学生个体差异进行分层，然后在组织教学时有针对性地在班级内部开展分层教学，其目的是确保各个阶段的学生均能在自己原有的基础上，尽可能多和尽可能快地获得发展成长的一种教学组织模式。[②] 作者认为分层教学要坚持以下两个原则。

（一）坚持学生主体地位，层次划分要合理

开展课堂教学的方式可以多样，但最终目的都一样，都是要尽可能地让所有学生有所收获。在义务教育阶段，初中数学教学过程中，合理开展分层教学是因材施教核心素养的体现，基于学情的学生分层，可以最大限度地激发学生的学习兴趣和积极性，提高学生课堂参与度，保证每个学生都能积极参与到学习中，让学生树立正确的学习观，培养学生核心素养发展是分层教学的首要原则。

（二）教学设计分层，增强教学实效

分层教学不仅仅是对学生进行分层，教学设计分层也同等重要。例如，学习"两直线平行的判定"这节课，教师可以设计分层问题，对于基础不好学生，问题可以简单化，如直接阐述"两直线平行的判定的定理都有哪些"，增强这部分学生对基础概念的掌握；对于学习成绩优秀的学生，可以设计培优习题，引导学生独立完成，拓展学生思维。另外，教师还可以设计分层的教学方法，要求学习成绩

---

①梁兰英．试论初中数学分层教学现状及有效措施[J]．新智慧，2021，（7）：94-95.
②欧振红．初中数学分层教学初探[J]．天津教育，2021，（8）：85-86.

好的学生学会自己学习，培养学生学习能力，对于基础较差的学生，教师要全程指导其完成学习任务，帮助建立自信，因材施教。

三、"双减"背景下"两圈四翼"分层教学作业设计方案的必要性

（一）立足"双减"背景的分层教学作业设计实现学生个性化发展

结合班级不同水平学生的学情，作业的制定必须要有层次。教师在实施分层教学后要对所教的内容做到心中有数，同时对学生的学习能力也要心中有数。[①]基于教材设计作业，对每一节课的重难点和明确的考点都要非常清楚，并以此作为作业设计的前提，有的放矢地确定作业，让每个层次的学生都能感受到所学知识考查的重点和难点，帮助他们根据自身情况选择发展的方向，才能第一时间检验学生的学习情况，从而促进学生个性化全面发展。

（二）立足"双减"背景的分层教学作业设计可促进学生全面可持续发展

分层教学的目的是帮助学生对课上教师所讲的知识能系统性的学习掌握，同时也是帮助学生在原有基础上提高自己的逻辑思维能力[②]。所以，应该合理地分析学习状况和教学情况，保障作业设计的准确性，合理地利用数学学习资源，保障作业设计的选材恰当，增强作业的可检验性和可操作性。通过层次分明的作业设计让所有学生都能有所收获，保障学生全面可持续的发展。

（三）立足"双减"背景的分层教学作业设计可以促使教师创新教学方式，提升教学质量

分层教学的理念，迫使教师在教学过程中必须关注学生的接受能力，考虑学生学情，注重因人施教，如此一来教师就不得不创新教学方式，创设更有吸引力的情景，创设更加适合不同层次学生的例题等等，这样教师的教学质量才能得到提升，学生的学习也才能取得长足进步。

---

① 王光领. 基于初中数学作业设计的思考[J]. 散文百家，2021，(4)：252.
② 熊少平. 初中数学作业设计多元化的策略[J]. 教育，2021，(47)：41-42.

四、"双减"背景下"两圈四翼"分层教学作业设计实施方案

数学是学生在初中阶段最为重要的学科之一，学好数学在很大程度将会影响整体的学习效果。对于初中数学教学来说，传统的教学方式已经跟不上学生发展的需求，也不利于学生学习效果的提高。随着初中数学分层教学的研究发展，初中数学思维也得到了良好的发展。对此，教师要设计一定比例的基础知识作业题，以树立学生的学习信心，提高学生的学习主动性。所以本文在考虑每节课的作业设计时，设定以基础知识和基础定理为核心，分为课堂基础知识和基础定理初检、课后基础知识和基础定理复检两个环节，每节新课的作业设计总耗时在两小时左右。

"两圈"覆盖班级内所有学生，其中课堂基础知识和基础定理初检环节重在检查当堂学生对基础知识和定理的掌握情况，此处不分层，而课后基础知识和基础定理复检环节制定中等及以下难度和培优难度两个题单。对每节新课设置"两圈"的目的是更大程度地将当堂所学知识，通过课堂和课后的梯度练习，加深学生对知识的理解和掌握。

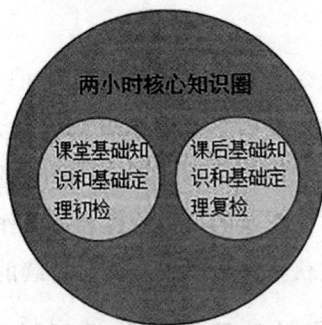

图 5-1　两小时核心知识圈

"EGMD 四翼齐飞"简称"四翼"。以"四翼"为主体框架，其中"四翼"具体是指 Excellent(优秀)，Good(良好)，Medium(中等)，Difference(差)四个维度。

每个学生都是一个独立的个体，他们学习数学知识的能力不同，对于知识的理解程度也不同，这就表明学生的学习水平不可能处于同一层次，如果教师没有针对学生的层次对作业进行分层设计，就很难发挥出作业检查学习质量的实际效果。优秀生会觉得题目太简单没有挑战性，而基础一般或者基础较差的学生则会认为题目太难无法下手，从而失去学习信心。对此，教师需要根据学生的学情，分层设计数学作业，这样每个学生就可以选择适合自己的题目。当然，教师也可

适当地设置一些挑战，让学生完成高难度的作业，当学生能够完成作业时，他们的学习信心就会得到明显的增加，对知识的记忆也会越发的深刻。

为此本文基于"四翼齐飞"目标制定详细且可执行和可复制的"四翼"分层作业设计清单，清单的制定是充分结合带满连续两届初中学生后，基于分层教学背景下，对分层作业设计的心得而来，旨在让每个层次的学生在每课堂中和课后都能得到及时有效的检验，帮助学生及时查漏补缺。

Excellent(优秀)简称"E翼"：当堂基础核心知识题单(4～5个题目)，当堂变式提高练习题单(2～3个题目)，课后变式提高练习题单(5～6个题目)，课后创新探究题单(1～2个题目)。

Good(良好)简称"G翼"：当堂基础核心知识题单(4～5个题目)，当堂同步变式练习题单(2～3个题目)，课后变式提高练习题单(3～4个题目)，课后创新探究题单(1～2个题目)。

Medium(中等)简称"M翼"：当堂基础核心知识题单(4～5个题目)，当堂同步变式练习题单(2～3个题目)，课后变式提高练习题单(3～5个题目)，课后创新探究题单(0～1个题目)。

Difference(差)简称"D翼"：当堂基础核心知识题单(4～5个题目)，当堂同步变式练习题单(2～3个题目)，课后基础核心知识题单(3～5个题目)，课后变式提高练习题单(1～2个题目)。

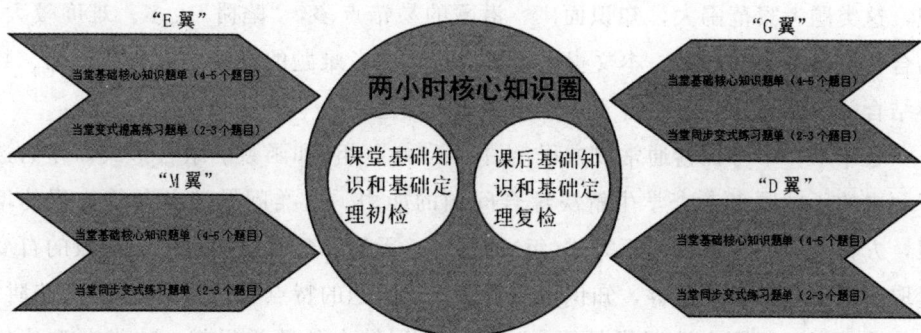

图 5-2　四翼核心框架

五、结语

本文是基于"双减"背景下初中数学分层教学研究的基础上开展的，通过对连续两届初中学生在学习数学上存在的问题和困惑，制定了"两圈四翼"分层教学作业设计实施方案。初中数学作业分层设计的策略研究总结和寻找了科学正确的方法并运用于教学中，把一线教师的宝贵教学和作业设计经验汇集起来，"两圈四翼"分层作业法体现了数学教学的改革与创新性，在方法落实过程中坚持了学生的主体地位。传统教学中通常都是教师统一布置作业，内容一致，没有可选择性，根本无法保证所有学生都能够悉数完成，部分学生甚至觉得作业难度过大而进行抄袭，加剧了学生的两极分化现象，降低了作业的教学功能性。应用"两圈四翼"分层作业方法，学生具有一定的选择性，把握好作业的布置，使数学作业成为学生的一种乐趣，因为做到了分层，学生的积极性和信心得到了保证，作业对于课堂教学的积极作用也得到了充分的发挥。不仅如此，"两圈四翼"分层作业让学生能更加清晰地感受自己在课堂上的收获，然后结合层次分明的作业清单，帮助学生得到全面可持续的发展。

初中不等式（组）教学中存在的问题解析

数学教研组　胡晓丽

本教学探讨了初中生在学习不等式（组）过程中存在的问题，并关注到近年来中考中出现的一类"陷阱"题：多以方程（组）、不等式（组）和函数的组合形式出现，这类题考察范围大，知识面广，潜藏的易错点多，"陷阱"也多，难度较大。结合学生学习中的问题，本文提出了解决这类中考难题的办法——分类讨论、数形结合的数学思想，并结合实例做了详细的阐述。

近年来，中考试卷通常以方程（组）、不等式（组）和函数的组合形式，作为选择题中的压轴题来考查学生解决综合问题的能力。这类问题涉及分式方程的增根，方程（组）的整数解，不等式（组）的有解、无解和整数解的范围、函数的自变量取值范围与图象性质等，知识点非常多。这类题的特点就是易错点多，"陷阱"多，难度大。解题方法通常是分类讨论、数形结合的数学思想。这类题型比较多，以下结合笔者实际教学过程中总结的问题，结合例题进行详细说明。

一、在认知上对不等式概念的理解存在问题

首先是学生在不等关系的理解上存在的问题，比如学生对于生活中的"不超过""不多于""不少到"等语言无法正确翻译成数学上的符号。其次是学生在不等

式的概念的理解上存在的问题。教学中不等式的定义为：用数学符号"≠"">"
"<"">"≤"连接的两个数或代数式，以表示它们之间的不等关系，但在学习过
程中，恰恰很多同学们忽略了数学符号"≠"。最后，学生们在一元一次不等式或
一元一次不等式组的概念的理解上也存在的问题。

二、在实际操作中对解不等式(组)存在问题

(一)学生在学习解方程时就已存在错误认知

学生在解不等式时出现的计算错误的地方，多在其解等式方程时就已经存
在。教科书中在解方程一节中给出的解法步骤是：去分母、去括号、移项、合并
同类项、未知数系数化为一。而对于解一元一次不等式的步骤也可以概括为：去
分母、去括号、移项、合并同类项、未知数系数化为一。可见，在学习解一元一
次不等式之前学习的解方程和其解法有许多相通的地方。

(二)解含参数的不等式时存在的问题

含参数的不等式是初中不等式里难度系数最大的题型，含参数的不等式在学
生进入高中阶段的不等式知识的学习时仍是一个难点。学生在求解含参数不等式
时往往会忽略掉对参数的讨论，或者对参数的取值范围讨论不准确，在解不等式
的过程中出现转换不等价现象，就是所谓的漏情况或者干脆的错解。这主要体现
学生在做不等式等价转换的过程中考虑情况不全，导致最终求解的不等式并非原
不等式的等价不等式。解含参数的不等式题属于综合性知识，需要有意识地利用
学习过的数学思维，灵活转换才能求解。而学生在学习不等式的基本性质的过程
中，没有对"不等式两边同时乘以或除以一个负数时要变号"这条性质进行过深层
地理解。同时对"变量"和"常量"的概念混淆，无法理解 a 作为一个常量存在于一
个不等式中时，它和变量 x 是不同的。

(三)解一元一次不等式组时存在的问题

学生在解一元一次不等式组时，无法将几个不等式的解正确地表示在数轴
上，进而无法借助"数轴"来写出一元一次不等式组的解集。测试题的选择题中的
第三题，学生在选择四个选项中哪个正确地把不等式解集表示在数轴上时，有
87.55%的学生都做出了正确的选择。错误的学生中除了计算上的错误外，还有

数轴上"空心点"或"实心点"的表示错误。这一道选择题的正确率较高，但与之对比的就是同为解一元一次不等式组的计算题第四题，这道题的正确率仅为43.06%。这道题较之选择题而言计算上简单，而且从两个题型的本质区别上来讲，计算题也要难度大一些。通过这道计算题中，学生自己画的数轴上看，学生在画数轴的规范性以及美观性上都存在着问题，如数轴的三要素不齐全、数轴过长、在数轴上标数值等问题。

三、案例解剖

为了让学生收获更多，在讲解这类题型前，可以先简要复习相关知识。解不等式组的方法，并强调在找不等式组的解集时一定要通过画数轴，用数形结合的方法更直观准确。复习解分式方程的解法和步骤：去（分母）——解（方程）——验（根）；分式方程的增根；分式方程无解（①所得解是增根而无解。②化成整式方程后的整式方程无解。）。

例1 若 a 为整数，关于 x 的不等式组 $\begin{cases} 2(x+1) \leqslant 4+3x \\ 4x-a < 0 \end{cases}$ 有且只有 3 个非

正整数解，且关于 x 的分式方程 $\dfrac{1-ax}{x-2}+2=\dfrac{1}{2-x}$ 有负整数解，则整数 a 的个数

为（　）个。

A. 4　　　　　　　B. 3　　　　　　　C. 2　　　　　　　D. 1

解析：解不等式 $2(x+1) \leqslant 4+3x$ 得：$x \geqslant -2$，并把解在数轴上表示出来；

解不等式 $4x-a < 0$ 得：$x < \dfrac{a}{4}$。要满足不等式组只有 3 个非正整数解，须 $0 < \dfrac{a}{4} \leqslant 1$，所以 $0 < a \leqslant 4$……①；分式方程通过去分母化为整式方程，并整理得：$(2-a)x=2$，讨论：当 $2-a=0$ 即 $a=2$ 时，方程为 $0x=2$ 无解，所以 $a \neq 2$，

此时可解得 $x=\dfrac{2}{2-a}$，因为 $\begin{cases} x \neq 2 \\ x < 0 \end{cases}$，所以有 $\begin{cases} \dfrac{2}{2-a} \neq 2 \\ \dfrac{2}{2-a} < 0 \end{cases}$，解得 $a > 2$……②；由

①②得：$2 < a \leqslant 4$，所以整数 $a=3$ 或 4。故选 B。

陷阱分析：在本例题中陷阱比较多，在不等式组和分式方程中都设置了陷阱："有且只有""3 个""非正整数""分母互为相反数""负整数""整数 a"这些是可

见的陷阱，还有"分母不为 0"及在将分式方程转化为整式方程后未知数 x 的系数成了 $(2-a)$ 这种含参数的整式方程这两个隐含陷阱，都是解题时最容易忘掉和出错的地方。

应对方法：①画数轴，数形结合确定 $a/4$ 的范围；②分式方程中，出现了两个分母互为相反数时，对 $2-x$ 与 $x-2$ 进行统一；③分式方程转化为整式方程后，未知数 x 的系数是含有字母系数时，要对字母系数是否为 0 进行讨论；④分式方程中不要忘记分母不为 0；⑤检验所求 a 的值是否符合题意。同时，为了加深学生对该类题型的掌握，可以对该题稍加变式，让学生进一步练习体会该类题型的解题方法策略。

变式 1：若 a 为整数，关于 x 的不等式组 $\begin{cases} 2(x+1) \leqslant 4+3x \\ 4x-a<0 \end{cases}$ 有且只有 3 个非正整数解，且关于 x 的分式方程 $\dfrac{1-ax}{x-2}+2=\dfrac{1}{2-x}$ 无解，则整数 a 的个数为 _____。

变式 2：若 a 为整数，关于 x 的不等式组 $\begin{cases} 2(x+1) \leqslant 4+3x \\ 4x-a<0 \end{cases}$ 至少有 3 个非正整数解，且关于 x 的分式方程 $\dfrac{1-ax}{x-2}+2=\dfrac{1}{2-x}$ 有负整数解，则整数 a 的个数为 _____。

变式 3：如果关于 x 的不等式组 $\begin{cases} \dfrac{x-m}{3}<0 \\ x-3>2(x-1) \end{cases}$ 的解集为 $x<m$，且关于 x 的分式方程 $\dfrac{m}{x-3}+\dfrac{2-x}{3-x}=3$ 有非负整数解，所有符合条件的 m 的个数是（　）。

A.1　　　　　　　B.3　　　　　　　C.2　　　　　　　D.4

四、小结

通过以上实例可以看出，这类试题的设计，其隐含的条件是非常具有隐蔽性的，若不注意，很容易忽略。如果对隐含条件的挖掘不够，就会给解题带来极大的困难，甚至不能求解，最终掉入出题人的"陷阱"里，因此，解该类试题必须注意挖掘试题中的隐含条件。同时，在数学教学中，也要有意识地设计"陷阱"，制造解题障碍，以此来培养学生的创新思维能力，养成善于挖掘、善于发现、喜欢思考的好习惯。

谈教师改进成长手册使用之得失

数学教研组　张彬

《教师改进成长手册》（以简称《手册》）是根据学校年度发展目标，有意识地将教师教研有关资料收集起来，通过学术委员会的学年评估，及时反馈教师在发展过程中的优势与不足、成长过程中的努力与进步，并通过教师的自我反思与学校合理评价激励教师继续前行。《手册》的使用对教师的评价更开放、更全面，是激发教师内驱力、促进教师专业成长的有效工具。

一、手册使用时的目的和初衷

教育的本质是提高人的生命质量和生命价值，这需要高素质的教师才能培养出有创新能力的学生。教师是学校最丰富、最有潜力、最有生命力的教育资源。教师的成长离不开学校的培养，教师专业成长需要以学校为依托，学校的发展则以教师专业成长为基础，只有将教师专业成长与学校发展结合起来，才能促进教师与学校的共同发展。因此，充分调动每一个教师的积极性与创造性，促进教师的专业成长，打造出更多的优秀教师，才是办好一所学校的关键。

然而，优秀教师的塑造不是一蹴而就的，每一位优秀的教师都要体验从毫无经验的新手向游刃有余的学科骨干转变的成长过程，需要个人的学习、思考和实践。每个教师看似千篇一律的工作却蕴藏着巨大的智慧宝库，需要我们有意识地去寻找、挖掘、提炼与升华。《手册》就是教师成长的助推器和见证者，它让教师思量自己的思想行为与智慧之间的距离，反思成功经验与失败教训之间的经历，在实践中不断改进，不断提升，从而逐渐走向成熟。

二、手册内容上的思考和呈现

《手册》记载教师工作中的成就、困惑及反思，记录教师动态、开放、持续成长的过程与状态，在动态积累中促进教师自我的专业成长。本《手册》由规划·学习篇、教学·科研篇、研究·反思篇、成果·总结篇四个板块构成。

在规划·学习篇中有教师成长历程、教师改进成长规划、教师学习培训记录三个目录。其中教师改进成长规划要求教师从主要优势、主要问题及改进策略三个方面进行自我剖析，从奋斗目标、专业理论学习目标及教育教学发展目标等方面进行引导，从年度个人发展计划、落实年度个人发展计划的具体举措、面临的困难与挑战、希望学校给予的帮助等四个方面去制订教师年度发展行动计划，把教师的专业成长引向一个有计划的、有步骤、持续的过程中去。

在教学·科研篇中包括教师年度基本工作情况、教学情况、科研情况、育人情况。其中教研方面主要从校级及以上示范课、公开课及研究课等教学课例，从校级及以上的讲座与论坛，参与主持或主研的科研课题及论文、论著获奖等情况详实的记录，为教师的自我成长与评价提供充足的印证资料，引导教师对自我进行客观的比较和分析。

在研究·反思篇中主要是教师对学年阶段工作的综合总结，这是教师与自我的对话，是教师以其教书育人活动为思考对象研究并反思自己的教研观念和实践，进而对自己在教研活动中的行为进行审视和分析，从而形成对自己教育教学活动独立思考的心路历程。

在成果·总结篇中张贴教学、科研、育人等类别的获奖证书。教师们教育教学工作中的付出与努力结出的累累硕果能带给教师本人强烈的工作胜任感和成就感，以此带给教师职业幸福感，从而使他们有了继续前行的信心和动力。

三、手册实践中的体会与收获

（一）彰显教学智慧，升华教学理论，提升教师专业素养

《手册》的使用让教师能及时对自己的经验进行梳理和挖掘，把自己的心路历程或成长规划记录下来，这个回顾、整理的过程，能帮助老师盘点学年工作的收获，重温自己成长与进步的每个细节。在记录的过程中老师们思考得更多了，手中的笔更勤了，一些零散的"点子"成了饱含教学智慧的"金子"，一些不系统的教学实践升华成了自己清晰的教学理念，从而让自己的教育教学演绎得愈发自信与精彩。

（二）详尽记录教师成长与发展的过程，提高教师的职业幸福感

从马斯洛的需要层次论来说，人有其物质上的需求和高级的精神上的追求，

在精神领域，被肯定便是一种幸福。过去对教师的评价往往只看其教学成绩，从而使很多的教师丢失了其原本应有的幸福感。现在，利用《手册》把目光转向教师的专业成长，让我们看到每一位教师成长过程中的努力与付出、成长与进步，从而使教师体会到自己工作的意义和价值，获得职业上的幸福感。

（三）搭建教师自我评价、自我反思的平台，在反思中成长

"教育家"与"教书匠"的区别就在于是否反思。一个优秀的教师往往能把"反思"作为自己成长的源泉，靠"反思"来激发自己永恒进取，去点燃探索的火把。教师要进行"反思"，首先要把"反思"当成一种自觉行为，养成一种习惯。而《手册》的记录过程就是教师的一种反思学习的过程。《手册》在展示成效的同时，也可以使教师不断回想取得成效的过程与方法，从中找到成功的经验与失败的教训，学会自我反省，从而使教师能客观地自我剖析，帮助教师顺利找到自己的最近发展目标。

（四）教师队伍发展的"监控仪"，教师队伍建设的"推进器"

《手册》是对教师诸多成效的记录与回放，学校可以从中全面地了解本校教师队伍建设的情况，了解本校教师队伍的优势与不足，也了解教师在教育教学中产生的经验，并在今后的工作中调整策略和方向。

清代大思想家魏源曰："教人者，成人之长，去人之短也。唯尽知己之短而后能去人之短，唯不恃己之所长而后能收人之长。"《手册》体现了教研的基本理念，见证了广大教师的成长历程。作为学校，我们将坚定不移以教师专业成长为突破口，关注教师个人的"专业智慧"，重视相互合作的人文情怀，唤醒教师自主发展的思维，激活教师积极研究的状态，努力把学校建成真正意义上的学习型组织，为教师的专业成长提供良好的育人氛围和发展平台。

高中英语课堂教学中小组合作学习的问题分析及对策

英语教研组　龙森

笔者通过长期跟踪观察发现，高中英语教学中因为分组不合理、任务不明

确、方法不恰当、教师角色转换不到位、评价不科学等原因导致小组合作学习效率不高。因此，教师应在教学过程中积极转换角色、科学分组、合理分工、精心设计任务、强化合作意识、明确合作规则、建立多维评价机制等，以提高小组合作的有效性。

一、引言

Group work 即小组活动，也被称作小组合作学习，是将班级学生按一定要求组合成若干学习小组，在教师指导下通过合作性活动完成特定学习目标和任务的一种学习活动。美国学者大卫．W．约翰逊认为：小组合作学习比个人独立学习，更能让学习者获得更多知识，也更能促进师生交流和生生交流。[①] 但根据基础教育研究中心对多堂高中英语课的综合研究分析发现：只有 37％ 的小组合学习达成了预期学习效果，实现了既定学习目标；41％ 的小组合作学习流于形式、效果甚微；22％ 的小组合作学习装腔作势、浪费时间。

二、高中英语课堂中的小组合作学习问题分析

2021—2022 学年度，笔者把所任教学校高一年级 8 个班和高二年级 8 个班的同学和 9 位英语教师作为小组合作学习在高中英语课堂教学中低效原因的研究对象，通过跟踪听课、问卷调查表、课后与研究对象多次的访谈等，笔者发现了如下问题。

（一）小组合作学习的分组不合理

部分英语教师在进行合作学习分组时，没有进行准确的学情调查和班情分析，对于全班学生没有进行合理的小组划分，经常采取同桌组合、前后左右组合，未严格遵循"组内异质、组间同质、优势互补"的分组原则，未根据知识基础、学习能力、性格特征等个体差异因素科学划分分组，导致组员之间的个体差异大，学习能力参差不齐，小组合作学习的效率低下。

[①] Johnson，D. W.，& Johnson，R. T.（1999）. Cooperative Learning：Theory and Research（《合作性学习的原理与技巧》）. Edina，MN：Interaction Book Company.

（二）小组合作学习的任务不明确

在教学过程中，部分英语教师没有引导学生理解学习任务或者没有明确传达任务，就匆忙组织实施小组合作学习，仅仅使小组合作学习成为课堂氛围的"调味品"。这种仓促的、形式上的合作学习只会给课堂教学带来负面影响，冲淡课堂教学效果，这样的合作学习只能是被动的、消极的，学生甚至只能扮演听众和看客。

（三）小组合作学习的方法不恰当

在一些高中英语课堂上，小组合作学习一旦开始，学生反应迅速、面面相对、唇枪舌战、热闹非凡，看似合作学习的效果很不错。但经仔细观察发现，要么组内成员七嘴八舌、争得面红耳赤；要么成为个别学生的"独角戏"和"一言堂"；要么各自分头准备，独立完成自己的任务，根本不讨论也不交流，最后只是把结果拼凑在一起进行展示，这充分反映出学生缺乏正确的小组合作学习方法。

（四）小组合作学习的监控不到位

部分英语教师为了完成本节课的任务，在学生刚开始讨论后不久就让他们停止，使得小组合作的效果大打折扣；部分教师未能把握好宽松尺度，对于小组合作学习过程中出现的闲聊冷场、恶意争吵、随意走动、偏离主题等情况，没有及时制止、引导，使小组学习流于形式。

（五）小组合作学习的评价不科学

在进行评价时，部分英语教师对各组成绩优异、表现突出的学生频繁予以表扬或奖励，但忽视了对组内后进者的鼓励和肯定；部分英语教师只注重各小组合作学习任务的结果，而忽视了小组合作学习的过程性评价；部分英语教师在个体评价和集体评价方面顾此失彼；部分英语教师要么给予口头表扬，要么给小组发卡片、画红旗或给相应分数等，评价手段单一，激励效果差。

三、高中英语课堂中的小组合作学习策略探究

（一）科学划分小组，促进优势互补

教师进行小组合作学习教学时，要严格遵循"组间同质，组内异质，优势互补"的分组原则，将学习小组成员的多样性与学习小组间的合理竞赛有机结合。首先可由教师根据学生的日常总体学习表现，精心挑选出具有较强学习能力、领导能力和组织能力的小组长，再由教师协同小组长，按照学生的知识基础、能力高低、性格特点、男女性别、兴趣爱好等综合因素的不同进行分组，每个小组成员为 4 至 6 人，且尽可能让每个小组成员的英语基础水平均衡，避免出现小组合作学习过程中的两极分化或冷热不均现象。在经过一段时间之后，再根据小组成员的实际学习表现，适时适度地重新分配学习小组，既增强学习小组之间的竞争力，也不断提升学习小组的"新鲜度"。

（二）明确组内分工，实现全员参与

为了防止极少数学生在小组任务中"搭便车"，坐享其成，可在各合作小组内设立组长、主持人、记录员、资料员、汇报员、计时员等角色，使得每一名学生都能明确各自所担任的角色并为之负责。例如：组长承担学习小组合作的活动组织、任务分工、过程监督等职责，让每一次的小组合作学习都能规范有序地开展；记录员要承担讨论要点、讨论结果等信息记载的职责，以便讨论结束后向教师和其他小组做交流汇报；汇报员承担向教师和其他小组汇报结论的任务。为了锻炼学生的综合能力，组内成员承担的职责不能长期固定，组内成员要互换角色，从而提升生生互动的新鲜感和有效性，使合作学习能创新高效地开展下去。

（三）细化具体任务，夯实学习效果

教师可设计以探究问题的解决途径或寻找问题的答案为主要目标的探究性任务；可设计以对某种观点对错理由说明为主要目标的辩论性任务；可设计以解决某一开放性问题为主要目标的开放性任务；也可设计以突破某一难点为主要目标的创造性任务。在完成上述任务的过程中，也可精心设计小组讨论、会话练习、角色表演、戏剧表演、课堂辩论、小组调查等小组合作活动。此外，为保证小组合作学习的效果，教师应在课堂上加强巡视调查、督促引导，给足时间让小组成

员独立分析、冷静思考，只有这样才能让小组在集体讨论时达到针锋相对、豁然开朗、惺惺相惜、受益匪浅的效果。

（四）转变教师角色，发挥多重职能

Harmer[1] 把外语教师的角色定位为控制者（controller）、评估者（assessor）、组织者（organizer）和资源（resource）等，小组合作中教师应综合运用这几种角色。在合作学习实施之前，教师要认真分析教材，研究学情，并根据学生能力水平科学制定教学目标，合理设计合作任务，避免进入"为设计而设计、为合作而合作"的误区。在组织合作学习时，教师应对每个合作小组的学习活动进行指导、监督、干预和管理，并适时参与到小组合作之中。在合作学习结束后，教师应当根据预设的合作学习的任务目标，及时、科学、客观地对合作学习的结果进行测评，并直观准确地向学生进行反馈，同时对如何优化合作学习方式提出合理的意见建议，使学生能从刚才的活动中有所感悟、有所收获，并且能够及时感受到合作学习活动所带来的成功和喜悦。总之，教师一定要充分调动学生在课堂学习的自觉性、自主性和探究性，引导学生学会表达、思考、交流、吸纳、求助、发现、总结，从而真正实现合作学习提质增效的目标。

（五）完善评价机制，强化学情反馈

"评价是一盏灯"，能点亮学生前进的方向。首先，教师应采取小组评价和个体评价相结合的方式，对小组的评价应侧重组员分工是否合理、组员参与是否积极、活动形式是否丰富、合作内容是否充实、学习效果是否高效等，对个体的评价应侧重接受任务的态度、执行任务的努力、完成任务的效果以及个体对小组合作学习做出的贡献等；其次，教师应避免单一的终结性评价方式，因为形成性评价不仅能反映出学生在小组合作学习中的知识水平、沟通技能、合作意识、问题意识、探究意识、创新意识和情感态度等表现情况，而且能提供更加真实全面的合作学习过程的信息反馈，带动学生从被动地接受评价转换为积极主动地开展评价；最后教师还可采取学生成长记录的方式，把每个小组成员在合作学习中的点点滴滴记录在案，真实地反映每个学生在学习过程中的一言一行、一举一动等极

---

[1] Jeremy Harmer，英国的语言教育家，英语教学协会（IATEFL）的主席，被授予了英国皇家学会教育奖章。

其细微的层面，让评价更加真实、客观、公正。当然，教师也应当灵活运用学生自评、学生互评、小组自评、组间互评等多维度的评价方式，丰富学情反馈的路径，进一步提升小组合作学习的实效性。

总之，"在学习中学会合作，在合作中学会学习"，小组合作学习既给高中英语课堂教学注入了生机与活力，也有利于提高学习效率、提升学习热情、激发灵感的火花、培养团队合作精神。"路漫漫其修远兮，吾将上下而求索"，让我们充分认识开展小组合作学习过程中存在的问题，积极运用提升小组合作学习有效性的方法策略，就一定能使高中英语课堂的小组合作学习更科学、更合理、更高效。

浅谈"双减"背景下初中英语课后作业设计策略

英语教研组　　陈晓兰

随着国家"双减"政策的实施，作业设计成了广大教师的重点研究对象。作业是课堂教学的延伸与拓展，学生通过作业对所学知识进行巩固，作业也是检验教师课堂教学效果的重要手段。初中阶段是学生系统学习英语的重要时期，其中英语作业是检验教师课堂教学效果与学生学习效果的重要依据。因此，本文主要阐述目前英语课后作业设计现状，并依据"双减"政策要求提出课后作业设计策略和相应的教学课后作业设计案例。

一、前言

2021 年 7 月，中共中央办公厅、国务院办公厅印发了《关于进一步减轻义务教育阶段学生作业负担和校外培训负担的意见》，并发出通知，要求各地区各部门结合实际认真贯彻落实。政策规定初中书面作业平均完成时间不超过 90 分钟，同时要求教师加强作业管理，优化作业设计，切实提升教学质量。[①] 随着"双减"教育政策的不断深入，初中英语教学中的作业设计要求不断提高和优化。作业的提质增效是落实"双减"的关键点，减去负担不是最终目的，提高作业质量和学习

---

① 中共中央办公厅，国务院办公厅. 关于进一步减轻义务教育阶段学生作业负担和校外培训负担的意见。

效率才是"双减"政策的出发点。如何有效实施"双减"政策的要求，需要广大教育者不断深入研究。依据英语课程标准的要求，初中英语课后作业设计应该以培养学生英语学科核心素养、激发学生学习英语的兴趣，促进学生个性发展，切实提高学生的学习质量，落实育人的根本任务。

二、初中英语作业设计实施现状

为切实了解目前"双减"背景下英语课后作业设计情况，特此开展了有关作业设计的问卷调查和访谈，结果发现在初中英语教学中英语教师的实际课后作业设计过程中存在一些问题，具体问题表现如下。

第一，通过访谈发现，多数初中英语教师在设计课后作业时直接把教材或者练习册的课后习题作为课后作业，忽视了学生之间的水平差异，作业设计缺乏层次性和个性化，导致作业难度与不同层次学生的学习能力不匹配。班上英语基础好且效率高的学生能顺利完成老师统一布置的课后作业任务，但会导致其中一部分优秀的学生得不到知识的拓展。然而对于学习基础相对较差的学生不能及时完成布置的课后作业，长此以往还会导致学生英语学习问题堆积，对英语学习兴趣逐渐降低，对学生的英语学科素养的提升造成了阻碍。

第二，初中英语教师布置的抄写作业数量比较多。通过问卷调查发现，96％的学生都曾做过单词抄写的课后作业，访谈结果显示被问及是否给学生布置过抄写作业时，英语教师均表示为了提高学生英语书写能力，在学生学习英语初期会布置单词或课文抄写作业。然而实际情况则是多数学生在做这类简单抄写作业时仅仅为了抄写单词和课文，消极应付且认为没有挑战和趣味性。这种形式的作业不仅加重了学生的学习负担，并和现阶段的"双减"政策背道而驰，而且降低了学生的英语学习热情和积极性。

第三，英语课后作业的形式单一。通过问卷调查发现，学生的课后作业形式主要是书面形式，极少数同学表示曾做过有表演或是口头作业。许多英语教师表示在给学生布置作业时往往忽视了作业形式的多样性和有趣性，布置的作业形式都是书面形式，较为单一，往往忽视了对英语语言的理解和实际运用。作业内容也长期存在不合理的地方，只局限在单纯的语法层面的练习上，这样就加重了学生的学习负担，且让学生失去了学习英语的实用性和兴趣。

三、课后作业设计的策略与案例

教师要提高自主设计作业能力，丰富作业类型方式，在促进学生高质量完成好基础性作业的同时，引导学生学会知识的迁移运用。关注与学生现实生活、社会实践之间的联系，激发学生们的英语学习兴趣，加强学生对英语的实际运用。

第一，开发形式丰富且有趣的课后作业。教师在"双减"背景下对初中英语课后作业的布置应该基于学生的兴趣以及作业形式的趣味性进行设计。教师除了必要的常规书面作业，还可以设计口头、听力等方面的作业，尽可能地让作业的形式丰富起来，同时又能发展学生的英语综合能力。例如，学生在学完人教版八年级下册 Unit 1 Section B He Lost His Arms But Is Still Climbing，教师可以将课后作业设计为全班学生一起观看电影 127 Hours，该电影将阿伦·罗尔斯顿的真实经历搬上大银幕，让学生通过电影感受到作者"生死两难"的境地，学习遇到困难不放弃的精神。学生从观影中感受和学习英语，还可以熟悉和锻炼英语的听力能力，听力水平也会得到提升。学生在学完人教版八年级上册 Unit 7 Will people have robots? Section A 部分，教师可以将课后作业设计成画出你理想的未来城市模样。学生不仅能将本单元所学的将来时态的表达运用到介绍绘画内容，还激发了学生们对未来美好生活的憧憬。通过趣味性的作业形式，激发学生的学习兴趣，体验到生活中处处有英语，生活经验和认知水平也能得以发展。创新作业类型，使学生获得自信，感受学习带来的乐趣。

第二，开发分层性课后作业。课后作业要针对不同学习水平的学生进行分层布置，要让不同层次学生在适合自己的作业中获得成功的体验激发学生学习探究的欲望。[①] 让学生有自主选择作业的可能，当然更应鼓励部分学生树立信心，挑战自我，在寻求老师和同伴的帮助下，完成一定梯度和难度的课后训练。教师在作业的布置中需要因材施教，根据实际的教学情况安排适当的作业，教师需要在作业的量上下功夫，展现作业的层次性，基本作业能覆盖全部不同学习水平的学生，选择作业留给学有余力的学生，超额作业留给不断突破自己的学习能力强的学生。这样就能满足不同学生的学习需求，满足学生多样化需求的内容。例如，在学生学习完人教版八年级下册 Unit 1 What's the matter? Section A 部分，表示身体不适的表达最基本的是 have a/an/the＋疾病、have a/an＋"身体部位＋ache"、have a sore＋身体部位这三种结构句式。教师布置的课后作业为根据图片利用上课所学的表示身体不适的句型编写对话，练习后下次上课时展示。提醒学生收集更多表示身体不适的句型并运用到对话里丰富句型。从班级同学们所呈现

---

① 教育部．义务教育英语课程标准(2011 年版)[S]．北京：人民教育出版社，2012：3—4．

的对话作业情况可知,学生们运用到以下句型结构,如:用"be/feel＋形容词"、"get＋动词的过去分词形式"、用动词"hurt/cut/break＋具体部位"。同学们根据教师布置的作业并结合自身英语能力完成不同层次的作业,让不同层次的学生均得到有效的训练。

第三,开发实践性英语课后作业。在设计英语课后作业时注重贴近生活,强调学以致用,创设贴近真实生活的英语学习情境,让学生经历与体验多样的学习方式,形成主动实践的学习习惯。英语作为语言类学科,学习英语的目的之一就是将英语运用于实践生活之中,注重实践与练习。比如学生在学习人教版八年级下册 Unit 6 An old man tried to move the mountains 课文时,教师可以将英语课后作业设计为课本剧表演,让班级同学分成若干小组,各小组同学把《愚公移山》这一家喻户晓的中文故事用英语表演出来。在学习八年级上册 Unit 8 How do you make a banana milk shake? 时,教师设计的课后作业是让学生课下分组准备材料,将小型厨房搬进教室,在课上小组合作制作水果沙拉、奶昔、三明治等食物并用英语介绍制作过程。

另外在学习八年级下册 Unit 6 Section B Hansel and Gretel 时可将课后作业设计成将课本上的童话故事补充完整,改编成课本剧,并鼓励学生们上台表演,学生在课下小组排练过程中加深了对所学内容的理解,也提高了学习英语的兴趣。这样的作业调动了学生的积极性和参与意识,锻炼和提高了学生的学科核心素养。教师可利用节假日布置实践类作业、探究性作业,注重德育渗透,并鼓励学生们将所学知识进行有效迁移。

四、结语

作业是学生学习活动的重要载体,是课堂教学的延伸,具有巩固课堂知识、诊断课堂教学的作用。[①] 基于"双减"背景下,从开发形式丰富且有趣的课后作业、开发分层性课后作业和开发实践性英语课后作业这三个英语作业设计策略进行分析与举例,既可以优化初中英语教师的教学方法,提升教师的教学质量,也可以优化学生的学习方式,实现作业的"减负提质",让学生在做作业中再度发现英语的乐趣与学习的意义,切实落实"双减"政策。

---

① 程樟木,杨丽霞.―"双减"背景下初中英语作业设计原则与实践[J].福建基础教育研究,2021,11:14－
　 15＋42.

"学本式"教学模式下的中学化学
自组织教学实践研究

化学教研组 付仕蓉

本文主要探讨在沙坪坝区的"'学本式'卓越课堂"教学模式下,如何开展高中化学课堂自组织教学。笔者结合自身的中学化学教学实践,在本文中重点对学本式中学化学课堂自组织模式的自组织性质、理论基础、模式理念等方面进行了简易论述,通过课例分析,讲述如何在"学本式"教学模式下开展化学自组织教学。

近年来,沙坪坝区抢抓重庆市"卓越课堂"五年行动计划启动契机,基于地区的实际情况,基于新课改倡导的学生的主体地位,开展了"'学本式'卓越课堂"。在"学本式"课堂上,以生为本,遵循课堂教学的基本规律,也就是在这个具有复杂的系统式的课堂教学中,体现教与学、师与生的"双主体"和"双互动"的性质。在课堂教学中,学生活动应该是课堂教学的主体活动,但鉴于课堂情境的不断变化,课堂教学系统也就不存在唯一的中心,"教与学"的互动辩证统一,体现了课堂教学系统具有一定的自组织性质。

化学是以实验为基础的一门科学,如何让学生在化学课堂上积极主动参与实验的探究过程尤为重要。因此,在中学化学教学的设计或实践中,必须要充分挖掘教材、结合学生的学习要素,为学生提供合理的自学引导,以充分发挥课堂教学系统的自组织作用,充分利用教学系统内部各子系统积极、主动的调控。课堂教学系统内部的自助调控能很好地保护并延续学生对自然学科的兴趣,促使学生个性的充分发展与不断完善。因此,在遵循中学化学教学课堂基本规律的前提下,我校以"学本式"教学模式为理论导向,开展中学自组织教学模式的探究与实践。

一、"学本式"教学模式下化学课堂的自组织教学是以生为本,以学促教

"学本式"中学课堂自组织模式是鉴于学生成长、教师进步和学校发展的需要而设计,是一种将自然科学理论用于教学实践的新型教学模式。自组织教学原理是受到自然科学中热力学的启发,以热力学的能量传递的观点来看,一个开放的

系统即通过与外界交换物质、能量和信息的系统，就会不断地降低自身的熵含量，提高其有序度的过程。由此，它就体现了这个开放系统的自组织现象。我们的中学课堂教学是一个传输科学知识，培养学习能力的载体，是教师、学生、知识等多元素构成的开放性系统，其本身就存在无序产生有序的自组织现象。因此，在课堂中，开展自组织教学是可行的、有效的。

二、"'学本式'卓越课堂"教学模式下的化学课堂自组织课堂是开放的、平等的和自组的教学过程

"学本式"中学化学课堂自组织教学模式的核心思想是体现学生的主体性，遵循课堂教学的自组织性质。其基本理念是"以生为本，以学为主；以教为辅，以师为导；以学定教，以教促学；先学后教，即学即练"。自组织教学模式基于两个重要的理论基础，一个是自组织理论，另一个是自组织学习理论。在自组织理论中有一个重要理论——协同论。协同论认为：系统内各序参量之间的竞争和协同作用是系统产生新结构的直接根源。自组织学习理论认为自组织学习的特征主要有组织的开放性、成员的平等性、资源的自增长性等。

三、在以"学本式"教学模式为理论基础的化学课堂上，如何开展自组织教学

作为一线的在职普通中学化学教师，在自己课堂中，如何利用自组织教学模式开展课堂教学呢？笔者以自己的《实验室制取二氧化碳的研究》这一堂课的教学为例，介绍该教学模式的操作环节。根据教学目标和重难点将该课堂分三个学生自组织环节：环节一：学习重点是反应原理。学生自组织学习活动主要是采用看书，自学书写，练习实记。环节二：重点和难点是实验装置的选择。学生自组织学习活动的方法是根据教师的引导，学生利用已学知识，思考、讨论、探究、选择制取二氧化碳的装置。①教学流程：复习制取氧气的装置→总结确定装置时应考虑的因素→选择制取二氧化碳的装置→进一步提升为组装仪器→给出一套常用装置，并讲解注意事项。②突破难点的方法：由浅入深，一点一点儿给刺激，让学生更容易接受理解。③这个过程中资料卡片的给出，能有效整合课本内容，同时提升学生提炼信息的能力。环节三：设计自组织活动是让学生根据自己设计的装置，进行实验操作，归纳得出实验室里制取气体的一般思路和方法。①让学生体验制取的过程，增强课程的趣味性。②让学生在实验后，总结出验满方法和检验

方法这两个知识点，最后整合整堂课内容，得出实验室里制取气体的一般思路和方法。该课堂教学的三大教学环节以自组织教学模式的实施过程如下。

（一）环节一：药品的选择和反应原理

（1）自组织学习：自学课本 113 页，了解实验室制取 CO_2 的药品和反应原理。

（2）教师引导助学：为什么实验室制取 CO_2 的药品要选择大理石、稀盐酸？用大理石和稀硫酸或者碳酸钠和稀盐酸，行吗？

（3）教师演示实验：①大理石、稀盐酸；②大理石、稀硫酸；③碳酸钠、稀盐酸。

（4）学生自组织观察与思考：观察并比较上述三个反应中气泡产生的快慢，思考实验室不选择大理石和稀硫酸或者碳酸钠和稀盐酸的原因（反应速度过快或过慢，不便于气体的收集）。

（5）归纳与总结：实验室不选择大理石和稀硫酸或者碳酸钠和稀盐酸来制取 CO_2 的原因。

（二）环节二：制取装置的选择

（1）自组织活动一：选定实验室制取二氧化碳的装置（学生代表演示装置的连接并讲解选择理由和注意事项）。

（2）教师辅助：仪器分类：发生装置、胶塞组合、收集装置；长颈漏斗的优点：能随时添加液体药品；长颈漏斗的代用仪器：分液漏斗和注射器（优点：能有效控制所加液体的量从而控制反应的发生与停止）。

（3）学生总结：制取 CO_2 装置的选择。发生装置：固液不加热型（常用的反应器：试管、锥形瓶、烧瓶与长颈漏斗、注射器、分液漏斗配套）；收集装置：向上排空气法。

（三）环节三：制取二氧化碳气体并验证

（1）自组织活动二：分组实验（制取两瓶二氧化碳）。

（2）教师引导、辅助思考：有同学提出验满的装置也可以用于检验二氧化碳。教师解惑：在检验某气体是不是已收集满时，只用其性质即可，但在检验某气体是哪种时却必须用其特性，这里使燃着的木条熄灭，只能说明该气体不可燃也不助燃,具有这样性质的气体还可能是氮气等;能使澄清石灰水变浑浊的无色无味气体只有二氧化碳,这是二氧化碳的特性。因此,二氧化碳验满的装置也可以用于二氧化碳的检验,是不正确的。

(3)学生自组织知识梳理:二氧化碳的检验与验满的方法

(4)学生课堂小结:学生代表发言,教师做适当引导与补充。

在课堂上,利用自组织教学模式进行教学,由于教师的教学重视以学生活动为主体,以学生的学情为导向,可能会出现"课堂效果两极分化"的现象,学习能力较强的学生收获较大,能达成教学预设目标,甚至超越预设目标,但是,学习能力较弱的同学,收获可能较少,学科兴趣可能慢慢淡化。因此,在课堂教学环节和导学设计上,教师们一定要多下功夫,尽量体现分层教学。在课堂上,教师们一定要更下意识地关注后进生的学习情况,随机应变,把握课堂节奏,合理有效引导,让每一层次的学生都能感受到化学的魅力,从而不断延续学习动力。

"学本式"教学模式下的化学自组织教学实践研究之路可谓"路漫漫其修远兮",愿你我的不断努力能为其发扬光大贡献一份正能量。

读懂孩子　同向共生

班主任工作室　刘静

本文针对"双减"与"双增"背景下家校共育面临的新挑战,从读懂孩子出发,分析初中学生身心发展特点和班级"教育内卷"现状,指导教师和家长读懂"双减"政策,转变育人理念,做好加减法,促进家校沟通提质增效,达到"双减"同心、家校同行、同向共生的最佳状态。

一、引言

你们的孩子,都不是你们的孩子,乃是"生命"为自己所渴望的儿女。他们是借你们而来,却不是从你们而来,他们虽和你们同在,却不属于你们。你们可以给他们以爱,却不可给他们以思想,因为他们有自己的思想。你们可以荫庇他们的身体,却不能荫庇他们的灵魂,因为他们的灵魂,是住在"明日"的宅中,那是你们在梦中也不能想见的。你们可以努力去模仿他们,却不能使他们来像你们,因为生命是不倒行的,也不与"昨日"一同停留。你们是弓,你们的孩子是从弦上发出的生命的箭矢。那射者在无穷之中看定了目标，也用神力将你们引满，使他的箭矢迅疾而遥远地射了出去。让你们在射者手中的"弯曲"成为喜乐吧；因为他爱那飞出的箭，也爱那静止的弓。[①]

2021 年 7 月，中共中央办公厅、国务院办公厅印发了《关于进一步减轻义务教育阶段学生作业负担和校外培训负担的意见》，要求各地区各部门结合实际认真贯彻落实。新形势下全面贯彻党的教育方针，落实立德树人根本任务，坚持学生为本，落实"双减"的同时推动"双增"，是对教师和家长的新挑战。

二、读懂孩子

"不谈学习，母慈子孝；一谈学习，鸡飞狗跳"。全国关于孩子厌学、沉溺手机游戏、抑郁的新闻层出不穷，令人痛心！孩子，你为什么这样做？

（一）初中学生身心发展特点

初中阶段是儿童从童年向成年的过渡期。身高体重明显增加，产生一些暂时性动作不协调，需要加强体育运动和训练。性成熟开始，需要及时进行生理卫生知识教育，组织各种集体活动，打破男女生间的神秘感。神经系统和大脑机能显著发展，行动上好动多变、容易分心，神经细胞的工作耐力较差易疲劳，要善于调节他们的学习、工作和休息，不能因过度紧张影响身心健康。自尊心强重视外表，建立自我同一性成为初中学生最重要的任务。情绪波动大敏感易怒，易有挫折感，情感内隐易和家长冲突。重视同伴交往及评价，对父母依恋减少。责任心增强，自我控制能力明显发展。

（二）班级学生"教育内卷"堪忧

笔者任教的学校是位于城乡接合部的农村中学，笔者常年担任初中班主任。班级 80％的孩子来自打工家庭，经济条件总体较差。近年来，多数学生难以抵挡越演越烈的"教育内卷"，状况堪忧。"大大的书包、小小的身体；减少的睡眠，增长的抑郁"。周末的城市街头，披星戴月匆忙赶路的是背着大书包的孩子和接送孩子补习的家长。尽管收入低负担大，但 70％的家长为了让孩子读书改变命运，咬牙花钱让孩子上培训班。孩子一旦学习下滑，看到父母的艰辛，想到父母

---

① 纪伯伦. 纪伯伦全集：散文卷[M]. 薛庆国，译. 北京：人民文学出版社，2000：247-250.

的投入，易产生负罪感。"打鸡血"的励志口号如"只要学不死，就往死里学""有来路，没退路；留退路，是绝路"激励学生向睡眠要时间、向刷题要分数，严重影响了身体发育。调查数据显示，初三时笔者班上有 35% 的学生每晚学习到凌晨 1 点，睡眠时间仅 5 个小时，与 8 小时的标准相差甚远。从初一到初三，学生情绪异常和抑郁逐年增多，初三时达到 18%，周末返校恐惧症越发严峻。有孩子觉得自己动作慢，作业永远做不完，总是否定自己；考试连续失利有孩子觉得自己很差劲，不如别人；有孩子认为自己勤学苦练付出与收获不成正比，看不到希望。我们的孩子，本该是阳光灿烂的年龄，却被过重的作业和校外培训负担囚禁于方寸之间，稚嫩的身体承受了过多压力，班级近视率高达 83.3%，兴趣爱好被束之高阁，甚至都不会玩了！他们被"教育内卷"逼得无路可退，需要休息、需要娱乐、需要"双减"。他们需要"双增"，增加户外活动、体育锻炼、艺术活动、劳动活动的时间和机会；增加接受体育和美育方面课外培训的时间和机会。他们需要全面发展、健康成长。

三、读懂政策

（一）让教育回归本质

"双减"政策的基本思路是"源头治理"，解决学科类培训导致的"剧场效应""超前教育""抢跑文化"等，有效缓解家长的教育焦虑。"双减"政策的实质是将教育拉回本质。苏格拉底说，教育的本质是唤醒。教育给予孩子最重要的不是知识，而是对知识的热情，对成长的自信、对生命的敬畏、对美好生活的向往。而填鸭式的教育培训消磨了孩子对获取知识的渴望与热情，削弱了孩子成长道路上体验成长、探索自信、培养激情、发现美好的敏感度与感受力。"双减"是让教育回归本质的第一步。

（二）教育"双增"是目的

"双减"是手段，"双增"是目的。"双减"的重点不在"减"，而是背后的"增"，增加孩子的内驱力和学习力。内驱力是在需要的基础上产生的一种内部唤醒状态或紧张状态，是推动有机体活动达到满足的内部动力，是主动思考、积极投入、深入探索、不断精进的前提。只有孩子由内而外从学习中收获满足与成就，才能体验到真正的快乐与激情，从内心深处爱上学习。内驱力是学习力之源。学习力是从"学会"到"会学"，是学习所需一切心理特征的总和，是顺利完成学习活动的综合能力。学习力训练包括阅读、理解、归纳分析能力，以及专注力、思维力、创造力、记忆力、写作力和自我管理等能力。具有过硬的学习力，才能由"学会"走向"会学"。内驱力和学习力相辅相成，互相促进。内驱力激发孩子提升学习力的愿望，而通过学习力获得的自我效能感又反过来增强了内驱力。

四、读懂自己

"双减"政策引发了社会的极大轰动和热议，得到了众多的支持和拥护，但也是一个新的挑战。"双增"必然伴随"双减"而来。教师和家长，你准备好了吗？一起来做加减法吧！

（一）教师的加减法

1. 转变教育理念

首先要摒弃打时间仗、拼命刷题和一味应试的观念；树立尊重教育规律，回归教育本真，坚持以学生为本的理念。其次要抛弃唯分数论的观念；树立立德树人和全面发展的理念。第三，要放弃流水线教育和只看优生的观念；树立没有差异就没有教育、尊重信任每一个学生的理念。同时要唾弃减负就是躺平和减负等于减责的观念；树立减负增责和减负提质的理念。

2. 摆对师生位置

教师要站对在教育中的主导位置，让学生站在课堂的主体地位。要注重启发式教学，鼓励学生大胆想象与质疑。要创新课堂模式，为学生主动学习、探究学习、合作学习、愉快学习创造良好氛围和条件。实现教师由教知识到教方法；学生由学会知识到运用知识，由被动接受到主动获取的转变。

3. 精心设计作业

教师应用心备题细心选题，精心进行作业设计。少布置重复性作业，多布置量少质高的作业；少布置纸笔作业，多布置实践作业；少布置整齐划一的作业，多布置个性化作业；为学生提供更多的作业菜单，让学生拥有选择作业的权利和机会。

（二）家长的加减法

1. 转变育儿理念

"双减"需要家长及时转变教育观念。孩子节假日外出学科培训没有了，课外"加餐"机会少了，家长应该做好孩子的"主餐"——引导孩子养成良好的学习习惯，关注孩子学习的状态，注重孩子的心理健康，瞄准孩子的特征与成长需求，重视孩子学习习惯的培养和学习方法的养成，加强孩子学习的自觉性和能力的提升。培养孩子脚踏实地、科学规律地成长。

2. 正确面对焦虑

家长要正确面对焦虑，坦然面对"双减"，减掉教育焦虑。"学所以益才也，砺所以致刃也"。家长要及时更新学习理念与方法，陪伴孩子学习的时候，自己也做加减法，适应时代的新变化，与孩子共同成长。

3. 拓展育儿空间

家长可以"减"孩子玩游戏、看电视等坐着不动的时间，"加"亲子锻炼、家务劳动和户外运动的时间；"减"孩子枯燥的刷题时间和过量培训班时间，"加"按规划表执行的时间和孩子自由生长的时间；"减"过度保护孩子的时间和协助孩子做事的时间，"加"鼓励孩子说出想法的时间和机会、给孩子自主选择的时间和机会、给孩子参加挑战性活动的时间和机会。

五、同向共生

新时代开放的教育需要学校、家庭、社会协调一致，相互支持，相互配合。2021 年 10 月 23 日公布的《中华人民共和国家庭教育促进法》也提出了相关要求。"双减"是学校与家庭育人格局的大调整，目的就是"让学习回归校园"，家校共育将成为新常态。实现"双减"促进"双增"，家校沟通提质增效势在必行。

（一）要疏通家校沟通的渠道

搭建家校沟通平台，完善家校育人机制，引导家长支持配合学校"双减"举措，全面推进学校减负提质行动。定期举办"家长开放日""家长进课堂"等活动，加强家校沟通，增进相互了解，形成教育合力，共同引领孩子成长，共同落实"双减"，促进"双增"，实现家校教育"双赢"。

（二）加强对家庭教育的指导

通过设立家长学校，召开家长会议，举行家委会座谈等形式，大力宣讲"双减"政策，给家长和孩子的心理减负。同时深入摸排家长面临的问题和困难及时疏导解决，引导家长理性规划孩子的成长预期，形成减负共识。营造家校协同育人新局面，需要家长关心支持学校教育，成为学校教育有益助手，同时尊重学校教育教学管理自主权。家校各尽其责、各履其职，共同促进孩子健康成长全面发展。这就是"双减"背景下家校协同育人的最佳状态。

一切为了孩子！"双减"有了国家的政策支持、有了学校的统筹规划、有了教师的奉献精神、有了家长的理解配合，只要所有人能够感其所感、行其所行、解其所惑、达其所成，一定能为孩子的健康成长提供最好的平台。"双减"同心，家校同行，同向共生。

第六章

优秀教学设计炼选

校本教研的根本要义是提升教师课程执行力，通过课程标准理解力、教学设计力、课堂组织实施力和调控力的持续提升，优化课堂教学实践，提升课堂教学质量。2021年至今，我校教师参加国家、市、区级现场课竞赛，2人获全国一等奖，8人获市级一等奖，4人获市级二等奖；40人次参加全国、市、区三级教学设计竞赛，2人获得全国一等奖，34人次获得市级奖项。无论是现场课竞赛还是教学设计比赛，获奖数量和含金量都实现了质的提升，这是对教师教研能力最有效、最直接的肯定。现遴选了数学、英语、心理健康等学科的八个教学设计或案例，以供交流。

椭圆及其标准方程教学设计

数学教研组　　兰长侨

课程基本信息					
学科	数学	年级	高二	学期	秋季
课题	§3.1.1椭圆及其标准方程				
教科书	书　名：普通高中数学选择性必修第一册教材 出版社：人民教育出版社A版　　出版日期：2020年5月				
教学目标					

1. 了解椭圆曲线的由来和实际背景，感受其中蕴含的数学文化，并在椭圆定义的变化过程了解几何研究方法的发展变化。

2. 经历从具体情境中抽象出椭圆图形，并与实验画椭圆的轨迹图形对比，培养学生探索数学知识的兴趣，借助旦德林实验对两种定义的统一，感受数学统一和谐美。

3. 经历椭圆定义的分析形成过程，掌握椭圆的定义，提高学生提炼数学定义的能力和归纳概括的能力，培养学生的数学抽象素养。

4. 类比圆的方程的推导过程，经历椭圆标准方程的推导和化简过程，感受数学的"简洁美"，提高学生的求简意识和类比思想，学会用坐标化的方法求动点轨迹方程；会求解椭圆标准方程，理解定义法和待定系数法，体会数形结合的思想，培养学生数学运算的核心素养。

续表

教学内容

教学内容：§3.1.1 椭圆及其标准方程。

教学重点：椭圆的定义，椭圆的标准方程，坐标法的基本思想。

教学难点：椭圆标准方程的推导与化简。

教学过程

（一）情景引入

生活中有很多椭圆形状，你知道椭圆是谁发现并定义的吗？

生活中的椭圆

截面定义

设母线与轴的夹角为 α，截面和轴的夹角为 β，
当截面不过圆锥顶点时，

（1）当 $\alpha < \beta < \frac{\pi}{2}$ 时，截口曲线是椭圆；

（2）当 $\beta = \alpha$ 时，截口曲线是抛物线；

（3）当 $0 < \beta < \alpha$ 时，截口曲线是双曲线。

【教师】早公元前 4 世纪古希腊数学家梅内克缪斯企图解决当时的著名难题"倍立方问题"，用平面通过从不同的方向截正圆锥，发现了圆锥曲线。又过了 200 年，阿波罗尼斯在《圆锥曲线》中给出了圆锥曲线的截面定义。这里的椭圆是由截面定义得到的。

【设计意图】用动态演示圆锥曲线的由来，让学生直观清晰地感受这三种圆锥曲线的联系与区别，知道椭圆的截面定义。

教师：后来，17 世纪，德国天文学家开普勒发现了行星是沿着椭圆轨道运行并提出了行星运动的三大定律。那么行星绕太阳运行的椭圆轨道形成的条件是什么呢？

【设计意图】教师讲解椭圆的另一种形式，让学生知道除了静态定义椭圆，还出现了动态的轨迹定义椭圆。让学生发生认知冲突提高学生兴趣，也为教学过程指明了方向。

（二）动手实验

实验操作步骤：

1. 取一条定长的细绳（无弹性）；

续表

2. 将细绳两端固定在图板的两点 F_1 和 F_2 上;

(注意:绳子长度大于 $|F_1F_2|$);

3. 然后用笔尖将绳子绷紧,让笔尖在图板上慢慢移动一周。

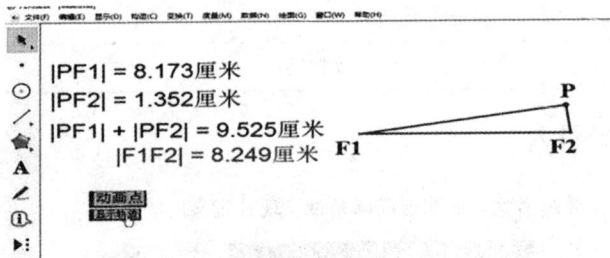

$|PF1| = 8.173$ 厘米
$|PF2| = 1.352$ 厘米
$|PF1| + |PF2| = 9.525$ 厘米
$|F1F2| = 8.249$ 厘米

观察:画出的是什么样的曲线呢?在画的过程中,笔尖对应的点满足什么几何条件?

【生】笔尖对应的点与平面内两个定点的距离之和等于常数。

【结论】通过刚才的实验我们发现图板上画出的图形是一个椭圆,整个实验过程可以发现笔尖(即点 P)到两个定点 F_1 和 F_2 的距离之和始终保持不变(等于这条绳子的长度),即 $|PF_1| + |PF_2| =$ 常数。

【追问】你能确定这个图形一定是个椭圆吗?刚才用平面截圆锥得到的椭圆和这里的椭圆是同一回事吗?

【设计意图】让学生从几何画板动态演示感知椭圆的形成,体验椭圆的动态形成过程,培养学生的数学建模素养。

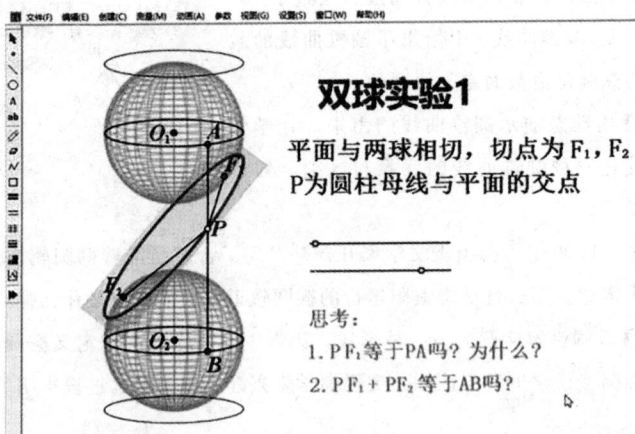

双球实验1

平面与两球相切,切点为 F_1,F_2
P为圆柱母线与平面的交点

思考:
1. PF_1 等于PA吗?为什么?
2. $PF_1 + PF_2$ 等于AB吗?

【教师】其实,为了证明截面椭圆和轨迹椭圆的关系,数学家们困扰了很多年,直到1822年,比利时数学家旦德林通过利用两个内切球(旦德林双球)推导出了截面椭圆也满足 $|PF_1| + |PF_2|$ 等于定长,从而统一了截面椭圆和轨迹椭圆的认识。

【设计意图】让学生了解椭圆两种定义是谁推导得出，满足什么统一条件，促进学生从不同的角度对椭圆定义的理解，以数学史为背景渗透解开椭圆定义的形式化外衣，帮助学生理解椭圆的定义，为下一步研究椭圆的标准方程做铺垫。让学生感知数学发生发展的不易，体会利用数学解决问题的成就感。

（三）分析定义

椭圆的第一定义：

平面内与两个定点的距离之和等于常数（$|PF_1| + |PF_2| > |F_1F_2|$）的点的轨迹叫作椭圆。这两个定点叫作椭圆的焦点，两焦点间的距离叫作椭圆的焦距，焦距的一半称为半焦距。

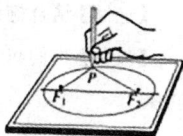

如果 $|PF_1| + |PF_2| = |F_1F_2|$，那么动点 P 的轨迹是什么？线段

动画演示（几何画板）

如果 $|PF_1| + |PF_2| < |F_1F_2|$，那么动点 P 的轨迹是什么？　不存在。

（四）推导方程

【教师】历史上，古希腊人曾经用纯几何的方法研究椭圆，但 17 世纪后，人们开始用坐标法研究椭圆。

【追问】你能说说坐标法研究椭圆的好处吗？

【生】采用坐标法研究椭圆的最大好处是可以程序化地、精确地计算。

【设计意图】让学生了解椭圆的研究方式随时间的发展不断地进化，树立学生追求更优更美的意识。

【追问】所以法国数学家洛必达给出了椭圆的第一定义并推导了它的方程，那他是怎么推导的呢？想一想圆的标准方程是怎样推导的呢？

【生】：用到了坐标法

其步骤为：

建系：以圆心 O 为原点，建立直角坐标系，

设坐标：设圆上任意一点 $P(x, y)$，

限制条件：$OP = r$，

代入：$\sqrt{x^2 + y^2} = r$，

化简：两边平方，得 $x^2 + y^2 = r^2$。

简记："建、设、限、代、化"。

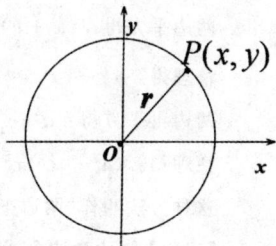

续表

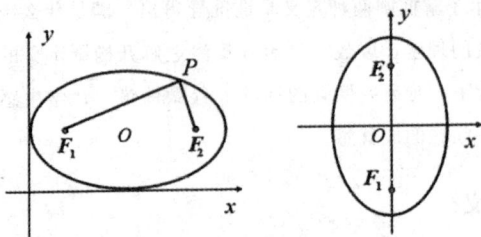

【追问】结合椭圆的几何特征，你认为怎样选择坐标系才能使椭圆的方程简单？

【教师】我们可以在椭圆左边建系，下边建系，都可以，但是都没有在中间建系有对称感。

建立平面直角坐标系一般遵循的原则：对称、简洁。

步骤一：建立直角坐标系

以 F_1，F_2 所在直线为 x 轴，线段 F_1F_2 的垂直平分线为

y 轴，

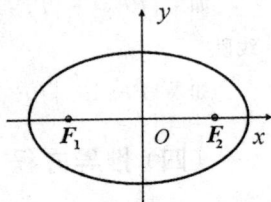

建立直角坐标系 xoy，则 $F_1(-c，0)$，$F_2(c，0)$。

步骤二：设动点坐标

设椭圆上任意一点 P 的坐标为 $(x，y)$。

步骤三：找限制条件

根据椭圆定义知：$|PF_1|+|PF_2|=2a$。

步骤四：代入坐标

移项得 $\sqrt{(x+c)^2+y^2}+\sqrt{(x-c)^2+y^2}=2a$。

步骤五：化简方程

移项得：$\sqrt{(x+c)^2+y^2}=2a-\sqrt{(x-c)^2+y^2}$

两边平方得：$(x+c)^2+y^2=4a^2-4a\sqrt{(x-c)^2+y^2}+(x-c)^2+y^2$

整理得：$a^2-cx=a\sqrt{(x-c)^2+y^2}$

两边再平方得：$a^4-2a^2cx+c^2x^2=a^2x^2-2a^2cx+a^2c^2+a^2y^2$

整理得：$(a^2-c^2)x^2+a^2y^2=a^2(a^2-c^2)$。

这种方法叫作"两边平方法"。

【追问】你认为这个式子简洁吗？那该如何化到更简呢？

【生】 可以化为：$\dfrac{x^2}{a^2}+\dfrac{y^2}{a^2-c^2}=1$。

【教师】这个式子还不够简洁，我们看到了 a^2-c^2 还是不美观，怎样更美观。

【追问】你能在坐标系中找到长度等于 a，c，$\sqrt{a^2-c^2}$ 的线段吗？

（我们看到一个直角三角形，联想到勾股定理，$\sqrt{a^2-c^2}$ 是直角三角形的边，也就是椭圆与 y 轴交点的纵坐标长度）

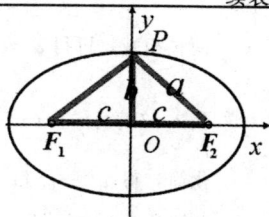

令 $b^2=a^2-c^2$

则方程变为 $\dfrac{x^2}{a^2}+\dfrac{y^2}{b^2}=1(a>b>0)$。

次方程即为椭圆的焦点在 x 轴上的标准方程。

【追问】如果椭圆的焦点在 y 轴上，那椭圆的标准方程又如何？

方法 1：如果椭圆的焦点在 y 轴上（选取方式不同，调换 x，y 轴），只要将方程 $\dfrac{x^2}{a^2}+\dfrac{y^2}{b^2}=1$ 中的 x，y 调换，可得 $\dfrac{y^2}{a^2}+\dfrac{x^2}{b^2}=1(a>b>0)$，这个方程叫焦点在 y 轴上的椭圆的标准方程。

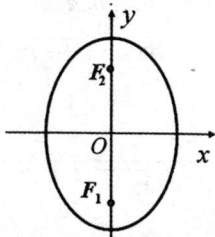

方法 2：焦点坐标变为 $F_1(0，-c)$、$F_2(0，c)$，重复推导过程，布置为作业。

【教师】这样得到方程的过程反映的是椭圆的对称性，请同学们下课后借鉴我们刚才推导焦点在 x 轴上的标准方程过程，用建、设、现、代、化的思路去求解一下焦点在 y 轴上的椭圆标准方程吧！

步骤五：化简方程

移项得：$\sqrt{(x+c)^2+y^2}=2a-\sqrt{(x-c)^2+y^2}$，

两边平方得：$(x+c)^2+y^2=4a^2-4a\sqrt{(x-c)^2+y^2}+(x-c)^2+y^2$，

整理得：$a^2-cx=a\sqrt{(x-c)^2+y^2}$，

两边再平方得：$a^4-2a^2cx+c^2x^2=a^2x^2-2a^2cx+a^2c^2+a^2y^2$，

整理得：$(a^2-c^2)x^2+a^2y^2=a^2(a^2-c^2)$。

【追问】我们刚才用到的"两边平方法"，这种方法化简很常规，但有些复杂，还有其他化简方法吗？

其实历史上还有许多精妙绝伦的方法，我们不妨欣赏一下。

化简方法二：

因为 $|PF_1|+|PF_2|=2a$，

设 $|PF_1|=a+d$，$|PF_2|=a-d$，d 为参数，

所以 $|PF_1|^2=(x+c)^2+y^2=(a+d)^2$，

$|PF_2|^2=(x-c)^2+y^2=(a-d)^2$，

续表

两式相减，可得 $d = \dfrac{cx}{a}$，

代入 $|PF_2|^2 = (x-c)^2 + y^2 = (a-d)^2 = \left(a - \dfrac{cx}{a}\right)^2$，

化简，得 $(a^2 - c^2)x^2 + a^2y^2 = a^2(a^2 - c^2)$。

此法称为"和差术"，最早可追溯到公元前 2000 年的古巴比伦时期，而第一个采用该方法推导椭圆方程的是 17 世纪的数学家洛必达。

化简方法三：

将 $\sqrt{(x+c)^2 + y^2} + \sqrt{(x-c)^2 + y^2} = 2a$ 有理化，

得到

$$\dfrac{\left(\sqrt{(x+c)^2 + y^2} - \sqrt{(x-c)^2 + y^2}\right)}{\left(\sqrt{(x+c)^2 + y^2} + \sqrt{(x-c)^2 + y^2}\right)\left(\sqrt{(x+c)^2 + y^2} - \sqrt{(x-c)^2 + y^2}\right)} = \dfrac{1}{2a},$$

化简可得：$\dfrac{\left(\sqrt{(x+c)^2 + y^2} - \sqrt{(x-c)^2 + y^2}\right)}{4xc} = \dfrac{1}{2a}$，

$$\sqrt{(x+c)^2 + y^2} - \sqrt{(x-c)^2 + y^2} = \dfrac{2xc}{a},$$

因为：$\sqrt{(x+c)^2 + y^2} + \sqrt{(x-c)^2 + y^2} = 2a$，

两式相加，得到 $\sqrt{(x+c)^2 + y^2} = a + \dfrac{xc}{a}$，

再两边平方得 $(a^2 - c^2)x^2 + a^2y^2 = a^2(a^2 - c^2)$。

这种方法叫作"有理化"，感兴趣的同学课后可以尝试推导一下！

【设计意图】让学生明确了 a，b，c 的几何意义，并且明确求曲线的大致步骤，避免推导过程中思维的盲目性；明确如何建系，引导学生学会建立直角坐标系；引导学生掌握推导圆锥曲线方程的一般思路，以椭圆准备方程的概念为载体，深化学生对曲线与方程的关系和理解。

椭圆的标准方程的特点：

1. 左边是两个分式的平方和，右边是 1；

2. 三个参数 a，b，c 满足 $b^2 = a^2 - c^2$；

3. x^2 与 y^2 的分母哪一个大，焦点就在哪一个轴上。简记为："谁大谁做主"。

【教师】其实这两个方程最大的特点是二元二次方程，圆及后面要学习的双曲线、抛物线也有这样的特点，所以它们有一个统一的比的定义。椭圆还有直观的射影定义、纯粹的射影定义、代数的形式定义，这些定义反应的是研究椭圆方法的变化，即古典几何、解析几何到射影几何、二次型理论的发展。

【设计意图】从研究曲线轨迹的一般方法出发得到椭圆的标准方程。巩固旧知的同时，通过处理数据来培养学生的数学运算素养，同时完成对数形结合思想的渗透，强化学生对椭圆标准方程中 a，b，c 的理解，并对椭圆知识结构有一个整体的认知，把知识系统化、网络化。再加入一点二元二次方程的历史更让学生了解到数学发展是有体系的。

应用拓展：

例题已知椭圆两个焦点的坐标分别是 $(-2,0)$、$(2,0)$ 并且经过点 $P\left(\dfrac{5}{2},-\dfrac{3}{2}\right)$，求它的标准方程。

解：方法一（定义法）：

因为椭圆的焦点在 x 轴上，设 $\dfrac{x^2}{a^2}+\dfrac{y^2}{b^2}=1(a>b>0)$，

由椭圆的定义知：$2a=\sqrt{\left(\dfrac{5}{2}+2\right)^2+\left(-\dfrac{3}{2}\right)^2}+\sqrt{\left(\dfrac{5}{2}-2\right)^2+\left(-\dfrac{3}{2}\right)^2}$，

得 $a=\sqrt{10}$，又因为 $c=2$，得 $b^2=a^2-c^2=10-4=6$，

故椭圆的标准方程为 $\dfrac{x^2}{10}+\dfrac{y^2}{6}=1$。

这种方法叫作定义法。

方法二（待定系数法）：

因为椭圆的焦点在 x 轴上，设 $\dfrac{x^2}{a^2}+\dfrac{y^2}{b^2}=1(a>b>0)$，

由于 $c=2$，所以 $a^2-b^2=4$，

又点 $\left(\dfrac{5}{2},-\dfrac{3}{2}\right)$ 在椭圆上得：$\dfrac{\left(\dfrac{5}{2}\right)^2}{a^2}-\dfrac{\left(-\dfrac{3}{2}\right)^2}{b^2}=1$，

即得 $a^2=10$，$b^2=6$，

故椭圆的标准方程为 $\dfrac{x^2}{10}+\dfrac{y^2}{6}=1$

这种方法叫待定系数法。

以上的定义法和待定系数法是求曲线方程的常用方法。

【设计意图】加强学生对椭圆定义及标准方程的记忆，提醒学生在解题时先要根据焦点位置判断使用哪种形式的椭圆标准方程，体现先定"位"，再定"量"的思想，为以后处理问题做好准备。

续表

（五）巩固练习

练习：已知椭圆的方程为：$\dfrac{x^2}{25} + \dfrac{y^2}{16} = 1$。

请填空：

(1) $a =$ ＿＿，$b =$ ＿＿，$c =$ ＿＿，焦点坐标为 ＿＿＿，焦距等于 ＿＿＿。

(2) 若点 C 为椭圆上一点，F_1、F_2 分别为椭圆的左、右焦点，并且 $CF_1 = 2$，则 $CF_2 =$ ＿＿＿。

【设计意图】验收学生理解椭圆方程的程度。

【追问】学习的时间总是这么飞快，现在我们回顾一下本节课有什么收获呢？

（六）回顾反思

一个概念：$|PF_1| + |PF_2| = 2a\,(2a > 2c > 0)$。

【教师】我们学习了椭圆的两个定义：根据历史我们知道椭圆的截面定义与轨迹定义是统一的，都满足 $|PF_1| + |PF_2| = 2a\,(2a > 2c > 0)$。也知道了其实我们现在学的每一个数学知识，从其发生、发展一直到完善，都要经历漫长的过程，并且是一代代数学家前仆后继、持之以恒研究的结果。学习不是一件一蹴而就的事情，成功也不是天上掉下来的馅饼，都是要经过刻苦努力才有可能成功。

两个方程：$\dfrac{x^2}{a^2} + \dfrac{y^2}{b^2} = 1\,(a > b > 0)$ 和 $\dfrac{y^2}{a^2} + \dfrac{x^2}{b^2} = 1\,(a > b > 0)$。

两种方法：定义法；待定系数法。

两种思想：数形结合的思想；坐标法的思想。

三个意识：类比意识；求美意识；求简意识。

【设计意图】引导学生根据课堂学习情况，自主总结知识要点以及思想方法．师生共同反思，优化学生的认识结构，从而实现有意义学习。

（七）巩固提高

1. 课本 P109 练习 1、2、3、4(作业本)。

2. 思考题：你能说出下列式子的几何意义吗？对应的曲线又是什么呢？

(1) $\sqrt{(x+c)^2 + y^2} + \sqrt{(x-c)^2 + y^2} = 2a$；

(2) 由 $a^2 - cx = a\sqrt{(x-c)^2 + y^2}$，得 $\dfrac{\sqrt{(x-c)^2 + y^2}}{\dfrac{a^2}{c} - x} = \dfrac{c}{a}$；

（3）由 $\dfrac{x^2}{a^2} + \dfrac{y^2}{a^2 - c^2} = 1$ 得 $\dfrac{y^2}{a^2 - c^2} = 1 - \dfrac{x^2}{a^2} = \dfrac{a^2 - x^2}{a^2}$，

得 $\dfrac{y^2}{(x - a)(x + a)} = \dfrac{c^2}{a^2} - 1$。

3. 课外寻找资料至少收集 5 种画椭圆的方法，形成知识小论文。

4. 圆 O 的半径为定长 r，A 是圆 O 内一个定点，P 是圆 O 上任意一点，线段 AP 的垂直平分线和半径 OP 相交于点 Q，当 P 点在圆上运动时，点 Q 的轨迹是什么？为什么？

"Book 1 Unit 1 Reading for Writing"教学设计

英语教研组　杨萱琳

课题：人教版高中英语新教材 Book 1 Unit 1 Reading for Writing

授课教师	杨萱琳	工作单位	重庆市青木关中学校
主题语境	人与自我：解决问题与相互帮助	语篇类型	应用文：建议信
课型	写作课	指导教师	肖焱连

一、教学文本分析

本单元的主题是青少年生活（Teenage Life），本节课活动主题是"写一封建议信"（Writing a letter of advice）。本节课由两部分组成，第一部分为文本阅读，第二部分是写建议信。

在第一部分的文本阅读中，其文本背景是一位青少年因朋友沉迷于电脑游戏和网络而担忧，于是写信给青少年咨询师 Susan Luo 求助。因此，此文本是一封 Susan Luo 写给那位青少年的建议信。这是一封比较正式的书信，包括日期、称呼、正文、结尾和签名。正文包含两段，第一段表明写信人已经知晓来信人所困扰的问题，了解了来信人的感受（担心朋友上网成瘾）；第二段分析了网络游戏瘾的害处，并提出了解决问题的建议。信中使用不同的建议表达方式，例如："I recommend that…""I think you should…""Why not…"等。

第二部分为写建议信。教材提供了青少年中凸显的 3 个问题情境，要求学生给对方提供建议。然后，学生在写作框架 outline 的协助下完成建议信的写作。最后，学生在评价表（检查清单）的帮助下进行同伴互改作文，懂得鉴赏，之后再修正自己的作文。

续表

二、学情分析

教学对象为青中高一 2 班学生，共 49 人。该班学生整体思维活跃，理解能力较强，但性格内向，在大众前表达自己的观点不够主动。班上有 4 位学生英语成绩比较突出，学习热情很高，平日里也较为努力。大部分学生处于中等水平，英语基础不够扎实，词汇量不够丰富，理解和运用能力有脱节现象。整体来说，该班学生能理解课堂教学内容，能用英语提取信息，处理信息，简单表达自己的观点；但是规范地运用英语表达个人观点，有逻辑性和连贯性地给出建议的能力比较薄弱。

三、教学目标

Language competence：

1. By analyzing the text, the students can understand the basic format, structure and language characteristics of the letter of advice.

2. By learning the words and sentence patterns in the text, based on self—directed learning and group cooperative learning, most of the students can express their understanding, empathy and advice about the troubles of their peers.

3. Based on the analysis of article and the group discussion, the students can complete the letter of advice independently.

4. With the help of the assessing form, the students can evaluate their classmates' compositions accurately, and learn to appreciate and share.

Culture awareness：

Most of the students can set up a good attitude to the difficulties and setbacks in study and life by comparing their high school life and study with the students in the text.

Thinking quality：

1. Most of the students can comment on the suggestions in the text and explain the reasons to improve their critical thinking ability.

2. Through the analysis of the article and oral expression activity，80% of the students can put themselves in others' shoes and view teenager's problems from the perspective of adults.

Learning ability：

1. The students can organize and summarize the writing format of the letter of advice and the words and sentence patterns related to the expressions of suggestions.

2. Through group discussion activity, the students can have a sense of cooperation and are willing to share their learning results with others.

四、教学策略选择

　　基于对文本和学情的细致分析，本节 reading for writing 采用的教学方法为 POA 产出导向法。为达成本课的教学目标，落实英语学科核心素养和英语学习活动观，设计了从"驱动－促成－评价"的教学活动，包括创设情境，激活已知；关注体裁，梳理结构；读写结合，以读促写；分享成果，同伴互评，体现出学习理解、应用实践、迁移创新三类活动的有效实施。设计"自主、探究、合作"为特征的学习活动，给学生提供话题与真实任务，引导学生主动思考，强调学生的参与实践。小组成员间的分享与交流注重学生社交技能的锻炼，让学生在使用中学习活的语言。利用思维导图，发展批判性思维，鼓励创意表达。活动之间层层递进，目标明确，为学生主动参与、积极思考、互助合作、真实交流与表达提供了保障，体现了综合性、关联性和实践性的特点。

五、教学重点及难点

Teaching key points：

1. Figure out the organization and language features of a letter of advice.

2. Through the vocabulary and sentence patterns in reading，based on autonomous learning and group cooperative learning，further oral expression of the understanding，empathy and suggestions of the troubles encountered by peers

Teaching difficult points：

1. Based on the articles read and group discussion and presentation，write a convincing suggestion letter using some related writing skills independently.

2. With the help of the scoring table，the students' compositions are evaluated by teachers and students.

六、教学资源

1. 人教版高中英语新教材 Book1；

2. 课件；

3. 课文音频材料。

续表

七、教学过程

步骤	教师活动	学生活动	设计意图	核心素养提升点
Step 1 Lead —in （3 mins） Free talk	1. As a teenager, what problems do you have in your daily life? 2. Facing these problems, how do you usually deal with them?	Brainstorm to answer the question.	利用学生感兴趣的问题激发兴趣，让学生在尝试输出的过程中清楚自己的不足，引发学生内心深处的求知欲	文化意识：联系现实生活 语言能力：口头表达能力
Present learning objectives （1 min）	Presents the learning objectives.	Ss read it aloud	让学生清楚本节课的目标（语言能力，文化意识，思维品质，学习能力），并期待接下来的任务挑战	
Step 2 Reading Scanning （3 mins）	What is Worried Friend's problem? What suggestions does Susan Luo give to Worried Friend? Besides suggestions, what else does Susan Luo say in her letter?	Going through the suggestion letter, Ss are required to figure them out.	帮助学生梳理文本基本信息	语言能力：获取、分析、概括能力
Thinking （4 mins）	1. Why does Susan Luo show her understanding and talk the negative effects of computer addiction? 2. Do you think Susan Luo's advice useful? Why or why not? 3. What other kinds of advice would you give? （group activity）	Ss are required to think or discuss to find the answers to these questions.	启发学生解读文本，深层次思考，学会与人分享和交流，发表自己的见解	思维品质：批评性、深刻性思维 语言能力：分析能力，交际能力

续表

步骤	教师活动	学生活动	设计意图	核心素养提升点
Organization and language features (6 mins)	1. What are necessary parts of a letter? 2. Find and mark the parts of the letter that match the following points. (P18 Ex2) 3. What expressions does Susan Luo used to show her understanding? 4. What expressions does Susan Luo use to make suggestions? 5. Can you think of more expressions of showing understanding and making suggestions? (group activity)	1. Ss are required to observe the structure of the suggestion letter. (Date, greeting, body, close, and signature.) 2. Find and mark the parts of the letter that match the following points. 3. Circle expressions Susan Luo uses to make suggestions in the letter? 4. Discuss to get more expressions of showing understanding and making suggestions.	1. 掌握建议信的书信结构 2. 让学生在真实的语境语篇中学习建议信的相关表达句型。激活学生在本单元的其他文章所学的相关表达（如 P14－15 的 Reading: The Freshman Challenge） 学会与人分享和交流，发表自己的见解	思维品质：批评性、系统性思维 语言能力：分析、概括能力，交际能力 学习能力：合作学习
Step 3 writing Group discussion (5 mins)	1. Show three situations and ask the students to choose and discuss. 2. List possible suggestions and reasons with the help of the expressions in the reading.	Work in groups. 1. Choose one of the three situations. 2. Discuss his/her problem and list possible suggestions and reasons. (P19 Ex3.1)	引导学生深层次思考，提高解决问题的能力。引导学生在表达理由时要有理有据，不是随意的提一两点建议。让学生在相对真实的语境中尝试运用建议信中的相关表达	思维品质：灵活性思维 语言能力：分析能力，口头表达能力 学习能力：合作学习

续表

步骤	教师活动	学生活动	设计意图	核心素养提升点
Individual writing (8 mins)	1. Show the outline. (P19 Ex3. 2) 2. Ask the students to draft a suggestion letter.	Draft a letter of advice.	让学生在相对真实的语境中掌握建议信的结构，并运用所习得的表达方式	学习能力：自主学习
Evaluation (6 mins)	1. Use the checklist to give feedback on your partner's draft. (P19 Ex3. 3) 2. Chooses one of students' writings and assesses it according to the assessing form. (附表1) 2. If necessary, give the Ss help while evaluating other's writing.	1. Show their writings. 2. Exchange their writings and do evaluation.	1. 教师首先示范如何根据评分表给学生评分，让学生清楚如何做 2. 在同伴互学的环境中，学会欣赏与评价，并训练自我纠正的能力	学习能力：合作学习、自主学习 思维品质：批评性、鉴赏性思维
Revising and sharing (4 mins)	1. Ask the Ss to get your draft back and revise it. 2. Recommend one group member to share his/her letter of advice. 3. Select the "Best Adviser of the Class".	1. Show some excellent writing in the class and appreciate. 2. Polish own writing with the tips from assessing form.	1. 鼓励优秀学生的同时，促进同伴之间的学习 2. 学习交流与分享 3. 提高自我纠正的能力	思维品质：批评性、鉴赏性思维
Homework Extending writing	Write a letter of advice to teenagers' parents who are concerned about their children very much. (SB P75).	Finish it after class.	激发学生多角度多方面思考问题的能力	

八、板书设计

Writing a letter of advice

Date

Greeting,

$\Longrightarrow$

I know how you feel.
I totally understand you that……
I shall count it as a personal favor.
I understand quite well that……

P 1：Problem and understanding.

1. Computer game addiction
2. Parents' lack of understanding
3. Feeling lonely
4. Liking a girl

I am sure…….
I firmly believe that…….
If he follows this， he must be…….

P 2： Advice， reasons and prediction.

$\Longrightarrow$

1. I recommend/ suggest that…… It's not unusual for…….
2. I think you should…… This is owing to/ due to/ because……
3. You may/ might as well do…….
4. It would be more beneficial if you could……
5. Why not…….

Close and wishes

Signature

附表 1　Assessing form［100 points］

Items	percentage	points	details
6 parts of letter	30		
Suggestions & reasons	20		

续表

Items	percentage	points	details
Proper expressions	30		
Commas and stops correctly	10		
Handwriting	10		
Add up	100		

Unit 4"Natural disasters Period 4 Reading for Writing"教学设计

英语教研组　梁心

课题：新人教版高中英语必修一 Unit 4 Natural disasters Period 4 Reading for Writing

授课教师	梁心	工作单位	重庆市青木关中学
主题语境	人与自然	语篇类型	新闻报道
课型	Reading for Writing	指导教师	肖焱连

一、教学文本分析

　　本单元学习内容选自人教版（新版）高中一年级英语必修一第四单元。本单元的学习主题为自然灾害以及如何更好地应对全球化自然灾害。本课题属于人与自然主题语境，本单元共设计八课时，本课是第五课时（P54—55）。本课在单元内为读写部分，通过阅读新闻报道《海啸袭击亚洲，致使 6500 多人死亡》，旨在引领学生了解新闻报道的结构形式、六要素功能和作用以及学会写概要的详细步骤。

二、学情分析

　　本文话题与学生的好奇心密切相关，大部分学生对于新闻报道的类型有一定的了解，因此教师通过一系列课堂活动设计来调动学生学习新闻报道表述的积极性，提高学生的课堂参与度，同时本课阅读素材专有名词较多，有一定的生词，教师应该在课前帮助学生扫清障碍。

三、教学目标

　　语言能力：（1）能从阅读自然灾害的新闻报道中找出其结构和六要素。

　　　　　　　（2）能掌握一定的英语动词和形容词恰当地描写自然灾害（地震、海啸等）。

（3）能运用英语表达和行文结构进行自然灾害新闻报道的概要写作。

学习能力：培养一定的书面表达能力和进一步提高小组合作能力和评价能力。

思维品质：进一步提高逻辑思维和归纳建构能力。

文化意识：了解在不同国家尤其是中国在媒体新闻报道当中的文化风格和差异，提升学生在书面用语方面的学习兴趣和热情。同时，通过对自然灾害的了解，培养学生珍爱生命的意识和保护自然的环保意识。

四、教学策略选择

英语写作总是让学生很头疼，挑战性大。因此，减少学生写作焦虑，提高自信和写作质量是课堂设计必须考虑的因素。为此，首先为学生写作搭好支架，先读后写，以读促写，读写结合，做好铺垫，做好过程性写作的指导，逐步培养学生的写作策略和技巧。其次，让学生根据所给标准对同伴的作品提出修改意见，形成一定的批判性思维。也可逐步提高写作修改意识，培养学生处理问题的调控策略能力。通过相互评价，也可增进同学了解，加强同学间感情。

五、教学重点及难点

1. 学习重点

（1）能学会从语篇中提取主要信息，对自然灾害新闻报道的文章结构和六要素加以厘清和熟悉。

（2）能运用所学英语方式和行文结构进行自然灾害新闻报道的概要写作。

2. 学习难点

（1）能运用所学文字表达和行文结构进行自然灾害新闻报道的概要写作，提高书面表达能力。

（2）能够发表自己对于同伴作品的看法，并形成一定的自然灾害新闻报道概要写作的鉴赏、表达能力和写作调控策略能力。

六、教学资源

1. 多媒体 ppt 和投影仪；2. 学生用书和教师用书；3. 2017 版高中英语课程标准

七、教学过程

步骤	教师活动	学生活动	设计意图	核心素养提升点
Step1：Present "Learning Objectives"	Play the PPT	Read it	明确本课学习目标，做到心中有数	以学生为中心

续表

步骤	教师活动	学生活动	设计意图	核心素养提升点
Step2：Lead in	1. Ask questions The whole world is suffering a big disaster, do you know what disaster it is? 2. Show some pictures	Look and answer them	导入问题，激活思维。通过新冠疫情和自然灾害的话题，引入阅读海啸话题报道，激发学生对本堂课的学习兴趣。同时拉近教师与学生之间的距离，活跃课堂气氛	语言学习要真实，贴近生活，体现其社会实践性和运用性
Step3：Read for writing	1. Let Ss to read the passage on Page 54. 2. Show the list of the structure.	Do fast reading and find out the 5Ws and 1H of the reading material.	阅读先行，为写作输出做准备。阅读文章不仅仅是获取语篇信息，重要的是帮助学生分析并学习语篇结构和语言特征，为后续的写作搭好支架	在活动中运用英语主动学习，培养观察、发现、归纳和概括的能力
Step4：Prepare for writing	1. Explain "What a summary is". 2. Lead Ss to think of the basic sentence patterns.	1. Form a short paragraph. 2. Understand it and work out the patterns.	重视写作过程，引导学生深度参与如何写。把任务分成语言和语篇，即用什么词汇报道自然灾害，还包括哪几个方面要素（5个W，1个H）	进一步提高逻辑思维和归纳建构能力

续表

步骤	教师活动	学生活动	设计意图	核心素养提升点
Step5：Write	1. Let Ss write，read，check and give comments if necessary. 2. Give learning tips：stressing and checking sometimes can make a deep impression.	1. Write a summary of the news report again following the steps above. 2. Read your work to us. 3. Check which aspects the summary includes. 4. Apply the methods to write a summary draft for the text on page 50.	完成知识迁移，形成新的能力。有了前面的阅读和对材料的语言和结构分析的输入性铺垫，已经激发起学生再创作的兴趣和动机，有话可写就是水到渠成的事了	培养一定的书面表达能力。适时的学法指导有助于学生学习能力的培养
Step6：Evaluate	Organize the class to work smoothly.	1. Exchange drafts. 2. Give a mark to and a comment on your partner's draft according to the checklist. 3. Get your draft back and revise it. 4. Read it to the class or put up your summary in the classroom after class.	强调同伴评价，培养一定的批判性思维。也可逐步提高写作修改意识，培养学生处理问题的调控策略能力。通过相互评价也可增进同学了解，加强同学间感情	进一步提高学生小组合作能力和评价能力，培养学生处理问题的调控策略能力

续表

八、板书设计

S1：What happened to/killed/injured Who（m），（What affected/hit/struck which place，）

When(time)＋Where(place)

S2：How：detail 1 ＋ detail 2… Many people/buildings/animals were in shock/ frightened/gone…

S3：Why：It was caused by…It resulted from…

S4：The following events…

Water/food/supplies will be delivered/brought into … by the government/ rescue workers…

"通电导线在磁场中受到的力"教学设计

物理教研组　黄文忠

一、教材分析

安培力的方向和大小是本节的重点内容，也是这一章的重点内容之一。安培力、电流、磁感应强度三者方向的空间关系(左手定则)是本节的难点，例如，安培力的方向一定与电流、磁感应强度方向垂直，但电流方向与磁感应强度的方向可以成任意角度；当电流方向与磁感应强度的方向垂直时，安培力最大。正确应用左手定则也是本章的难点之一。这节的突破口是第二节磁感应强度的定义，从这个定义着手，知识既系统又容易理解。

二、学情分析

空间想象能力对本节学习至关重要，为方便对问题的分析和便于列方程，在分析时将立体图画成平面图，即画成俯视图、剖面图或侧视图等。要使学生能够看懂立体图，熟悉各种角度的侧视图、俯视图和剖面图，对此学生常常混淆，需要一定的巩固训练。刚学磁感应强度，对电流与磁场的方向关系的认识主要停留在垂直这种特殊情况上，这堂课要通过实验加深对方向角的认识。另外安培力是导线的总体长度在磁场中受到的力的总和，这一点可以缓一步提醒，不要急于求成。

三、教学目标

(1)通过观看视频和实验操作，认识到通电导线在磁场中受到力的作用，这种力就叫安培力，认识安培力在生活的应用，让学生感受物理知识和生活应用的相互联系。

(2)通过实验探究和推导演算，知道影响安培力大小和方向的因素，并掌握左手定则和安培力大小的计算公式，培养学生分析问题、解决问题的能力，同时让学生感受科学的发现不仅需要勤奋的努力，还需要严谨细致的科学态度。

(3)通过课堂习题练习和动手制作电动机原理模型，让学生学会使用左手定则判断安培力的方向，能利用 $F=BIL$ 计算匀强磁场中通电导线所受安培力的大小，能分析安培力在生活中的一般应用，使学生形成认识事物规律要抓住一般性的科学方法。

四、教学重难点

(一)教学重点

安培力的大小计算和方向的判定。

(二)教学难点

(1)用左手定则判定安培力的方向(尤其是当电流和磁场不垂直时，左手定则如何变通使用)。

(2)计算安培力大小时，导体有效长度的确定。

五、组织形式

本节课坚持教学相长，主要采用了问题导向，利用实验启发式、探究式、合作式和体验式的教学方式。在教学中增设探究实验，并注意从学生已有的知识出发、协作交流、分析论证和归纳结论等方式和过程。

六、教具学具的准备

（一）教具

蹄形磁铁多个、导线和开关、电源多个、铁架台、滑动变阻器、线圈、细铜棒、金属滑道，多媒体辅助教学设备，课件，视频。

（二）学具

教材、纸笔、导学案、蹄形磁铁多个、导线和开关、电源多个、铁架台、滑动变阻器、线圈、细铜棒、金属滑道，多媒体辅助教学设备。

七、教学过程

教学环节	教师活动	学生活动	设计意图
课堂引入	【问题】在奥斯特实验中我们知道了电流对磁体有力的作用，反过来，磁体对电流有无力的作用呢？现在我们来观察一个新闻视频 【观察】观察电磁炮弹新闻 【问题】这种新型武器电磁炮弹威力如此之大，那么它的基本原理如何？在视频有一张图片，揭示了电磁炮弹的原理，有磁场炮弹中有强电流，炮弹能高速发射，说明有电流的炮弹在磁场中受到力的作用，今天我们就来探究磁场对通电电流的作用	播放视频，介绍现象，引发学生思考	引出课题，引发学生的兴趣和思考
温故知新 探究新知 问题引导	1. 安培力 引出安培力的定义：磁场对电流也有力的作用，我们把这个力叫作安培力 2. 探究安培力的方向		

续表

教学环节	教师活动	学生活动	设计意图
温故知新 探究新知 问题引导	【问题】猜测：影响安培力方向的因素有哪些？ ①场的方向　*B* ②流的方向　*I* 【实验探究】 学生小组实验：分析安培力的方向 | 磁场方向	电流方向	安培力方向 | |---|---|---| 实验器材：学生电源、蹄形磁铁、金属轨道 	1. 学生思考教师提问，并进行小组实验 2. 学生成果展示，由一位学生将自己的内容展示并给予解说。 小组讨论、发言 适时拓展：能否找一个方法直观地判断安培力的方向？	1. 回顾知识，为学生学习新内容做知识铺垫 2. 知道安培力的方向与哪些因素有关，引导学生通过实验探究出安培力方向
实验探究安培力的方向	1. 左手定则： 【演示讲解】左手定则 通电直导线所受安培力的方向和磁场方向、电流方向之间的关系，可以用左手定则来判定：伸开左手，使大拇指与其余四个手指垂直，并且都和手掌在一个平面内，把手放入磁场中，让磁感线垂直穿入手心，并使伸开的四指指向电流的方向，大拇指所指的方向就是通电导线在磁场中所受安培力的方向。 【检测反馈】分析下列各安培力的方向	1. 学生观看图片，学会左手定则 2. 学生动手判断，并结合问题，掌握左手定则并能实际应用	通过讲解和实际操作，让学生学会使用左手定则判断安培力的方向

续表

教学环节	教师活动	学生活动	设计意图
安培力的大小	安培力的大小 【问题】力是矢量,有大小有方向。安培力的大小由哪些因素决定? 场的强弱 B、电流的大小 I、导线的长度 L 【实验探究】安培力的大小　控制变量法 | 定量	变量	结论
---	---	---
B,I	L	
B,L	I	
I,L	B	| 2. 实验探究:(观看三个实验微课) (1)观察实验记录数据和作图分析 (2)实验结论分析: (在匀强磁场中,当通电直导线与磁场方向垂直时) a. 只改变磁感应强度 B　$F=KB$ b. 只改变导线电流 I　　　$F=KI$ c. 只改变磁场中通电导线长度 L $F=KL$ 结论:在匀强磁场中,当通电直导线与磁场方向垂直　$F=ILB$　单位:$1N=1(A\cdot m\cdot T)$ 板书: 公式及单位:$F=BIL$(单位:T,A,m) 公式应用条件:匀强磁场,B 垂直 I	1. 提出问题,学生思考安培力的大小是由哪些因素决定的? 2. 观察实验记录数据和作图分析,得出实验结果 3. 由一位学生展示数据处理结果,并给予解说	通过演示实验和实验微课视频,让学生推导出安培力的大小计算公式

续表

教学环节	教师活动	学生活动	设计意图
实际应用	1 回顾电磁炮弹，让学生利用所学的安培力解释电磁炮弹，计算电磁炮弹的相关物理量。 练习题：电磁炮是一种理想的兵器，它的主要原理如图所示。1982 年澳大利亚国立大学制成了能把 2.2g 的弹体（包括金属杆 EF 的质量）加速到很高速度的电磁炮（常规炮弹的速度约为 2km/s）。若轨道宽 2m，长为 100m，则通过的电流为 10A，所加垂直于轨道平面的磁场磁感应强度为 55T，轨道摩擦不计，试求： 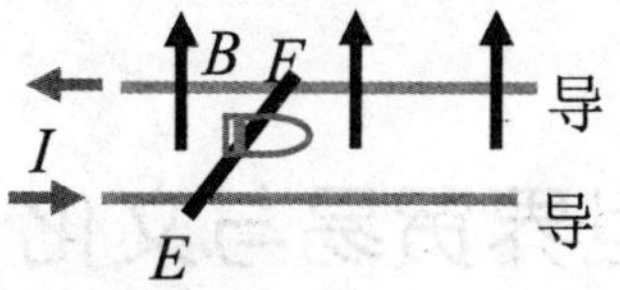 (1)弹体受到的安培力是多大？ (2)弹体的加速度是多大？ (3)弹体最终能被加速到多大的速度？ 分析电动机的工作原理： 【观察实验】电动机模型和工作情况 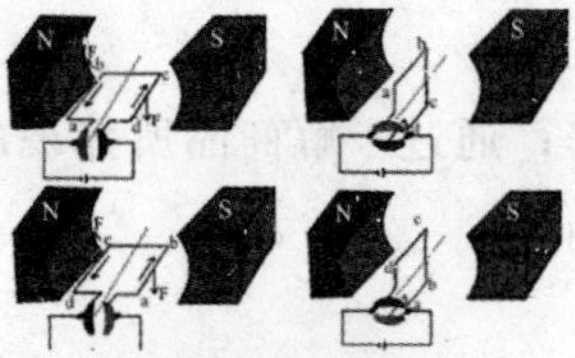 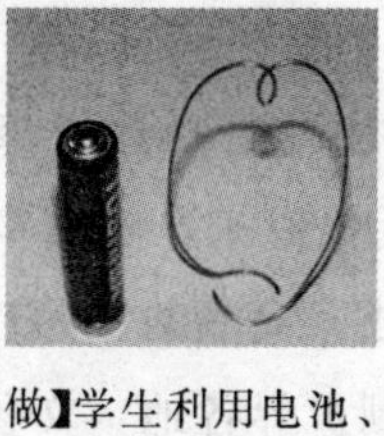 【动手做一做】学生利用电池、磁铁和线圈做简易电动机	1. 回顾电磁炮弹，让学生利用所学的安培力解释电磁炮弹。分组讨论，代表发言 2. 计算电磁炮弹的相关物理量 3. 学生动手做简易电动机，并利用所学安培分解其中的原理	让学生利用所学的安培力解释电磁炮弹，计算电磁炮弹的相关物理量，对安培力计算进一步熟悉。物理知识重在应用，让学生感受物理无处不在并意识到它给人类生活带来的巨大改变

续表

教学环节	教师活动	学生活动	设计意图
课堂小结	1. 知识点回顾 (1)知道什么是安培力，能应用安培力公式 $F=BIL$ (2)知道左手定则的内容，并会用它判断安培力的方向 (3)初步了解电动机的工作原理 2. 情感态度收获 猜想—实验—数据—结论 3. 课后思考：当电流方向与磁场方向有一个夹角 θ 时，安培力大小如何计算？	自由发言	1. 回顾知识要点，系统归纳 2. 布置课后作业，加强知识巩固

"近代以来的世界贸易与文化交流的扩展"教学设计

历史教研组　任星

一、课程标准

了解不同时代、不同类型商路的开辟；通过了解商品所体现的特色文化，理解贸易活动在文化交流中所扮演的重要角色。

二、教材分析

《近代以来的世界贸易与文化交流的扩展》是选择性必修三第四单元《商路、贸易与文化交流》的第二课。本课主要讲述近代以来，随着商路的不断扩张，世界各洲之间贸易的扩大，全球贸易网逐渐形成。商品的世界性流动，促进了各国的文化交流。各国文化随同其商品一道传播到世界各地，文化在不断地交流、借鉴中发展。本课在第一课《古代的商路、贸易与文化交流》丝绸之路和欧亚其他重要商路讲解的基础上，进一步阐述近代以来全球贸易网的形成以及商品所承载的文化交流。

三、教学立意

通过学习茶叶在世界贸易中的流转及影响，认识到贸易促进不同文明的交流互鉴并使之更加丰富和成熟。

四、教学目标

1. 通过解读历史地图、图片资料，梳理历史脉络，学生能够运用唯物史观认识近代以来全球贸易网络的形成及变迁。

2. 通过以茶为载体创设情境，解读图片史料、视频资料，了解商品所体现的特色文化，帮助学生理解近代以来世界贸易在文化交流中扮演的重要角色。

3. 通过本课程的学习，帮助学生认识到不同文明在交流互鉴中越发得丰富和成熟，优秀的人类文明成果在传播中得以发展，影响亦日趋扩大。通过感悟中华优秀传统文化的价值，使学生树立文化自信。

五、教学重难点

重点：近代以来世界贸易的发展；近代商品贸易与文化交流。

难点：通过茶所体现的特色文化，理解近代以来世界贸易在文化交流中扮演的重要角色。

六、教学过程

（一）导入

展示卢仝（唐朝）和威廉格拉斯顿（英国）的茶诗并进行简单解读。

设计意图：通过中外茶诗对比，营造人文氛围，切入本课学习线索——"茶"，为贸易（茶叶）与文化交流作铺垫。

（二）新课讲授

第一部分：交易年年马与茶——茶贸天下
——全球贸易网的形成

自学探究，落实基础：宏观茶贸天下。

学生观察图片、地图，结合教材，完成自学任务1、2。

任务1：自学完成表1中"贸易路径"。

任务2：根据所学，列举"主要商品"。

任务3：思考近代以来贸易路径和主要商品呈现了怎样的变化趋势？折射出世界市场怎样的演变趋势？

趋势：流通路径从点线到网面到立体；主要商品从单一、稀少变得越来越丰富。

世界市场的演变：15世纪前，世界市场尚未形成。新航路开辟打破了世界相对孤立的状态，在经历殖民扩展、两次工业革命后，世界市场最终形成。体现了世界贸易不断地从区域、封闭走向全球化、开放化的发展趋势。

表1　近代以来的世界贸易

时间	贸易路径	主要商品	世界市场演变
古代世界(15世纪前)			
近代世界(15世纪末—20世纪初)			
现代世界(20世纪初至今)			

设计意图：通过解读历史地图、图片资料，落实历史时空，以表格的形式帮助学生梳理认识近代以来全球贸易网络的形成及变迁，以茶为线索构建近代以来商品贸易的主体知识结构。

第二部分：溪边奇茗冠天下——茶中滋味

——商品中的文化交流

材料1：茶叶是一种强有力的药物、一种宗教和艺术行为、一种身份的象征、一种城市休闲方式的表现、一种尊重和美德的标志。国家和军队依靠它获取经费，并将其用于战争和支持殖民扩张。

——摘编自埃丽卡·拉帕波特《茶叶与帝国》

思考：从美国历史学家埃丽卡的描述中，可以看到茶的哪些价值？

茶的价值：商业价值、经济价值、文化价值(茶所蕴含的特色文化)。

设计意图：通过材料初步了解茶这一商品具有的特色文化价值，为下一步合作探究学习作铺垫。

合作探究：学生以小组为单位，思考讨论从"茶之器"和"茶之画"两组史料中分别可以发现哪些历史信息？说明了什么历史现象？

探究一：茶之器

信息：英国制造的茶杯和茶托上的图案——飞檐翘角，体现了中国传统建筑文化特色。中国景德镇制造的茶罐上绘入了西方哥特式尖顶建筑。

历史现象：反映了通过以茶为载体的东西方贸易，体现了东西方文化的交流。

设计意图：通过从微观史学的角度解读史料，由器物层面认识茶叶贸易带来的东西方文化的交流，感悟中国传统文化通过贸易对世界文明发展产生的深刻影响，树立文化自信。

探究二：茶之画

信息：时间、活动、服饰、面部表情、性别。

历史现象：以茶为载体、以女性为主的聚会，反映了这一时期西方生活习俗和社交文化的变迁，以及女性地位的提升。

设计意图：通过从微观史学的角度解读绘画作品，从艺术层面认识茶叶贸易带来的东西方文化交流。

探究三：茶之道

学生观看日本抹茶道视频，从"仪式、环境、动作"等方面谈谈对日本茶道的感受。

教师解读"和敬清寂"的日本茶道文化。

材料2：物性由来是幽洁，深岩石髓不胜此，煎罢余香处处薰，饮之无事卧白云，应知仙气日氛氲（fēn yūn 阴阳二气会合之状）。

——【日】惟良氏《和出云巨太守茶歌》

思考：结合日本茶道四谛——"和敬清寂"和惟良氏的茶诗，从中可以体会日本茶道中蕴藏着哪些中国文化？

日本茶道深受中国儒家、道家思想的影响，充分体现了其对中国传统文化的尊崇。

设计意图：通过播放日本茶道的视频，构建体验式情境，让学生从视觉上对日本的茶道文化进行直观体悟，再结合日本茶道四谛及茶诗，进一步认识中国文化对日本茶道文化的影响。

探究四：茶之鉴

出示茶颜悦色奶盖茶及 CHALI 茶里袋泡茶图片。

思考：观察上图，可以得出西方贸易对中国茶有何影响？

设计意图：中国传统的茶叶在传到西方后，经过改造、创新，如西式的袋泡茶、奶盖茶等新的饮茶形式和工业化的制茶工艺回传至中国，丰富了我们的饮茶文化，帮助学生认识文化交流是双向性、互动性的。

学生活动：播放视频，对茶下一个新的定义。

设计意图：综合学习探究，设计开放性问题，提升学生思维，生成第二部分学习小结，理解贸易活动在文化交流中所扮演的重要角色，落实课程标准要求。

第三部分：且将新火试新茶——茶韵盎然
——贸易与文化的关系

材料展示

商业是文明教化的媒介。　　　　　　　　　　——【美】埃丽卡·拉帕波特

文化是经济与贸易发展的土壤。　　　　　　　——【德】马克斯·韦伯

野蛮残酷的殖民扩张中断了美洲和非洲原有的社会发展进程，印第安人的文明遭到毁灭性打击，很多非洲人在三角贸易中沦为奴隶，亚洲的古老帝国也受到冲击。

——《中外史纲要（下）》

思考：你赞同上述哪一观点，或者有自己新的看法？请同学们结合所学，小组进行探讨，举例说明。

设计意图：通过结合本课程学习，引导学生运用辩证唯物史观，全面、客观认识贸易与文化的关系，进一步认识到不同文明在交流互鉴中会变得更加丰富和成熟。我们要促进以文明交流超越文明隔阂、以文明互鉴超越文明冲突、以文明共存超越文明优越，以此对本课教学进行总结和提升。

"酸酸甜甜糖葫芦"教学设计

物理教研组　　沈智

生物教研组　　母甜

一、背景分析

《义务教育劳动课程标准（2022年版）》（以下简称《标准》）要求劳动课程要培

养学生的劳动素养，让学生在学习与劳动实践过程中逐步形成适应个人终身发展和社会发展需求的正确价值观、必备品格和关键能力。推动学生在"做中学""学中做"的过程中，落实劳动课程的标准的要求。

　　为落实劳动课程标准要求，我校开设了传统节日食品制作课程。老师们带领学生在课堂上打糍粑、滚汤圆、做月饼、点豆花、搅凉粉、包烧麦、做糖葫芦……让学生在亲手制作的过程中体会劳动人民的智慧，了解中国的传统文化。让学生在实践中锻炼劳动能力，在劳动过程中意识到劳动的价值和意义，在收获成果的同时感受劳动带来的幸福感和成就感，最终形成劳动最光荣、最美丽、最伟大的价值观。

二、学情分析

　　我校学生大多在校住读，在家参与劳动的机会较少。中学生动手能力较强，安全意识较高，对事物比较好奇，针对学生的这些特点开设了《传统节日食品制作》课程，《酸酸甜甜糖葫芦》是其中的一节内容。

三、教学目标

　　1. 通过对糖葫芦的由来的学习，了解糖葫芦背后的历史故事，认识药食同源的传统观念。

　　2. 通过对食材的前期处理，厨具、卫生等用品的准备过程，培养学生的劳动精神。

　　3. 通过动手制作，掌握糖葫芦的制作方法，提高学生的劳动技能。

　　4. 通过品尝、分享糖葫芦，体验劳动的价值和意义，感受劳动带来的幸福感和成就感，形成劳动最光荣、最美丽、最伟大的价值观。

四、教学重点

　　1. 学会制作糖葫芦。

　　2. 体验劳动过程的合作精神，价值和意义，感受劳动带来的幸福感和成就感，形成劳动最光荣、最美丽、最伟大的价值观。

五、教学难点

　　1. 糖稀的熬制。

2. 说出劳动带给自己的感受。

六、教学准备

食材：白糖 2 千克、山楂 5 千克。

器材：竹签 100 根、卡式炉 4 个、瓦斯罐 4 个、水壶 4 个、包装纸 100 个。

七、教学过程

教学环节		教师指导	学生活动	设计意图
导课		【创设情境】 展示各种糖葫芦的图片 同学们爱吃糖葫芦吗？ 知道糖葫芦的由来吗？ 想亲手制作糖葫芦吗？	积极参与	激发学生的学习兴趣、活跃学生的学习氛围
新课流程	一、糖葫芦的由来	【视频讲解】 糖葫芦由来的传说故事 冰糖葫芦又叫作糖葫芦，在天津地区叫作糖墩儿，安徽凤阳叫作糖球，是中国传统小吃，起源于南宋时期，将野果用竹签串成串后，再包裹上麦芽糖稀，糖稀遇风后就会变硬。该小吃在北方冬天是比较常见的，一般是用山楂串成的，吃起来酸酸甜甜的 相传南宋时期的光宗皇帝为贵妃治病张榜召医，一位江湖郎中揭榜进宫请脉开出"用冰糖与红果（山楂）煎熬，每顿饭前吃五至十枚"的方子。贵妃按此办法服后，果然病愈	认真看视频了解糖葫芦的传说故事	让学生了解糖葫芦背后的历史故事和糖葫芦的演变过程
		承转：为什么作为小吃的糖葫芦可以治病呢？ 介绍中国药食同源传统观念 同学们听说过神农尝百草的故事吗？ 同学们还知道哪些食物可以入药呢？	同学们积极思考、讨论	让同学们了解神农尝百草的神话故事；结合生活常识认同药食同源的传统观念

教学环节	教师指导	学生活动	设计意图
二、糖葫芦的制作过程	承转：这么好吃又治病的糖葫芦是怎么做的呢？我们一起来学习吧！ 【教师演示】 第一步：串山楂 将山楂清洗、去核后串成山楂串备用。 第二步：熬制糖稀 将适量清水（约1000毫升）和白糖（500克）加入平底锅中，大火加热搅拌至糖全部溶解。停止搅拌继续开小火加热至锅中大气泡变多而小的气泡。用竹签蘸取少量糖稀浸入冷水观察，糖稀变硬变脆即可。 若不脆继续加热后再用竹签蘸取糖稀检测。 注意：当糖全部溶解后需停止搅拌，若继续搅拌将形成糖霜。 第三步：裹糖稀 用勺子将糖稀浇在山楂串上。待糖稀冷却变硬后即可食用。 第四步：包装 将冷却后的糖葫芦用糯米纸裹好后，装入塑料包装纸中。 【小组合作】 接下来请同学们小组合作，动手制作自己的糖葫芦吧！ 注意：1. 注意用火安全，避免烧伤、烫伤； 2. 小组内明确分工内容； 3. 教师指导学生制作	学生观看糖葫芦的制作过程	通过讲解、演示让学生了解糖葫芦的制作过程 让学生通过小组合作制作糖葫芦增强合作精神

续表

教学环节	教师指导	学生活动	设计意图
三、品尝糖葫芦	承转：各小组都做好了，咱们尝一尝自己做的糖葫芦吧！ 1. 评价自己做的糖葫芦。 2. 比较自己做的和购买的糖葫芦吃起来有什么区别？ 3. 将制作的糖葫芦分享给家人、朋友、老师。	学生品尝亲手制作的糖葫芦； 感受劳动带来的快乐	让学生通过品尝、分享感受劳动创造的价值和带来的快乐
结课：谈劳动感受	同学们，我们学会了制作糖葫芦，说一说劳动带给你的感受？	说出自己的感受和对劳动的理解	让学生通过谈感受，引导学生崇尚劳动、尊重劳动，形成劳动最光荣、最美丽、最伟大的价值观

八、教学反思

本节课我们选择糖葫芦作为教学内容是因为糖葫芦是深受学生熟悉和喜爱的传统小吃。它不仅有酸酸甜甜的口感，更有红红火火的外观，能带给人们幸福和甜蜜的感觉。

本节课我们按照糖葫芦的由来——制作糖葫芦——品尝分享糖葫芦——谈劳动感受，几个环节，在弘扬传统文化的同时引导学生崇尚劳动、尊重劳动，从感受劳动带来的喜悦中认同劳动最光荣、最美丽、最伟大的道理。

一碗乡愁——"青甜豆花"制作教学故事

生物教研组　母　甜

历史教研组　任　星

它是小巷深处淡淡的清香，是石磨碾压的浓郁浆汁，是卤水轻点后的细腻嫩滑，是属于过去慢时光的美好记忆。豆花，是川渝地区再普通不过的美食了，可它承载了坚毅果敢的巴蜀人民的乡愁。

2021年9月，学校开启选修课程，我们传统美食课程小组决定在校园举办一个传统美食活动，首先从最常见不过的川渝传统美食——豆花入手，让孩子们在现代化的快节奏生活中，去体会慢工出细活的传统美食魅力。

在活动当天，设置了磨豆浆——煮豆浆——点豆花——制作料的步骤，传统的石磨盘、美食的诱惑迅速引来了孩子们的围观。比起大多数孩子的兴奋，有一名小个子的女生引起了我的注意。干净利落的马尾辫，安静地挤在人群中，怯懦地透过一个缝隙，认真看着老师讲解每一个步骤。

到了实操，我们吆喝着"有没有同学愿意来尝试豆花制作过程"，只见原本看起来胆小的小女孩挤出来，大声说："老师，我想来试试。"询问小女孩名字后就开始让她自己操作。我们一开始想着现在的孩子哪里会做这些活，肯定需要老师的指导。谁知小宁一上手，磨豆、过滤、打浮、点卤、制料，一套操作行云流水，赢得在场师生连连赞叹，同时也增添了我们对小宁的兴趣与疑惑。这个小小的人成长经历了什么呢？

活动结束后，小宁留下来帮我们收拾了东西，由于这是第一次见面我们也只是对小宁大加赞赏，没有继续探索她背后的"秘密"。随后小宁主动说道："老师，这个选修课我可以报名参加吗？要是老师需要小助手，我可以来帮忙，随时都可以。"我微笑着说："当然可以，欢迎加入中国传统节日食品制作的团队。"

自此后，小宁不仅加入了传统节日食品制作的选修课，还成了我们团队的核心力量，每每有外出展示交流活动，都会主动请缨，帮助老师，俨然一名小助教。

在一次南渝中学的选修课程交流活动后，我一边收拾一边夸奖了小宁，突然小宁转头问我："甜甜老师，你是不是很好奇我为什么这么熟悉豆花的制作过程？"我笑着说："对呀，我其实很早就想问你，不过我想时间长了你会把你的故事跟我分享的。"小宁眼眶湿润："谢谢你，甜甜老师，谢谢你的等待和尊重。我是跟我外婆学的点豆花。""外婆"二字一出，小宁眼泪夺眶而出，开始回忆着和外婆一起卖豆花的日子。

原来，小宁的老家在偏远贫穷的云南昭通市，那是一个思想保守落后的大山。她还有一个姐姐，在那个大山里，大多数的女孩都没有读书，早早结婚生子。可是小宁的外婆、父母都觉得女孩也应该好好培养，读书成才。所以，她很小的时候，父母就来到重庆打工，而她和姐姐就交给外婆照顾，希望有了一定基础就尽快接姐俩来渝。外婆为了补贴家用，经常天不亮就起床磨豆点豆花，挑着扁担到镇上卖。两个孩子也十分贴心，经常帮外婆一起准备。就这样年复一年地重复着生活，直到小宁小学毕业来到重庆，终于和父母团圆。而外婆不舍家乡故土，还是留在了昭通。只有在春节的时候一家人才会回到外婆家里，吃上那一碗清香的豆花。

可是就在半年前，新年刚过不久，外婆因为疾病离世了。这个消息对自小与外婆相依为命的姐妹俩打击不小。小宁说自己有段时间也消沉了不少。所以，那天我们在教大家做豆花的时候，她就想到了外婆，希望能通过这种方式纪念外婆。

我们时常认为，教育更多的是师对生的知识与价值观的输出，而通过小宁一事，我们更多地感受到了《中国传统节日食品制作》课程背后的力量与责任。中国传统美食承载的不仅仅是一方乡愁、一份亲情，还显示了中国人民坚毅勇敢的特质，更是传承中华文化的重要载体。品一碗豆花香，承一份家国情。

语言欺凌，退退退！
——初中生心理健康活动课设计

心理健康教研组　谭小莉

一、活动理念

面对他人的语言欺凌，大多数的青少年会身陷囹圄，有人会奋力抵抗进行自我保护，但也有人会陷入深深的自我否定、自我怀疑。在心理辅导室中，经常会听到有学生讲到自己被孤立，被同学语言霸凌，自己除了默默忍受，似乎找不到更加合理的方式进行应对。而对于一些性格比较急躁的同学，在受到语言欺凌后，可能会用更加暴戾的方式应对，从而发生校园冲突。

本堂课的活动设计是在结合学生的实际情况下，对初二学生开展拒绝语言欺凌的团体辅导，根据学生的认知特点和规律，创设情境，启发思考，最终实现意义建构，帮助学生认识并感受语言欺凌，学习如何寻求外部资源，如何挖掘内部资源，从而找到应对语言欺凌的有效方法，构建友善的校园环境。

二、活动背景

近年来，校园欺凌问题受到社会的普遍关注，2017 年，针对国内 30 多个省市的青少年抽样调查数据显示，约 30％的青少年遭受过校园欺凌。2020 年联合国教科文组织将每年 11 月第一个星期四设立为"反对校园暴力和欺凌包括网络欺凌国际日"，足以表明开展校园欺凌的预防教育十分必要，而校园欺凌中语言欺凌是中学生最常遇到的。中学阶段学生正处于从人格的不稳定性到形成稳定的人格上的转换阶段，在这个阶段，若其受到较严重的语言欺凌，没有合理的处理和情绪调整方法，对其成长是极为不利的。在此背景下，对初中生进行拒绝语言欺凌的团体辅导就显得尤为重要。

三、教学目标

认知目标：通过"识别语言欺凌"环节，认识到生活中哪些语言属于语言欺凌。

情感目标：通过"感受语言欺凌"环节，感受长期遭受语言欺凌后，会出现的心理变化和影响。

行为目标：通过"应对语言欺凌"和"击退语言欺凌"环节，积极探寻解决办法，调动更多的积极资源，构建和谐的校园环境。

四、活动准备

活动导学单，多媒体课件，相关视频、音乐，马克笔，彩色笔。

五、活动对象

初中二年级学生。

六、活动方法

讨论法、讲授法、情景体验法。

七、活动过程

（一）团体暖身阶段：连连看

1. 教师引言

欢迎大家来参加团体心理辅导活动，今天给大家带来了一个游戏——连连看，是一款男女老少都爱玩的游戏，规则很简单，将临近的相同的 3 个以上的图片连起来，现在邀请同学们一起来玩一玩现场版的连连看，请大家仔细听游戏规则，每轮游戏开始之前有一个口号，老师问"连连看"，学生回"连什么"，随后老师会讲出同学们的一些特征，符合条件的同学就站起身和周围的同学握手。

"连连看"

"连什么"

"连扎了头发的同学"……"连曾经被人取过侮辱性外号的同学""连曾经被他人语言伤害难以自拔的同学"。

2. 提问、交流

在刚才的游戏环节中，你想到了什么？你的感觉怎么样？

生1：我们班多数同学都帮助过其他人，也受到过他人帮助，我感觉很温暖。

生2：我想到了小学的时候有同学给我取的外号，现在想起来都还很愤怒，也有点难过，为什么他们会取这么难听的外号。

生3：当我听到曾经的一些经历，就觉得很伤心，但还要告诉自己要忍耐。

3. 教师小结

刚才提到了两个比较特别的经历，被同学取外号、被同学语言伤害，有一部分同学勇敢地站起来，淡定的和其他同学握手，但也有同学陷入了沉默，老师感觉到大家对这个话题的敏感，今天就让我们敞开心扉，正视这个话题——语言欺凌。

设计意图：通过连连看的游戏导入，建立关系，引发思考，意识到身边有同学有语言欺凌的经历，引导出本节课的主题。

（二）团体转换阶段

1. 活动一：识别语言欺凌

（1）引导学生思考

生活中哪句语言对你最具杀伤力？请写在导学单上，时间1分钟，接着观看视频内容（校园中一些语言欺凌的话语），并对自己写的最具杀伤力话语进行补充。

（2）学生分享、总结

生1：认为最具杀伤力的话是"你到底行不行啊"。

生2：最具杀伤力的话是"你不属于这里"。

生3："这么菜打什么球"对我杀伤力很大。

师：从大家的分享中，老师发现有些话说出来是云淡风轻的，但是却给人莫大的心理伤害，甚至会带给人一些负面影响，那么什么是语言欺凌呢？我们一起来看心理学上的解释。

(3)认识语言欺凌的概念

使用谩骂、诋毁、蔑视、嘲笑等侮辱歧视性的语言，致使他人的精神上和心理上遭到侵犯和损害，属精神伤害的范畴。

2. 活动二：感受语言欺凌

(1)走进同龄人小军同学的故事

由于小时候的特殊经历，小军的腿型和我们的腿型不太一样，同学们给他起了外号——"瘸子"……运动会上，小军报名了男子长跑比赛，他很努力地向前奔跑着，但是有的同学是这样为他加油的：瘸子，再快点再快点！瘸子，你跑起来就像个笑话。

(2)展开小组讨论

如果你是小军，遭受侮辱性绰号等语言欺凌，可能会产生哪些心理变化和影响？

3)学生分享、总结

生1：可能会因此不再喜欢跑步，开始讨厌自己的身体，可能会有仇恨心理，想要报复嘲笑他的人。

生2：可能会产生严重的自卑心理，不敢和同学说话了，可能会讨厌上学。

生3：他可能会有一些应激反应，听到关于腿的话题就紧张，不敢去交朋友，害怕别人嘲笑自己。

师：通过同学们的分享，发现大家讨论的结果几乎都是小军会变得越来越消极，产生越来越多的负面情绪，我们一起来观看一则心理实验，看看在试验中的语言欺凌会带给他人哪些影响。

(4)观看视频

从视频中我们也会发现语言就是有力量的，夸奖与赞美会让人心情愉悦，而语言欺凌则会让人失去生机，由此可见，掌握应对语言欺凌的方法，减少他人对我们的影响十分重要。

设计意图：通过小军的故事回顾一个语言欺凌场景，并开展讨论，让学生切身参与活动中，体验他人的感受，为后面寻找内外资源做好铺垫。通过心理学实验视频，认识到语言是有力量的，是可以让一个人有巨大改变的。

(三)团体工作阶段：应对语言欺凌

1. 勾勒被语言伤害定格画：请看小军被语言欺凌时的定格话，当时发生了什么？参加完运动会听到同学的嘲笑。那句伤人的话是什么？"瘸子你跑起来就像个笑话。"他的感受是什么？恨不得找个地缝钻下去。最后他是怎样应对的？告诉自己，我就是我，是不一样的烟火。下面请同学们勾勒出你被语言伤害的定格，请你回忆一个让你印象深刻的被他人语言伤害的情境，写一写当时发生了什么，那句伤人的话是什么，你的感受是什么，你是怎样应对的，请用线条和颜色把它画出来，时间3分钟。

2. 学生绘画、分享、总结

生1：上周我在打球的时候，有同学说我技术很菜，说"下次再打球就不约他了"，我当时就很郁闷，后来我就暗暗发誓一定要好好打球，今后让他高攀不起，然后我就去找其他朋友让他们带着我练球。

生2：以前我皮肤很黑，班上有同学给我取外号"少女包青天""黑妹"等，我开始很生气，也有一点自卑，后来我的好朋友安慰我说我还有其他优点，我就慢慢地不再在意我的黑皮肤，现在我反而觉得"黑"是我的一大特色呢！

生3：上周末回家，我妈妈看到我就说："考这么点分，还有脸回来"，瞬间让我的好心情就没了，于是我赌气不和她说话，然后我听到我的爸爸在教育妈妈不会讲话。吃晚饭的时候我和妈妈好好沟通了一下，我也分析了没考好的原因，她也和我道歉了。

师：在这样的场合能够说出这些经历是不容易的事，是需要勇气的，让我们把掌声送给刚刚分享的同学，你们每一个人的分享都很有价值。

师：从同学们的分享中，会发现其实我们已经掌握了很多应对语言欺凌的方法，主要分为两类，一是自我调整，转变认知、合理宣泄、转移注意、放松训练；二是尝试寻求帮助，寻找自己信任的人和专业的人。在这里，老师再给大家介绍两个专业的支持力量，重庆市心理援助热线和沙坪坝区小沙粒心理服务热线，请大家把电话号码记下来以备不时之需。

设计意图：鼓励学生将身边的积极资源尽可能多地回想起来，将本节课学习到的方法运用到自己的生活中，丰富自己的应对方式。

（四）团体结束阶段：击退语言欺凌（10分钟）

1. 进入主题班会

最后，我们回到小军的故事，班主任知道了同学们对小军的语言欺凌后找到小军单独谈心，并召开了语言欺凌"退退退"的主题班会，下面我们一起进入防范语言欺凌共建班级公约主题班会活动环节，请小组长负责组织讨论达成小组共识，拟定五条公约，讨论时间 3 分钟，并把公约记录在彩色卡纸上，做好分享准备。

2. 进行小组结果分享，并粘贴到黑板上

小组 1：不说脏话；不揭他人伤疤；不能取侮辱性绰号；不能嘲笑他人缺点，不能语言攻击他人。

小组 2：尊重他人；多做换位思考；遇到矛盾平和沟通；不在背后讨论他人；不让他人难堪。

3. 集体讨论

经过同学们的讨论，形成了防范语言欺凌口诀，我们一起跟着节拍大声朗读。

春风吹，阳光照，校园生活真美妙；对同学，要友善，互帮互助不可少；同学间，不为难，绰号脏话不去谈；心平静，坐下来，握手言和把手牵；正学风，爱校园，争做文明青少年。

4. 活动总结

同学们，通过本节课的学习，我们了解了语言欺凌的含义、感受了语言欺凌的危害、掌握到了应对语言欺凌的方法，希望大家在日常的生活中规范自己的言行与他人友好相处，创建文明和谐的班级，让语言欺凌"退退退"！

设计意图：激发学生创建美好和谐班级氛围的动力，相互监督，规范自己的言行，抵制身边的语言欺凌行为。

八、活动感悟

本堂课以语言欺凌为主题，敏锐地觉察学生人际交往中，有些语言是会给他人带来伤害的。本节课以中学生人际交往中的语言欺凌为切入点进行设计，从形式到内容，颇有亮点。结合自己的反思和其他同学的分享能很好地帮助学生觉察语言的伤害以及引导学生构建和谐友善的校园环境，课程设计主要聚焦"感受语言欺凌"与"应对语言欺凌"两个板块。此外，教学过程中的取材可以改进，可选取更贴近学生实际生活的困惑烦恼，让学生学以致用。

参考文献

[1]胥明雨. 新教师专业发展现状及影响因素调查研究[D]. 上海：华东师范大学，2013.

[2]康晓伟. 教师教育者：内涵、身份认同及其角色研究[J]. 教师教育研究，2012，24(01)：13-17.

[3]樊陈琳. 现代学徒制：我国教师培训的重要途径[J]. 湖南师范大学教育科学学报，2002(4)：59-62.

[4]新华汉语词典编纂委员会. 新华汉语词典[M]. 北京：商务印书馆，2004：396.

[5]杨茂庆，孙杰远. 聚焦于教育研究能力的教师教育模式探析[J]. 教育研究，2012，33(12)：95-99.

[6]陈佳玉，刘慧琴. 统编小学语文教材劳动教育资源呈现及其教学渗透[J]. 内蒙古师范大学学报(教育科学版)，2023，36(01)：124-129＋135.

[7]中共中央国务院. 关于全面加强新时代大中小学劳动教育的意见[M]. 北京：人民出版社，2020.

[8]黄正平. 准确理解和实施新时代劳动教育[J]. 江苏教育，2023(04)：60-61.

[9]童金海. 体育与健身学科如何渗透劳动教育[J]. 上海教育，2021(Z3)：121.

[10]胡轶涵. 城乡结合部小学劳动教育与美术学科融合研究[J]. 学周刊，2022(06)：163-164.

[11]石文辉. 劳动教育在初中美术教学实践中的渗透[J]. 学周刊，2022(33)：168-170.213.

[12]魏本亚，王相. 语文学科劳动教育的实践路向[J]. 语文建设，2020(23)：4-7.

[13]武桂霞. 在高中语文学科教学中渗透劳动教育的实践研究[J]. 辽宁教

育，2022(07)：81-84.

[14]王正兵．劳动教育在初中生物教学中的实践研究[J]．学周刊，2022(07)：70-72.

[15]吴键．高中历史教学渗透劳动教育初探[J]．高考，2022(10)：165-167.

[16]巴克教育研究所．项目学习教师指南——21世纪的中学教学法(第2版)[M]．任伟，译．北京：教育科学出版社，2008.

[17]孙元涛．教师专业学习共同体：理念、原则与策略[J]．教育发展研究，2011(22)：52-57.

[18]佐藤学．"学习共同体"的教学改革与学校改革[J]．教育研究与评论，2012(2)：4-13.

[19]蔡其勇，刘筱，胡春芳．新时代乡村教师学习共同体建构策略[J]．中国教育学刊，2020(2)：83.

[20]陈玲．农村小学英语教师学习共同体构建的现状与对策研究[D]．厦门：集美大学，2020.

[21]崔迪．美国早期教育教师专业学习共同体研究[D]．长春：东北师范大学，2017.

[22]阮华，曾晓东．县域中小学教师专业发展的路径选择——基于外控模式下的实证研[J]．当代教育科学，2021(12)：58-68.

[23]张文兰，胡姣．项目式学习的学习作用发生了吗？——基于46项实验与准实验研究的元分析[J]．电化教育研究，2019，40(2)：95-104.

[24]王淑莲，金建生．教师协同学习共同体：教师专业发展新范式[J]．中国高教研究，2017(1)：9-99.

[25]曾练平，曾冬平，赵鹏娟，等．共享领导对幼儿园教师职场活力的影响：组织创新氛围的中介作用[J]．学前教育研究，2020(5)：3-13.

[26]任智．高校心理健康教育课程两线三课体验式教学模式的实验研究[J]．课程教育研究，2021(14)：109-110.

[27]张学仁，李钟惠．创新"三课"模式激活教研一池水[J]．宁夏教育，2016(12)：13-14.

[28]陈高峰．"三课"研究模式助推职校教师自主专业发展[J]．机械职业教育，2011(4)：37-38，45.

[29]李桂强．数学题目中的"陷阱"问题[J]．中学教与学，2005(7)：17-18.

[30]张娅倩. 初中生不等式学习的困难点研究[D]. 锦州：渤海大学，2018.6.

[31]张万祥. 教师专业成长的途径[M]. 上海：华东师范大学出版社，2005.

[32]管建刚. 不做教书匠[M]. 福州：福建教育出版社，2008.

[33]李薇. 教师成长的阳光雨露——浅谈教师成长手册在教师专业成长中的作用[J]. 华夏教师，2014(1)：34-35.

[34]中华人民共和国教育部. 义务教育英语课程标准(2011年版)[S]. 北京：北京师范大学出版社，2012.

[35]Lawrence，L ＆ HarveyC. F ＆ TaraS. A. Cooperativelearninginthe elementaryclassroom [M]. AnNEAprofessionallibrarypublication，1993.

[36] SharonS. Handbookofcooperativelearningmethods［M］. Greenwood Press，1995.

[37]王坦. 合作学习的理念与实施[M]. 北京：中国人事出版社，2002.

[38]庞维国. 自主学习——学与教的原理和策略[M]. 上海：华东师范大学出版社，2003.

[39]汪卫红，段兆兵. 中学英语教学中实施合作学习的问题与对策[J]. 成都大学学报，2008(12)：95-97，126.

[40]任丽新. 试谈高中英语小组合作学习的具体实施[J]. 太原大学教育学院学报，2008(6)：168-170.

[41]郑林平. 初中英语教学中小组合作任务的有效设计[J]. 教学月刊，2007(7)：29-31.

[42]沈小峰. 混沌初开：自组织理论的哲学探索[M]. 北京：北京师范大学出版社，2008.

[43]万明春. "学本式卓越课堂"行动的区域特色[J].《今日教育》2016(2)：36.

[44]沈小峰，曾国屏. 自组织的哲学——一种新的自然现和科学观[M]. 北京：中共中央党校出版社，1993.

[45]马斯洛，爱德华·霍夫曼. 洞察未来[M]. 北京：华夏出版社，2004：2-18.

[46]樊登. 读懂孩子的心[M]. 北京：中国友谊出版公司，2019：60-73.

[47]张润林. 学校家庭教育指导工作手册[M]. 上海：华东师范大学出版社，2020：79-91.

后 记

近两年来，学校紧盯教育改革发展新目标、新要求，牢记为党育人、为国育才使命，坚持"教育必须为社会主义现代化建设服务、为人民服务，必须与生产劳动和社会实践相结合，培养德智体美劳全面发展的社会主义建设者和接班人"教育方针。

2020年以来，学校以"'U-S'协同模式下中学教研队伍建设实践研究"为统领，通过"健全机制体制、筑牢一种情怀、优化一种模式、搭建两个平台、夯实特色三课"系列举措，切实进行校本教研队伍建设实践。

健全机制体制，明确制度导向，规范办学行为，促进现代化学校治理体系日趋完善。

筑牢一种情怀，读经典、强师德，坚持教书和育人相统一，先学生之忧而忧，后学生之乐而乐，做"有理想信念，有道德情操，有扎实学识，有仁爱之心"的新时代好教师。

优化一种模式，以"双导师"优化实施"青蓝工程"，让青年教师在教、学、研的具体实践中，在专家引领、同伴互助、自我反思过程中实现专业成长。

搭建两个平台，通过"青木讲坛"与"送培到校"，开拓教师视野，接受新理念、学习新方法、了解新技术，提高教师教学水平，提升教研能力。

夯实特色三课，优化实施"青年教师优质课、骨干教师展示课、常规教学研究课"，促进老师们进行教学实践理论寻根，持续优化教学行为，深入推进课堂教学改革。

近三年来，学校教师参加各级各类课题研究共119人次，论文发表占比逐年提高；参加各级各类教育教学比赛共计86人次，其中国家级获奖3人次，部级获奖4人次，市级获奖比例从不足20%提高至超过50%，实现数量和质量双增长；两部个人教学出版，实现个人教学专著出版零的突破。系列成绩的取得，是全校教师在高校和专业机构专家的引领下，坚持在实践中发现问题、分析问题、解决问题，不断实现的自我进阶，也为学校改革发展奠定了坚实的基础。

没有学生，教师存在就失去了意义。教师教研能力的提升，最终落脚点是促进学生德智体美劳全面发展。近三年来，120余位教师指导学生在各级各类赛事中获奖，其中国家级奖项15次，市级一等奖16次；高中高考连续两年取得历史性突破，2021年"特殊类型分数线"上线比例在2020年基础上增长45.6％，2022年在2021年基础上增长100％；初中毕业升学质量稳中有升，连续获得教学质量突出贡献奖。

教师教研能力的持续提升，学校内涵发展取得新成果。近三年来，学校先后获得"全国急救教育示范校""全国中小学幼儿园师德涵养优秀案例""重庆市新课程新教材实施示范校""沙坪坝区劳动教育特色学校"等多项集体荣誉。

"'U-S'协同模式下中学教研队伍建设实践研究"课题组进行的系列探索虽然取得了一定成果，但依然存在不够深入、不够全面、不够系统的问题。如制度机制在原有基础上逐步完善，但离现代学校治理的标准还有一定距离；"青木讲坛""卓越教师计划""送培到校"等联合研修模式虽已基本形成，但还不够系统；"特色三课"系列活动的优化实施，在教师队伍培养、教研氛围浓郁、课堂教学变革等方面都起到了积极的促进作用，但课堂实践的理论寻根还不够深入，成果凝练还有待进一步加强。

在探索过程中，我们进行的这些尝试，与"'U-S'协同模式下中学教研队伍建设实践研究"课题探索校本教研队伍建设新路径高度契合，是"知行统一，高基协调"教研队伍建设新模式的一次有益尝试；在现有经验基础上，我们将持续深入推进该项工作，以弥补不足，全力推动学校发展，助力教育优质均衡发展。

最后，再次对北京师范大学、重庆大学、西南大学、重庆师范大学、重庆市教育科学研究院、重庆市教育学会、沙坪坝区教师进修学院、沙坪坝区教育学会等高校和教育科研机构各位专家、沙坪坝区教育委员会各位领导，致以诚挚谢意！